选择和交融

康乾巡游与江南人文景观建构

吴 建◎著

安徽师范大学出版社

ANHUI NORMAL UNIVERSITY PRESS

·芜湖·

图书在版编目(CIP)数据

选择和交融:康乾巡游与江南人文景观建构 / 吴建著. — 芜湖:安徽师范大学出版社,
2023.10

ISBN 978-7-5676-6163-9

Ⅰ.①选… Ⅱ.①吴… Ⅲ.①人文景观—研究—华东地区—清代 Ⅳ.①K928.705

中国国家版本馆CIP数据核字(2023)第200532号

选择和交融:康乾巡游与江南人文景观建构

吴　建◎著

责任编辑:潘　安　　　　　　　责任校对:翟自成
装帧设计:张　玲　　　　　　　责任印制:桑国磊
出版发行:安徽师范大学出版社
　　　　芜湖市北京中路2号安徽师范大学赭山校区　　　邮政编码:241000
网　　　址:http://www.ahnupress.com/
发 行 部:0553-3883578　　5910327　　5910310(传真)
印　　　刷:苏州市古得堡数码印刷有限公司
版　　　次:2023年10月第1版
印　　　次:2023年10月第1次印刷
规　　　格:700 mm × 1000 mm　　1/16
印　　　张:14.75
字　　　数:240千字
书　　　号:ISBN 978-7-5676-6163-9
定　　　价:56.00元

凡发现图书有质量问题,请与我社联系(联系电话:0553-5910315)

前　言

　　从康熙二十三年（1684）九月二十八日到乾隆四十九年（1784）四月二十三日，清朝康熙、乾隆两位皇帝（合称"康乾"）分别六次巡游江南。游览江南景观是康乾巡游期间的主要活动之一，康乾巡游也对江南景观产生了重要影响。笔者以江南人文景观为中心，以康乾二帝巡游期间的文化活动为研究对象，采用多学科交叉的研究方法，高度重视正史典籍、地方志等文献资料，运用定量史学对二帝所作诗文、所题匾联进行系统的归纳与深入的挖掘，力求探索康乾二帝是如何以江南人文景观为载体，通过巡游这种方式，实现北方与江南、宫廷与民间之间的文化交融。

　　康乾巡游江南的成行同康乾时期的客观背景、二帝的主观意愿以及巡游前官民的邀请都有密不可分的关系，三者缺一不可。康乾巡游江南的目的是多元的，包括省方问俗、巡视河海、笼络士人等，根本目的是想寻求江南士民的认同，稳定江南。康乾巡游江南在当时产生了广泛的影响，虽然奢华扰民现象不容忽视，但政治象征意义明显，南北文化交流得到加强。

　　江南景观集中地、系统地见证了康乾二帝的巡游活动，二帝游览与仿建的对象大多以江南人文景观为主。通过分析康乾二帝巡游江南诗的篇目和所题匾联的对象可以发现，他们在巡游期间所关注的景观丰富多样，佛寺、园林、名山是二帝的主要游览景观类型。江南佛寺凭借优雅的环境、浓郁的氛围，成为二帝的首选；江南园林以秀丽精致的景色、浓郁的文化氛围，令二帝流连忘返；江南名山因其优美的地理环境、清幽的景观特征、深邃的文化内涵，使二帝为之陶醉。康乾二帝在皇家园林中大量写仿江南景观，满足了自身将天下名园胜景归为己有的愿望，也象征着二帝实现了大一统。康乾巡游江南对江南景观产生了深远的影响，不仅推动了江南景观的建设、提高了江南景观的知名度、丰富了江南景观的文化内涵，还使江南景观融入了不少北方元素。

康乾二帝在游览江南人文景观之时，伴随有"追和前人""题额赐名""赏书鉴画""尝泉品茗"等文艺活动，留下了不可磨灭的印记和文化遗产。康乾二帝身兼帝王与文人双重身份，既想融入文人生活、体验艺术情趣，又想从文化上征服江南士人的人心。具体而言，"追和前人"是乾隆帝对诗教传统的延续，"题额赐名"是二帝"文以载道"的体现，"赏书鉴画"是二帝士人化的重要象征，"尝泉品茗"则反映了二帝高洁幽雅的生活情趣。综合而论，康乾二帝通过与江南人文景观相关的文化活动，成功地将自己塑造为天下文人的精神领袖，进而获得了江南文人的认同，笼络了江南士大夫阶层。

在康乾二帝所关注的江南人文景观之中，祠庙、陵墓、书院等对二帝的文教有着极为特殊的意义与价值。康乾二帝身为清朝的最高统治者，又都是励精图治、颇有作为的君主，如何进一步加强思想控制以巩固对江南地区的统治，始终是其巡游江南关注的焦点问题。致祭祠庙有助于强化权威、树立典范，致祭陵墓可以宣扬正统、激励臣工，巡视书院、颁赐三阁经典则起到统一思想、确立标准的作用。康乾二帝通过赋予江南人文景观"文教"的内涵，进一步征服了江南人心、确立了清朝统治的正统性，并巩固了清朝的统治。

康乾巡游江南是文化交融的有效催化剂，巡游过程即是满族与汉族、宫廷与民间、北方与江南之间文化交融的过程。如果说康熙巡游江南之初尚有满汉文化冲突，到乾隆巡游江南结束之时，清朝已正式纳入中国传统文化的承续脉络之中。康乾二帝致力于证明清朝入继中华正统的合法性。所以，否认文化交融，就无法解释康乾巡游江南对致力于满汉一统具体举措的努力。

目　录

选择和交融：康乾巡游与江南人文景观建构

导　论

一、选题的缘起、目的和意义

（一）选题缘起

中国帝王历来就有巡游四方的传统，并将其视为重要的盛典与礼仪。传说黄帝统一华夏各部之后遍游天下，尧帝曾西见王母，舜帝就死于巡游途中的苍梧山下，周穆王甚至成为历史上第一位大旅游家。秦汉时期，以秦始皇、汉武帝为代表的巡游，侧重点从"狩"转变为"游"。隋唐时期，隋炀帝、唐玄宗的巡游则可以说是上规模、讲排场。

到了清朝，康熙、乾隆两位皇帝将帝王巡游发展到极致。康乾二帝到曲阜祭孔，称为东巡；分别六下江南，称为南巡；到五台山礼佛，称为西巡；到东北盛京祭祀祖陵，称为北巡；其他还有每年秋巡木兰行猎等等。其中，康乾南巡堪称古代帝王巡游的翘楚。在康熙帝的众多巡游之中，"最出名的，当然是他六次南巡"①。乾隆帝一生巡游不断，将南巡视为一生的两大功绩之一："予临御五十年，凡举二大事。一曰西师，一曰南巡。"②康乾南巡之所以被誉为"巍巍盛典""熙朝盛事"，不仅是

① 郭松义：《清代全史》卷三，方志出版社2007年版，第30页。
② 欧立德：《乾隆帝》(青石译)，社会科学文献出版社2014年版，第113页。

因为其耗时最长、耗资最多、最为世人所知，还在于巡游江南有助于清朝稳定江南、巩固统治。

游览江南景观是康乾南巡的重要组成部分。可以说，康乾二帝在江南地区留下了不可磨灭的印记和文化遗产，江南人文景观也集中、系统地见证了二帝的巡游活动。在众多历史遗迹中，人们往往对帝王的游踪特别关注。然而，目前学界关于康乾南巡的研究主要集中于南巡的目的、举措、评价以及《南巡图》等热点问题，而作为康乾南巡的重要组成部分，江南人文景观却鲜有被学界关注与探讨，更不要说形成完整的研究体系。

那么，康乾二帝在江南的具体游踪究竟如何，为何人文景观最能得到二帝的关注？康乾二帝在江南诸人文景观所在地进行了哪些文化活动，活动背后的目的与意义是什么？以及江南人文景观在康乾二帝巩固江南统治的过程中起到什么样的作用？以往学界或者语焉不详，或者只言片语。这些都值得去思考和探索，也是笔者所要揭示、认识和理解的。

（二）选题目的

康乾南巡是康乾研究的标志性事件，后世学者对康乾南巡的评价有褒有贬。康乾南巡的积极作用是显而易见的，南巡是康乾二帝治国安邦的重要措施，对稳定江南、巩固统治等均起到积极的作用。康乾南巡的负面影响也不可忽视，巡游期间奢华扰民，江南地区疲于迎驾。但总体而言，康乾南巡对实现北方与江南、宫廷与民间这不同民族、不同地区、不同阶层之间的文化交融起到了至关重要的作用。

文化的互动与融合一般需要借助具体的物质载体来完成。在康乾二帝巡游的过程中，江南人文景观成为展示江南文化的舞台，江南地域文化在巡游期间得到集大成的展示。同时，江南人文景观也是康乾二帝展示治理江南思想的重要载体，通过与江南人文景观有关的文化活动，康熙帝重在巩固江南的统治秩序，乾隆帝则进一步加强了对江南的统治。

笔者尝试以历史学的基本观点和方法，尤其是定量史学，结合文化学、景观学等相关理论，以江南人文景观为中心对康乾二帝巡游江南期间的文化活动进行全面、深入、细致的剖析与研究。研究的目的在于：以巡游为时间主线，以江南为地域范围，以康乾二帝与江南人文景观有关的文化活动为研究对象，通过对康乾南巡的大量原始文献资料进行全面而深入的梳理，特别是康乾南巡所作诗文、所题匾联，力求探索：康乾二帝是如何以江南人文景观为载体，通过巡游这种方式宣传大一统思想，实现北方与江南、宫廷与民间之间的文化交融。具体而言，笔者拟以康乾二帝巡游江南的时间为经，以江南景观（主要是江南人文景观）为纬，对二帝巡游江南期间的踪迹进行归纳和分析，尽量还原当年的历史场景；对二帝在巡游江南过程中与江南景观（主要是江南人文景观）有关的文化活动进行考察，探究其背后的目的与意义；对二帝在南巡期间所至代表性的人文景观进行分析，展现二帝的文教意图；最后，从康乾巡游江南的角度，讨论文化交融。

（三）选题意义

康乾南巡被视为清朝历史上的重大事件，具有鲜明的政治、文化象征意义。对康乾二帝来说，江南地位非比寻常，既是清朝政权财富的重要来源之地，又是汉族文化的核心地区之一。但是，由于明清易代，这里一直潜伏着比较严重的历史积怨与民族矛盾。江南是清朝整体版图的有机组成部分，如何消解满汉之间的民族矛盾、完成道统与治统的统一，事关康乾二帝在江南树立清朝统治的正统性、实现由版图的大一统向政治与文化格局大一统的转变。

中国古代有讲究王朝兴替应符合正统的历史文化传统。儒家文化传统中的"正统"观念一直强调华夷之别、华贵夷贱。《周礼·仪礼·礼记》中指出："中国、戎夷五方之民，皆有性也，不可推移。东方曰夷，被发文身，有不火食者矣。南方曰蛮，雕题交趾，有不火食者矣。西方曰戎，被发衣皮，有不粒食者矣。北方曰狄，衣羽毛穴居，有不粒食者矣。"①根据"正统"观念，在江南士大夫看来，清朝统治者以"异族"的身份入主中原，明清易代不仅是亡国，更是"亡天下"。因此，清朝初期所面临的严峻挑战便是江南士人与清朝统治者之间的民族矛盾上升为统治的正统性问题。

作为多民族、大一统帝国的统治者，康乾二帝深知，要想进一步巩固江南统治，必须根据江南的区域特点、文化特征，采取针对性的文化政策，争取江南士人阶层，抢夺文化话语权。事实证明，通过巡游江南，康乾二帝成功地以"大一统"论"突破北宋以来士大夫对礼仪权限的占有，和南宋以来由于疆域国土的丧失而建立起来的以'道统'建构作为合法资源的'正统观'论述"②，真正实现了清朝的"大一统"，确立了清朝统治的正统性。在这一过程中，江南人文景观是具体的物化见证，见证了满汉、南北之间以及宫廷内外的文化在相互融合、相互补充、相互借鉴中走向统一，见证了清朝统治实现了从版图的大一统到政治、文化格局大一统的转变。

由上可知，以江南人文景观为中心研究康乾二帝巡游期间的文化活动，可以为康乾南巡研究提供新的视角，应该引起学界的重视。笔者以江南人文景观为中心对康乾二帝巡游期间的文化活动进行全面、深入的阐述，希望在开拓康乾南巡研究、丰富清史研究等方面做一些有益的尝试，从新的角度认识康乾二帝及其区域文化政策，促进对当今江南区域文化的保护。

---

① 陈戍国点校：《周礼·仪礼·礼记》，岳麓书社2006年版，第284页。
② 杨念群：《何处是江南：清朝正统观的确立与士林阶层精神世界的变异》，生活·读书·新知三联书店2010年版，第261页。

二、相关概念的界定与解释

（一）康乾南巡

康乾是指清朝的第四、第六位（入关后的第二、第四位）皇帝爱新觉罗·玄烨与爱新觉罗·弘历。玄烨、弘历是两位皇帝的名字，张杰曾在《清朝三百年史》中指出："根据古代历史文献，唐以前皇帝多称谥号，唐以后皇帝多称庙号，用年号代作皇帝称谓，实民国以后始有之事。"①笔者采用约定俗成的说法，称康乾两位皇帝的年号，即康熙帝和乾隆帝。

巡游有遨游、漫游之意，也指结队游行。《穆天子传》中记载："造父为穆王得盗骊、华骝、绿耳之马，御以西巡游。"②巡游也叫巡幸、巡守、巡狩、巡省，或又称幸、宸游、省方等。巡幸是指皇帝巡游驾幸，《汉书·郊祀志》中记载："上始巡幸郡县，寖寻于泰山矣。"③巡守、巡狩都是指天子出行、视察邦国州郡，《尚书注疏·虞书·舜典》中曰："岁二月，东巡守，至于岱宗，柴，望秩山川"④，《子夏易传》中云："时之得向明而南巡狩也。"⑤巡省的意思是巡行视察，《吕氏春秋》中谓："禹未之遇而巡省南土。"⑥宸游专指帝王之巡游，《桂苑笔耕集》中云："自此日月重光，烟尘永息，唯望宸游之返驾，伫观盛礼于登封。"⑦省方即巡视四方，《易·观》中曰："先王以省方，观民，设教。"⑧

康乾南巡，即康乾巡游江南。康熙帝于康熙二十三年九月二十八日

---

① 张杰：《清朝三百年史》，社会科学文献出版社2011年版，第20页。
② 王天海：《穆天子传全译》，贵州人民出版社1997年版，第26页。
③ 王继如主编：《汉书今注》（2）卷二十五上，凤凰出版社2013年版，第678页。
④《十三经注疏》卷三，新文丰出版社1988年版，第38页。
⑤（清）张澍辑：《子夏易传》卷四，中华书局1991年版，第70页。
⑥（汉）高诱注，（清）毕沅、徐小蛮校：《吕氏春秋》卷六，上海古籍出版社2014年版，第119页。
⑦ [韩]崔致远：《桂苑笔耕集》（1）卷一，商务印书馆1935年版，第6页。
⑧ 于春海：《易经》，吉林文史出版社2014年版，第112页。

（1684.11.5）第一次巡游江南出发，至康熙四十六年五月二十二日（1707.6.21）第六次巡游江南返回。乾隆帝于乾隆十六年正月十三日（1751.2.8）第一次巡游江南出发，至乾隆四十九年四月二十三日（1784.6.10）第六次巡游江南返回。康乾巡游是康乾二帝加强统治、安定江南的政治、文化行为，具体内容包括治理河海、察吏观民、笼络士人、祭祀祠陵等，并夹杂一些游山玩水之举。"古者帝王莫不巡狩"①。作为独具东方特色的帝王文化，康乾巡游是康乾二帝确立清朝统治正统性的战略举措，是二帝实现从版图的大一统向政治、文化大一统转变的重要象征。

（二）江南

"江南"在中国历史文化及现实生活中的地位都非常重要，内涵也十分丰富，集地理概念、历史概念、文化概念于一身。

"江南"一词所含地域范围，各家不同。李伯重的《兼论"江南地区"的界定》将其"江南"范围确定为苏州、松江、常州、镇江、江宁、杭州、嘉兴、湖州八府和太仓直隶州，共八府一州之地，得到了学界的普遍认同②。刘士林指出："'八府一州'说也不是没有问题。由于过于偏重古代的太湖流域经济区，这一界定有时也会显得机械和不够灵活，特别是忽略了与其在商贸与文化联系密切的周边城市，……特别是扬州，以地理位置而言是在长江以北，但传统上却把它视为一个江南城市。"③

笔者根据康熙、乾隆两位皇帝巡游的路线，将"江南"的研究范围界定为扬州、镇江、江宁、常州、苏州、松江、杭州、嘉兴、绍兴九府，即今天的扬州、镇江、南京、常州、无锡、苏州、上海、杭州、嘉兴、绍兴，集中在苏南与浙北。

---

① （唐）房玄龄：《晋书》卷二十一，中华书局2000年版，第421页。
② 李伯重：《简论"江南地区"的界定》，《中国社会经济史研究》1991年第1期，第101页。
③ 刘士林：《吴山越水海风里》，上海音乐学院出版社2013年版，第31页。

（三）人文景观

景观大致分为两大类：自然景观与人文景观。人文景观主要是指人类在自然景观的基础之上创造出的物质与精神文明的产物。单霁翔认为，人文景观是"人类为了满足某种实际需要，利用自然界所能提供的材料，在自然景观的基础上，叠加上人类活动的结果而形成的景观"[①]。

中国传统文化尤其关注景观视觉之外的文化和道德含义，人文景观因为具有深厚的文化内涵，成为中国传统文化的载体。葛兆光说："各种过去的遗迹诸如祠堂、庙宇、牌坊、碑铭等等，常常作为象征，为历史储存着种种回忆。通常，这些储存记忆的象征并不开口说话，所以，要靠后人的理解和解释，才能呈现出'意义'。所谓'传统'，所谓'文化'，也就在这种变动的记忆和想象中延续。"[②]所以，要想充分理解人文景观背后所蕴含的文化隐喻和典故，必须具备一定的文化修养与能力。也就是说，"唯有深入的历史和学术研究才能帮助我们超越表面的'观'，成就真正意义的'景'"[③]。

本书中的江南人文景观，除了指佛寺、园林等历史古迹，还包括祠庙、陵墓、书院、藏书阁等建筑设施。这些人文景观是江南地区历史存留的印记，带有强烈的时代特征和地域特色，能够充分展现江南地区的人文精神。

三、相关文献资料与学术史回顾

（一）相关文献资料收集情况

关于康乾南巡，正史野史、民间传说不一而足。笔者以江南人文景

---

① 单霁翔：《走进文化景观遗产的世界》，天津大学出版社2010年版，第227页。
② 葛兆光：《想象异域：读李朝朝鲜汉文燕行文献札记》，中华书局2014年版，第125页。
③ 吴欣：《山水之境中国文化中的风景园林》，生活·读书·新知三联书店2015年版，第235页。

观为中心研究康乾二帝巡游江南期间的文化活动，文献材料主要是清朝特别是康熙、乾隆时期的文献资料，大致包括以下几种：

1. **正史典籍**

如《清圣祖实录》《清高宗实录》《康熙帝起居注》《乾隆帝起居注》《清史稿》《南巡盛典》《授时通考》《清文献统考》等。其中，《清实录》《起居注》虽然对康乾二帝巡游江南期间的思想言论、出台政策都有详细的记载，是研究康乾南巡情况的基础史料。但是，官方典籍毕竟是"官样文章"，"旅游向来又都被视为'玩物丧志'的非正经事，更加难以进入历史史官的法眼，故而在各项史籍记载中，关于旅游的资料都比较少而且分散"①。而且，官方典籍对皇帝以歌功颂德居多，很难揭露一些史实真相。所以，其他资料也就成为笔者主要依据的基础史料，和实录、起居注等正史典籍相互印证。

2. **地方志**

简称方志，是记载一定地区或行政区域的政治、经济、风土人情、灾异变化等各方面历史和现状的著作。地方志与其他史料相比，保存了大量真实可信、无可替代的历史资料，地域性、资料性、综合性等特征鲜明，被古人称为"一邑之实录也"②"一方之全书也"③。康乾南巡属于帝王巡游，地方志中在门类设置上一般都在卷首设有"宸瀚"作为子目，记载了康乾二帝的诗文、楹联题额等，记述了二帝的南巡生活，留下了考察二帝游踪的可靠资料。笔者主要根据江苏、浙江相关府县地方志中提供的宸瀚，补充、参考《清通志》《嘉庆重修一统志》等，将康乾诗文及楹联题额作为本书的基础资料。

3. **相关的诗文集、文人笔记**

前者如《清代诗文集汇编》《康熙帝御文集》《乾隆帝御制诗》等，

---

① 魏向东：《晚明旅游地理研究（1567—1644）：以江南地区为中心》，天津古籍出版社 2011 年版，第 28 页。

② 曾星翔、李秀国：《中国方志百家言论集萃》，四川省社会科学院出版社 1988 年版，第 2 页。

③ 中国地方志指导小组：《清代方志序跋汇编·通志卷》，上海古籍出版社 2014 年版，第 266 页。

后者如陈康祺的《朗潜纪闻二笔》、黄印的《南巡纪略》、钱泳的《履园丛话》、李斗的《扬州画舫录》、王士禛的《池北偶谈》、昭梿的《啸亭杂录》等。这些诗文集、文人笔记记述了康乾二帝巡游江南期间大建行宫、庆祝万寿、游山玩水等鲜为人知的一面，弥补了官方典籍的不足，往往更能从侧面反映一些康乾南巡的问题。其中，有关康乾二帝的诗文集，对地方志宸瀚上的诗文解析也是有益的补充。

4. 图文档案

如《康熙南巡图》《乾隆南巡图》《南巡纪道图》《南巡盛典》《宫中档乾隆朝奏折》等。这些档案，最大限度、工整细致地留存了当时对这一历史事件的全程记述。

（二）学术史回顾

尽管已有学者对康熙、乾隆二帝进行过诸多研究，但关于"康熙南巡""乾隆南巡"抑或"康乾南巡"研究，在学术界却并不多见，更不要说对研究状况进行系统的总结和评述。在借鉴前贤的基础上，笔者通过对康乾南巡的研究论著进行搜检与阅读，考察和总结出研究的热点、研究中存在的问题，以促进康乾南巡研究的进一步发展。

1. 研究成果热点评述

南巡是康乾二帝的重大活动，目前，学界的研究主要涉及南巡的目的、举措、评价、《南巡图》以及城市与景观等多方面、多层次的研究内容。

（1）目的研究

目的研究是康乾南巡研究的重点领域，学者们从政治、文化、民族关系等不同维度展开解读。虽然解释众说纷纭，侧重点亦不同，但研究者在强调自己的观点时，都不以偏概全，也都能兼容其他"目的说"，并且都认同南巡的根本目的在于稳定江南、巩固统治。当然，由于康乾二帝所处时代的背景情势不同，二者南巡的目的也略有差异。

第一，政治目的说。

康乾南巡带有很强的政治色彩，更多的是属于意识形态层面。何平立指出，康乾南巡是治国安邦、安境靖边的重要战略举措，是中央控驭地方的统治运作模式之一，是内圣外王、以礼化天下的治国方略①。通过分析康乾二帝历次南巡的情况后，萧一山、潘群、周志斌、林吉玲等学者认为，康乾南巡的目的具体包括震慑东南、考察吏治、关注民生、笼络人心等；白新良、林吉玲、邱庞同、徐志平等学者认为，康乾南巡的真正用意在于通过稳定江南，实现清朝大一统格局。南巡的政治、文化色彩在康乾二帝巡游江南期间尤为明显。阎崇年认为，康熙六次南巡主要为解"三结"，其中，康熙通过赐匾、赐字、赐宴、赐物、赐银、赐食、赐见、赐官等许多怀柔、笼络措施，缓和满汉官员之间的矛盾，解君臣隔膜之结、增进君臣感情，此为解"君臣之结"；康熙通过修明孝陵、减赋、体察民情等，维系民心、化解历史积怨、消除不满情绪，从而解君臣夷夏之结，此为解"君民之结"②。张勉治、刘文鹏等人以1684年春季所发生的朝廷辩论为切入点，探讨康熙皇帝在1684年秋季首次巡幸山东和江苏两省的多元象征意义……认为，此次礼仪争论揭示了清廷政治文化中文武价值观念之间的对立……途中，一旦圣驾接近和行经某些有重大象征意义和文化意义的地方时，这种意识形态上的紧张对立极其尖锐而明显，尤其体现在汉文本起居注的记载中。据此可知，清王朝统治的合法性是永远不会彻底完成的，是一个没有尽头、不断进行的历史过程。③乾隆帝在南巡过程中竭力笼络汉族官僚地主、缙绅富商、文人士子，左步青认为不过是清朝入关后的一项具有传统性的重要政策的延续④。

第二，文化目的说。

---

① 何平立：《中国古代帝王巡狩与封建政治文化》，《社会科学》2006年第3期，第155—163页。

② 阎崇年：《康熙大帝》，中华书局2008年版。

③ 张勉治、刘文鹏、王珏：《康熙皇帝首次南巡与文武价值观念之间的对立》，《清史研究》2011年第1期，第78页。

④ 左步青：《康雍乾三帝评议》，紫禁城出版社1986年版。

康乾二帝在南巡过程中通过宣扬儒学纲常伦理、调和满汉文化思想等进行精神抚慰、加强文治教化。阎崇年指出，康熙帝从先祖手中接到的是沉重的历史包袱：满汉文化冲突，因此康熙帝六次南巡首当其冲是为解文化之结，以祭孔子、祭岱庙、祭明陵、祭禹陵这"四祭"向天下宣告，接受汉族儒家文化，从而解开满汉对立这个文化死结；以赐董仲舒、周敦颐、宗泽、陆秀夫"四匾"表明，他不仅是满洲令主，而且是天下共主。康熙帝还将途中看戏作为接受汉文化濡染与熏陶的一种方式。美国学者史景迁则指出，康熙帝第一次南巡某种意义上是侦查探险，虽然皇帝注意到河道事务，直到1689年第二次南巡他才认真解决这一问题①。

第三，民族关系说。

清朝初期，民族矛盾凸显。美国学者张勉治把清朝皇帝从1680到1785年持续不断的南巡活动看作是具有鲜明满洲特色的政治文化②。美国学者孔飞力认为："江南问题是关键。危险来自富庶的长江三角洲，并正沿着运河两岸朝北蔓延。在弘历看来，南方是汉族官僚文化的罪恶渊薮。"③高王凌指出：通过乾隆帝六次南巡途中所发生的诸如"伪奏稿案""彭家屏案""割辫案""王伦案"等文字狱，再现了清统治的"满洲特性"。

第四，治河目的说。

黄河治理关系沿黄数省的财赋安全与社会稳定，关系漕运是否畅通与国库供给是否及时，堪称清朝国计民生之根本，被清朝历代政府视为重要施政内容。所以，学者多认为康乾南巡的主要目的是治河。徐志平指出，黄河、淮河、海塘工程是关系保障江南粮仓、维护封建王朝的根本举措。诸荣会、叶楚华等学者认为，康乾南巡最主要的原因和目的就

① 史景迁:《曹寅与康熙：一个皇室宠臣的生涯揭秘》(陈引驰等译),上海远东出版社2005年版。

② 张勉治:《马背上的王朝：巡幸与清朝统治的构建1680—1785》,哈佛大学出版社2008年版。

③ 孔飞力:《叫魂：1768年中国妖术大恐慌》(陈兼、刘昶译),生活·读书·新知三联书店1999年版。

是治河,即治理黄河、淮河、疏通大运河以利漕运。王晓辉指出,康熙南巡的主要目的之一便是为了视察河工。王泽京、潘群、周志斌进一步指出,康熙南巡的主要目的是要解决"黄淮冲决为患"的问题,每次南巡必到黄河、淮河视察,传授治河方略,试图通过亲历河道,寻求治河方案,考察治河工程。林吉玲认为,乾隆南巡也主要是考察河务、海防。

第五,奉母揽胜目的说。

江南素以山川名胜甲于天下,对康乾二帝有着十足的吸引力。而且随着清朝统治的巩固,康乾二帝尤其是乾隆帝的南巡目的便很快以游山玩水为主要内容了。金普森、陈剩勇认为,游山玩水始终是康乾南巡的主要动机之一。刘欢萍指出:"以孝示天下、奉母揽胜也一直是康乾二帝出巡的重要目的。尤其是乾隆南巡,前4次都奉孝圣皇太后而行。"①林吉玲认为,乾隆南巡首先是"法祖省方",奉母后游览江南名胜②。何峰也认为,乾隆帝为表孝心,奉皇太后出巡,接受万民祝福③。

第六,东巡延续说。

有学者对康熙帝第一次南巡的起因做了单独的解析,认为是先巡视山东继而巡幸江南。孟昭信将东巡山东作为南巡的前奏④。常建华认为:康熙二十三年的首次南巡原为东巡,起因于清朝基本完成国家统一,适逢甲子年,仿照《尚书·舜典》圣王泰山巡狩之举。康熙帝东巡之后,临时决定南下视察河工,形成了南巡。所谓首次南巡也只有与东巡联系起来考察,才能彰显出其历史意义。研究康熙南巡,应该将首次与其他几次区别开来⑤。

(2)举措研究

为了巩固清朝对江南地区的统治,康乾二帝在巡游期间从政治、经

---

① 刘欢萍:《论乾隆南巡对江南形象传播之影响:以南巡相关绘画与仿建为中心》,《浙江工商大学学报》2014年第5期,第35—36页。

② 林吉玲:《康乾南巡及其对运河区域的影响》,《山东师大学报(社会科学版)》2000年第5期,第65—68页。

③ 何峰:《道路江南:南巡御道往事》,《地图》2011年第2期,第30—41页。

④ 孟昭信:《康熙大帝全传》,吉林文史出版社1988年版。

⑤ 常建华:《新纪元:康熙帝首次南巡起因泰山巡狩说》,《文史哲》2010年第2期,第147页。

济、文化、军事等多方面加强了统治措施，康熙帝有整治运河、体恤民情、整饬吏治、检阅军队、谒陵朝佛、笼络知识分子之举等，乾隆帝有巡察河工、蠲免赋税、奖励盐商、笼络士绅、扩大学额、祭扫祠陵、仿建园林之举等。已有成果中关于举措研究主要涉及治理河海、察吏安民、笼络士绅、展谒祠陵4个方面。其中，治理河海为学者们研究的焦点。

第一，治理河海。

在对康乾南巡的诸多举措研究中，一般都将治水列为举措之首，并对康乾二帝的治水给予了肯定。王英华依据上谕档、宫中档奏折、清官书、河工文献等基本史料，对清口东西坝的创筑与演变过程尤其是康熙、乾隆南巡过程中对这些工程的指导进行了论述和分析，从中可以看出清廷对河务问题的重视和清代河工技术的发展状况①。孟森、商鸿逵、孟昭信、王晓辉、阎崇年、白新良、郭松义等学者认为，康熙南巡的主要目的之一是为了视察河工，治理黄河，最终获得成功。翟文明通过靳辅治河和后继有人两个方面，指出康熙帝每一次南巡治河的具体任务②。左步青、丁琼、徐凯、商全、谢永刚、徐志平、刘欢萍等学者认为，乾隆帝是治水的主要决策者，河工、海塘是治水的两个关键点，乾隆帝在6次南巡中5次督察河务、4次亲阅海塘，尤其是浙江海塘工程，在乾隆帝的正确决策下，得到充分的治理。席会东指出，《南河图说》的绘制、呈奏和运用在很大程度上确定了乾隆第一次南巡的模式，对研究乾隆南巡和乾隆朝河政运作具有重要价值③。

第二，察吏安民。

王晓辉、阎崇年、白新良、南炳文、郭松义等学者指出，康熙南巡通过体察民情、周知吏治、赈济灾民、蠲免钱粮等，宣扬皇威、督察臣工以及给沿途百姓以恩惠；王戎笙、刘欢萍等学者指出，乾隆南巡能够

---

① 王英华：《清口东西坝与康乾时期的河务问题》，《中州学刊》2003年第3期，第97—100页。

② 翟文明：《康熙图传》，中国戏剧出版社2004年版。

③ 席会东：《高斌〈南河图说〉与乾隆首次南巡研究》，《中国历史地理论丛》2012年第2辑，第132—142页。

察吏安民、蠲免积欠，以显示皇恩浩荡。

第三，笼络士绅。

江南为人才荟集之地，康乾二帝摆明崇儒重道的态度，注意利用儒家学说来巩固其统治，将道统与治统完全统一起来，进而笼络江南，收拾民心。王晓辉、南炳文、白新良、郭松义、王戎笙、林吉玲、叶楚华等学者认为，康乾南巡期间通过增加科举名额、颁赐殿版经史以及特召等方式，优待江南文人；王晓辉、潘群、周志斌、王国平和霍玉敏等学者指出，康乾南巡期间不忘曾在京供职的旧臣，通过召见慰问、赐物授职，眷顾老臣；潘群、周志斌、王戎笙、林吉玲等学者指出，二帝通过遍赏南巡沿途及办理差务的文武官员，取消受处分官员的处分，召见江南布衣学者，加恩江浙士绅。

第四，展谒祠陵。

为了表示对汉人传统文化的认可与尊重，康乾二帝在巡游江南期间通过对神祇庙、帝王陵墓、孔庙以及部分历代名臣祠庙、坟墓进行祭祀，从思想上、文化上来笼络江南士人。其中，尤以明孝陵和禹陵最为重视。王晓辉、白新良、南炳文、潘群、周志斌、王戎笙、林吉玲等学者指出，为了安抚士民之心，展示自己治世理想的自信，二帝将祭扫明陵作为南巡的一项重要内容，并要求地方官员对孝陵加强保护。王晓辉、林吉玲还指出，二帝非常重视拜谒禹陵。

（3）评价研究

"南巡"一直被后世学者视为康乾研究的标志性事件，但如何评价颇有争议。有学者认为"康乾盛事"万千气象可称是建筑在巡狩之上的[1]。但也有学者认为，康乾南巡其实都是戏剧味十足的演出[2]，所谓"盛世繁华"不过是建立在专制权力对百姓无情掠夺之上的假象[3]。而且，由于康乾二帝所处的时代背景不同，性格也存在差异等，对康乾南巡的作用和

---

① 何平立：《中国古代帝王巡狩与封建政治文化》，《社会科学》2006年第3期，第155—163页。
② 王学泰：《戏剧化的清帝南巡》，《中华遗产》2008年第2—3期，第18—21页。
③ 刘文鹏：《官民冲突视野下的乾隆南巡》，《探索与争鸣》2014年第7期，第81—84页。

影响存在截然相反的结论。当然，也有学者认为，对康乾南巡的评价不应"褒康贬乾"。

第一，政治文化意义。

康乾南巡具有鲜明的政治象征意义，江南地区也展现出独具特色的社会文化，南巡过程中始终伴随着康乾二帝与江南地区之间的征服和被征服。常建华认为：康熙帝"六下江南，乃是效仿古代明君'问俗观风'，六次南巡不仅是踵轨风骚，还开启了清王朝的一个时代"，康熙帝到达、巡视培育江南士大夫精英文化且在清初顽强抵制清军的江南地区，隐喻着清朝彻底征服了中国①。刘文鹏亦指出：乾隆南巡是"满洲统治者向江南的汉人社会展示武备、家法和纪律的方式，对清帝国具有重要政治意义"②。张勉治认为，康乾南巡具有强烈的满洲人传统，可以解释为"勤政""爱民"的表现③。何峰指出："声势浩大的南巡活动，也给江南地区带来了一波又一波的文化冲击。皇帝与地方官员、士绅、商人以及普通老百姓一起参与并体验着这种变化。"④

第二，积极作用。

康乾南巡尤其是康熙南巡是安邦治国的重要措施，对稳定江南社会、加强南北文化交流、巩固多民族统一国家等有着积极的作用，象征着清朝由乱入治，展示了清代"盛世"风采。刘潞、林吉玲、王学泰、霍玉敏等学者认为，康熙南巡总体应视作正面的政治行为，表现了康熙帝杰出的治国才能，促进了东南地区社会的发展和稳定。阎崇年指出，康熙帝六次南巡，完成解文化、君臣、君民"三结"的期待，达到预期目标，取得良好效果⑤。白新良等认为，康熙帝通过六次南巡，最终解决了当时面临的黄淮水患，确保了漕运的顺利畅通，同时实现了笼络江南地主阶

---

① 常建华：《新纪元：康熙帝首次南巡起因泰山巡狩说》，《文史哲》2010年第2期，第154页。
② 刘文鹏：《官民冲突视野下的乾隆南巡》，《探索与争鸣》2014年第7期，第81页。
③ 张勉治：《马背上的王朝：巡幸与清朝统治的构建1680—1785》，哈佛大学出版社2008年版。
④ 何峰：《"康乾南巡"中的江南世界》，《地图》2011年第2期，第29页。
⑤ 阎崇年：《康熙大帝》，中华书局2008年版。

级以加强其统治的目的①。吴建华指出，乾隆南巡治河、筑海塘均为有益之举，是促成康乾盛世的重要因素②。何峰进一步指出：在二帝巡游江南期间，"江浙地区的社会文化生活日益丰富，地方官商与帝王一起打造着前所未有的文化和视觉盛宴……京师与江南沟通有无……皇帝醉心于江南山水，努力将江南文化携带至京师宫苑之中，造成了清中期京城皇家园林中的江南文化热。尽管因为地域和气候的原因，江南文化元素在京师的生长难免会有不适的状况，但是皇帝的行为仍然增强了南北之间的文化交流"③。

第三，负面影响。

康乾二帝巡游江南期间的奢华扰民现象不可忽视，江南地区疲于迎驾，奢靡之风盛行，进而牵涉官员廉洁等政治问题。乾隆南巡的消极影响更是显而易见，甚至阻碍了中国的发展。南炳文、白新良认为，康熙南巡的消极作用主要体现在对沿途人民的搜刮与骚扰等扰民行为④。白新良指出，康熙南巡办差官员营私舞弊，科敛百姓。王振忠、江海萍认为，康熙帝后几次南巡也有一些奢侈的表现。王振忠指出，乾嘉以后两淮盐务中的种种弊病，有不少就肇端于康熙朝，清代前期东南一带"吴俗三好"的蜕嬗也与康熙南巡有关⑤。左步青、丁琼、叶建华、李雪艳、王学泰等学者认为，乾隆南巡在于追求享乐，每次都兴师动众，挥霍豪华，开"靡费"之端。丁琼、林吉玲、叶建华、霍玉敏、叶楚华等学者认为，乾隆南巡造成国库枯竭、吏治腐败，政风败坏加重，阶级矛盾激化，清王朝由盛而衰、由治而乱，国家元气大受损害。朱宗宙指出，乾隆年间两淮盐业兴盛的背后潜藏着很大的危机，乾隆帝对盐商的肆意榨取，致使两淮盐业衰败、盐商破落⑥。马东玉还认为："乾隆帝在南巡期间却屡

① 白新良等：《康熙皇帝传》，学苑出版社1994年版。
② 吴建华：《南巡纪程：康熙、乾隆南巡日程的比较》，《清史研究通讯》1990年第1期，第49—57页。
③ 何峰：《"康乾南巡"中的江南世界》，《地图》2011年第2期，第29页。
④ 南炳文、白新良：《清史纪事本末》，上海大学出版社2006年版。
⑤ 王振忠：《康熙南巡与两淮盐务》，《盐业史研究》1995年第4期，第4—18页。
⑥ 朱宗宙：《乾隆南巡与扬州》，《扬州师院学报（社会科学版）》1989年第4期，第136—140页。

兴冤狱，针对的是知识分子和其他无辜百姓，惩罚的也是关心百姓的清政官员"。因此，乾隆南巡是"失举"，南巡兴狱是失德①。刘文鹏进一步指出：乾隆帝通过南巡过程中"治河、修海塘等浩大的工程来塑造盛世之君的光辉形象，以图赢得万民景仰，青史永存"，但实际上"利用手中无上的权力，对走到眼前进行叩阍的民众不惜以杖责、杀戮的手段强硬应对，以掩盖南巡中对奢华的追求、对官员的纵容和对小民的无情与戏弄。特权摧毁了中国小民的财产安全，也摧毁了很多使中国进步的因素"②。

（4）《南巡图》研究

在康乾南巡的研究中，《康熙南巡图》的研究是个热点，尤以论文居多，而聂崇正、杨新的研究最为集中、突出。《康熙南巡图》由王翚主持设计绘制，描绘了康熙帝第二次南巡时沿途所经过的山川城池、名胜古迹等。《乾隆南巡图》由徐扬绘制，描绘了乾隆帝第一次南巡的情景。《南巡图》对研究康乾时期的历史有一定的参考价值。目前学术界对此研究主要围绕创作缘由和背景、组织者和创作者、形成与流传、创作过程、版本以及评价等相关问题上。

第一，有关《南巡图》的创作研究。

主要集中于创作缘由和背景、组织者和创作者、形成与流传、创作过程等相关问题。聂崇正、杨新比较早地介绍了《康熙南巡图》的创作缘由、绘制作者、创作过程以及技巧评价③。马连明根据鞍山市档案馆收藏的《康熙南巡图》（照片），对《康熙南巡图》及其形成、流传等情况作了简要的介绍④。严丽娟在研究亲手复制《康熙南巡图》粉本的基础上，对《南巡图》的主持者、绘制者做了一些论述⑤。聂崇正综合相关文

① 马东玉：《乾隆南巡兴冤狱》，《紫禁城》2001年第3期，第46—48页。
② 刘文鹏：《官民冲突视野下的乾隆南巡》，《探索与争鸣》2014年第7期，第84页。
③ 聂崇正、杨新：《〈康熙南巡图〉的绘制》，《紫禁城》1980年第4期，第16—18页。
④ 马连明：《〈康熙南巡图〉简介》，《辽宁档案》1988年第5期，第29—30、19页。
⑤ 严丽娟：《试论〈康熙南巡图〉的主持者与绘制者》，《东南文化》1991年第6期，第245—248页。

献、实物资料，初步考证出参加《康熙南巡图》创作的画家共有九人①。

第二，有关《南巡图》的版本研究。

主要集中于草图、正副本比较、残本等相关问题。聂崇正将《康熙南巡图》与分别收藏在北京故宫博物院、沈阳故宫博物院、江苏南京博物院的三卷草图进行了对照研究②。杜恒伟、徐璐璐从卷首题签、画法等方面对《康熙南巡图》第十一卷正、副本进行了比较③。聂崇正将现藏北京故宫博物院由王翚领衔主绘的《康熙南巡图》第十一卷，与《王翚·秣陵秋色图》作了对比研究④。聂崇正认为2009年发现的《康熙南巡图》第六卷残本与2012年底发现的第六卷又一段残本，前后是相衔接的，应是《康熙南巡图》第六卷开头部分⑤。

第三，有关《南巡图》的评价研究。

分别是指对《康熙南巡图》和《乾隆南巡图》的评价。聂崇正认为，《康熙南巡图》以康熙南巡为题材，如实地将康熙帝南巡所经过的地方和事情表现出来，既可以看作是为康熙出巡而作的类似"起居注"式的记录，又可以从中看到大量反映当时风土人情、地方风貌以及经济文化繁荣的景象⑥。杨多以《乾隆南巡图》为个案，"探讨了'历史真实'与'历史图像'之间的关系问题，以及乾隆是如何通过图像来建立自己的圣明天子形象的，这就为研究清代叙事性画提供了一个新的维度"⑦。

第四，有关《南巡图》绘制内容的研究。

主要集中于《康熙南巡图》第一、九、十、十一、十二卷，具体包括离宫和回京、绍兴、南京。杨新通过《康熙南巡图》第一卷介绍了自

选择和交融：康乾巡游与江南人文景观建构

---

① 聂崇正：《〈康熙南巡图〉作者新考》，《紫荆城》2003年第2期，第10—14页。

② 聂崇正：《谈〈康熙南巡图〉卷》，《美术研究》1989年第4期，第44—49页。

③ 杜恒伟、徐璐璐：《〈康熙南巡图〉第十一卷正、副本对照研究：兼谈南京城水西门、旱西门与正本、副本地名之比较》，《中国地名》2011年第2期，第73—75页。

④ 聂崇正：《王翚〈秣陵秋色图〉和〈康熙南巡图〉》，《紫禁城》2011年第4期，第84—88页。

⑤ 聂崇正：《新见〈康熙南巡图〉第六卷残本考》，《文物》2013年第8期，第84—87页。

⑥ 聂崇正：《清代历史画巨作：〈康熙南巡图〉》，《故宫博物院刊》1981年第2期，第75—79页。

⑦ 杨多：《乾隆南巡图研究》，中央美术学院2004年硕士学位论文。

康熙起驾离宫之后出北京永定门到南苑一段的绘制内容，表现了康熙帝出巡威严庄重的空前盛况[①]。杨新通过《康熙南巡图》第十二卷详细介绍了康熙南巡归来回京进宫的情景，如实反映了康熙帝出巡的盛况，也能从中浏览祖国的大好河山，领略各处的风土人情[②]。杨臣彬详细介绍了《康熙南巡图》全图十二卷中较长的一卷——第九卷的内容，认为画家以复杂多变的构图、精致工整的笔法、富丽明快的色调，形象地再现了康熙帝致祭禹陵的史实，较为真实地描画了自钱塘江到绍兴一带的山川形势、地理概貌、人情风俗和农业、商业、交通运输等状况[③]。张宏、周安庆介绍了《康熙南巡图》的绘制始末，描绘了《康熙南巡图》上的市井百态，尤其介绍了《康熙南巡图》中虎踞龙盘、校场演武等绘制内容，最终认为《康熙南巡图》比较真实再现了康熙南巡的历史情况[④]。杨新通过《康熙南巡图》第十卷上半部[⑤]、《康熙南巡图》第十卷下半部分别介绍了从句容到江宁一段、江宁府三山街等画面的内容，以及康熙阅视教场演武、巡视观星台等画面的内容[⑥]，概括而又集中地反映了玄烨在江宁的活动情况，描绘了当时的江宁府城。杨新通过《康熙南巡图》第十一卷前半部、《康熙南巡图》第十一卷后半部分别介绍了三百年前南京城外到观音山弘济寺为止的景物[⑦]，从弘济寺开始到燕子矶、长江、仪真县等风光[⑧]。

（5）城市与景观研究

康乾南巡的研究中或多或少都有关于康乾二帝游览的介绍，认为康

---

① 杨新：《羽骑凤驰出北京：谈〈康熙南巡图〉第一卷》，《紫禁城》1980年第4期，第20页。

② 杨新：《銮驾回京师：〈康熙南巡图〉第十二卷介绍》，《紫禁城》1981年第6期，第23—25，42页。

③ 杨臣彬：《渡钱塘谒禹陵：略谈〈康熙南巡图〉第九卷》，《紫禁城》1981年第1期，第25—29页。

④ 张宏、周安庆：《〈康熙南巡图〉中的南京生活》，《紫禁城》2008年第5期，第200—207页。

⑤ 杨新：《鸾旗列队辽玺陵：〈康熙南巡图〉第十卷上半部介绍》，《紫禁城》1981年第2期，第28—29页。

⑥ 杨新：《六代绮罗帝王州：介绍〈康熙南巡图〉第十一卷前半部》，《紫禁城》1981年第4期，第19—22页。

⑦ 杨新：《六代绮罗帝王州：介绍〈康熙南巡图〉第十一卷前半部》，《紫禁城》1981年第4期，第19—22页。

⑧ 杨新：《壮哉！长江：〈康熙南巡图〉第十一卷后半部介绍》，《紫禁城》1981年第5期，第25—27，47页。

乾南巡促进了江南城市和景观的建设，提高了江南的整体知名度，为今天的旅游业准备了大量的旅游资源。同时，康乾南巡促使北方皇家园林大量仿建江南得天独厚的山水、精美绝伦的园林等名园胜景，形成了北京皇家园林的鼎盛格局，具体包括圆明园、畅春园、香山静宜园、玉泉山静明园、万寿山清漪园等。

南巡加强了南北景观文化的交流。刘欢萍指出："南巡将北方皇家园林的建筑风格、造园技艺带到了南方，从而影响了以扬州为代表的江南园林景观"，而且，"南巡更促进了江南形象的塑造与传播"，"扩大了江南风景的影响力与知名度"①。赵洛、郭成康、潘群、周志斌等学者认为，乾隆帝十分喜爱江南的名园胜景，南巡时不仅游览一遍，回京后还在京师御园和外地离宫中进行仿建。刘欢萍进一步指出，清代皇家园林其实早在康熙时期就已开始汲取江南造园技艺，乾隆朝时达到顶峰。南巡使北方皇家园林渗入了更鲜明的"江南风格"，为皇家园林体系注入了新的生机，成就了清中期皇家园林的空前鼎盛②。

目前有关江南城市与景观的研究成果以扬州最为集中。朱宗宙认为，扬州最繁荣的时期当数乾隆年间，兴盛繁荣的原因是多方面的，但乾隆南巡是一个重要因素。乾隆南巡给扬州经济的发展、商业的繁荣带来了刺激，也带来了危机③。梅尔清以清代初期扬州文化为研究对象，对南巡与扬州城景观文化变迁之间的关系作了初步探讨，撰写《清初扬州文化》一书，提出南巡影响了扬州城市的社会构成和文化定位，盐商的地位在南巡中凸显出来；其第四章"再创造和娱乐——平山堂"描述了皇帝的馈赠及游览，其第五章"天宁寺的制胜奇观"介绍了皇帝在"江南"、天宁寺与南巡、景点与奇观等康乾南巡的相关活动内容④。陈捷先详细介绍

选择和交融：康乾巡游与江南人文景观建构

---

① 刘欢萍：《论乾隆南巡对江南形象传播之影响：以南巡相关绘画与仿建为中心》，《浙江工商大学学报》2014年第5期，第35—41页。
② 刘欢萍：《论乾隆南巡对江南形象传播之影响：以南巡相关绘画与仿建为中心》，《浙江工商大学学报》2014年第5期，第35—41页。
③ 朱宗宙：《乾隆南巡与扬州》，《扬州师院学报（社会科学版）》1989年第4期，第136—140页。
④ 梅尔清：《清初扬州文化》（朱修春译），复旦大学出版社2004年版。

了康熙南巡过程中游扬州的相关情况，认为康熙帝给扬州留下了不少历史纪念物，提高了扬州的知名度，促进了扬州的经济繁荣①。何峰指出：在康乾南巡期间，两淮盐商对扬州城市景观变迁产生重要影响并发挥积极作用。两淮盐商是南巡差务经费的重要承担者，为南巡提供了重要的经济、物质支持。因迎銮需要，盐商不但在行宫营建与修缮中积极出资出力，而且主动参与扬州城各类迎銮景观及建筑的营建与修缮。至乾隆南巡期间，扬州城市景观发生显著变化，盐商修建的园亭遍布南巡沿经地区，也成为乾隆帝游赏扬州景观的主要类别，扬州城的景观与文化营建活动达到极盛②。

（6）其他问题研究

此外，有学者对康乾在南巡中所听的戏曲、所住的行宫以及盐商与帝王的互惠过程等问题产生了兴趣。如杨飞指出："扬州的戏曲供奉不仅满足了乾隆帝寓目的感官需求，同时在客观上促进了清代扬州剧坛的繁盛。"③申丽萍则考证了乾隆六下江南期间所驻跸的大运河沿线的行宫问题，不仅论述了行宫建设的选址、形制、发展及其与城市的关系，而且分析了南巡行宫的建设与修缮对清中叶的城镇规划与发展的影响，以及官方建设行为影响下的城市建设与变化④。严雄飞、潘群、周志斌、何峰等学者通过研究认为，康乾南巡是一个盐商与帝王互惠的过程：盐商为帝王创造美景、文娱、礼物；帝王让盐商受惠更多，社会政治地位不断提高，经济实力不断增强。尤其是乾隆帝在南巡期间多次"驾幸"扬州，扬州盐商们积极参与承差、迎送等活动，出巨资建造行宫园林等巡游休息游乐之所，还解囊购置宫中陈设景物；乾隆帝则从提高盐商的政治地位、盐引加斤、免税等多方面给两淮盐商予以补偿。

---

① 陈捷先：《康熙写真》，商务印书馆 2011 年版。

② 何峰：《南巡、盐商与清代扬州城市景观的变迁》，《南京师大学报（社会科学版）》2014 年第 4 期，第 69 页。

③ 杨飞：《乾隆南巡与扬州的戏曲供奉》，《中华戏曲》2010 年第 2 期，第 183—201 页。

④ 申丽萍：《乾隆六下江南与大运河沿线行宫建设》，东南大学 2008 年博士学位论文。

2. 目前研究存在的问题

毫无疑问，学界对康乾南巡的研究比较重视，并取得了一定的成果，但仍存在不少问题。

第一，研究内容不够全面。迄今为止，缺乏对康乾南巡进行全面、系统、深刻的探讨，尚未见有通论康乾南巡的专门著作。

第二，研究视角过于集中。已有的研究中，绝大多数采用政治史、经济史的视角，对康乾南巡的关注也主要集中在政治活动上，而对于康乾南巡的文化史的研究不够重视。

第三，研究空间偏向北方。尤其值得注意的是，康乾南巡可以说是中国古代旅游史上的巍巍盛事，但目前尚无以江南为研究范围，以康乾南巡这一特殊事件为引导、针对江南人文景观进行的较为深入、系统的研究。

四、创新之处、不足与难点

（一）创新之处

康乾南巡研究所存在的问题与其历史地位和作用是不相称的。笔者选择中国古代帝王巡游中最具代表性的康乾南巡作为研究对象，是老学科中的新方向。笔者在前贤研究工作的基础上，力求拓宽视角、深入挖掘、系统探索，试图在研究视角、研究方法、研究资料等方面有所突破：

1. 研究视角的创新

关于康乾南巡的研究，以往许多学者主要是从政治、经济、社会等角度进行探究，缺乏对文化、景观等问题的专题式深度论述。笔者在老学科中探索新方向，以江南人文景观为中心研究康乾二帝巡游江南期间的文化活动，将研究领域扩展到文化学、景观学等，对康乾南巡这一历史事件进行全面、深入、细致的剖析和研究，拓展康乾研究和清史研究的内容。具体而言，以巡游（康熙帝第一次南巡出发至乾隆帝第六次南巡返回）为时间主线，以江南为地域范围，以二帝与江南人文景观的互动为研究对象，探究二帝如何通过巡游这种方式，促进宫廷与江南的对话、完成清朝统治正统性的树立以及实现版图大一统向政治、文化格局大一统的转变。

2. 研究方法的创新

笔者以历史学的基本研究方法为主，即在前人研究的基础上，通过对相关史料进行收集、整理、阅读、理解、考证，以文献资料为主要事实，求得最大限度地"重建"史实。由于康乾南巡的研究实际上涉及历史学、文化学、景观学等多个学科，这就决定了在具体分析问题的时候，还需要借鉴这些学科的研究方法，尽可能采用多学科交叉的研究方法。比如，笔者根据田野调查这一亲历式的研究方法，多次前往扬州、镇江、南京、常州、无锡、苏州、杭州等地，重游康乾二帝所至江南景观，深入了解研究对象，以避免研究的随意性和主观性。

3. 资料整理的创新

康乾南巡留下了大量的诗文、匾联等，尤其是乾隆帝，无处不写诗、无处不题额、无处不书联。这些诗文、匾联通过皇帝的视角描述江南，为江南人文景观留下浓郁的帝王印记。康乾二帝的诗文、匾联往往会提供其他史料所不具备的信息，是二帝"政治活动和日常生活的实录"[①]，内容涵盖巡游、景观、农事、读书等多方面，"历史价值大大超过艺术价值"[②]。但是，二帝的南巡诗内容过于庞杂，相关研究还是冷门。因此，笔者高度重视康乾二帝的南巡诗、楹联与题额历史价值的重要性，采用定量史学方法对其进行系统的归纳和深入的挖掘。通过定性研究和定量研究的结合，笔者尽量使研究结论精当、科学。

---

① 孙文良、张杰、郑川水：《乾隆帝》，江苏教育出版社2005年版，第304—305页。
② 戴逸：《清代人物研究》，故宫出版社2013年版，第198页。

（二）不足与难点

以江南人文景观为中心研究康乾二帝巡游期间的文化活动，具有重要的理论价值和实践意义。但是，本选题研究起来也是一件十分困难的事情。本选题的研究内容是历史时期的帝王巡游与人文景观，在专门史研究中无先例可循，也无成熟的研究模式。

笔者的资料依据以历史文献为主，但由于古代史官的关注重点一般都是政治史，康乾南巡又是帝王阶层才享有的特权，旅游活动的主体是康熙帝、乾隆帝两位帝王及扈从他们的官僚等统治阶级，因此更具有政治性、功利性等特点。所以，《清实录》《康熙起居注》《乾隆起居注》等文献中，主要记载了南巡过程中的工作，对于帝王具体的游览、丰富的娱乐内容却记载不详。《南巡盛典》一类的官书，则把康乾南巡称为"巍巍盛典"，极尽歌功颂德之能事，都是溢美之词。至于相关的笔记、文集、诗集等文献，则存在资料数量巨大、记载零星散落的问题。本选题研究的难度，主要由此而来。

而且，本书涉及学科涵盖面广，背景资料庞杂，工作的艰巨和复杂也就因此而生。同时，笔者学识浅薄，虽然导师严格要求，许多问题都未能深入探讨，只是得出初步的结论，书中片面、不足和错误之处在所难免。恳请各位读者批评指正。

第一章　康乾巡游江南研究概述

　　从康熙二十三年到乾隆四十九年，清朝康熙、乾隆两位皇帝分别六次巡游江南，堪称康乾盛世的重大标志，也是康乾研究的重要内容。为了从江南人文景观的角度对康乾南巡进行深入、细致的探究，本章有必要先作一个全面、系统的概述。第一，康乾南巡的成行同当时的客观背景、二帝的主观意愿、巡游前官民的邀请都有着密不可分的关系，作为巡游江南的背景与条件，这三者的具体情况究竟如何？第二，康乾南巡的根本目的是想寻求江南士民的认同、巩固清朝的统治，那么，其政治、经济、文化等目的分别是什么呢？除此之外，还有没有别的目的？第三，通过政治、经济、文化、军事等方面的举措，康乾南巡巩固了统治、宣示了权威，这些举措的具体内容又是什么呢？第四，康乾南巡对清朝稳定江南、巩固统治起到了至关重要的作用，巡游江南的积极作用与负面影响分别是什么？这些都是本章所要探究的。

第一节　背景与条件

康乾南巡同康乾时期的客观背景、二帝的主观意愿、南巡前的官民邀请都有着密不可分的关系。康乾时期良好的政治、经济、文化环境是巡游江南的客观保障；江南与其他地区相比，地位非比寻常，稳定江南、巩固统治是康乾南巡的主观目的；再加上官员不断上疏恳请，这些背景与条件综合到一起，便促成了康乾二帝前后南巡的盛事。

一、客观保障

总体来说，康乾时期（尤其是乾隆帝统治前期）政治稳定、经济发展、文化繁荣，因此，"康乾盛世"被人们视为中国古代的最后一个全盛时期。伏尔泰曾于1764年这样评价："他们（康乾二帝）的帝国是有史以来最杰出的。"[1]统一稳定、繁荣昌盛的国内形势为康乾南巡提供了客观保障。

（一）版图一统

清朝地理版图的大一统，使社会保持了长期的安定，也为康乾南巡提供了保障。何炳棣指出：清朝"经康熙、雍正、乾隆三朝的努力经营，将长城以外的东北、蒙古、青海、宁夏、新疆、西藏纳入实际统治的版

---

[1] [英]尼尔·麦格雷戈：《大英博物馆世界简史》（余燕译），南京大学出版社2016年版，第529页。

图，结成一个以汉、满、蒙、回、藏、苗为主的多民族国家。"[1]

康熙时期，清朝开始由大乱走向大治。康熙初年，抗清斗争逐步进入尾声；康熙八年，康熙帝消灭鳌拜集团；康熙二十年，康熙帝平定"三藩之乱"；康熙二十二年，康熙帝收复台湾；康熙二十八年，康熙帝反击沙俄侵略；康熙五十九年，康熙帝"驱准保藏"。康熙帝之所以选择康熙二十三年开始南巡，首先是因为这一年乃一系列军事胜利的重要节点，标志着清政府全面转入大治的历史进程；同时，这一年距清太祖起兵（1583）近百年，距清世祖入关（1644）四十年，有着鲜明的象征意义。自此，清朝逐步进入稳定繁荣的时期。

到乾隆时，清朝经过多年的经营发展，基本形成全盛之局。乾隆帝以自己开疆拓土的成就为傲，并经常拿来与前朝各代帝王进行比较。乾隆十六年，乾隆帝改革西藏政治体制，使西藏稳定和繁荣；乾隆二十年、二十一年、二十二年，清军3次进入伊犁，平定了准噶尔与回疆叛乱，加强了在天山南北的管辖；乾隆五十七年，乾隆帝反击廓尔喀侵略彻底胜利。葛剑雄指出：至此，中国形成了一个"北起萨彦岭、额尔古纳河、外兴安岭，南至南海诸岛，西起巴尔喀什湖、帕米尔高原，东至库页岛，拥有1300多万平方公里国土的空前统一的国家"[2]。清朝由此实现了空间格局上的大一统。

（二）经济繁荣

版图一统为经济繁荣提供了保障。康乾时期蠲租养民、积谷开荒以及大规模兴修水利，水旱之灾减少，社会经济持续繁荣。

康熙帝始终将民生问题放在首位，认为"民为邦本，休养宜先"[3]。康熙帝清楚地认识到能否发展生产直接关系到政局的稳定，于是改革赋

---

① 何炳棣：《中国历史遗产的几个值得思考的显著特色》，见徐泓：《"新清史"论争：从何炳棣、罗友枝论战说起》，《首都师范大学学报（社会科学版）》2016年第1期，第1—2页。
② 葛剑雄：《疆域与人口》，复旦大学出版社2010年版，第110页。
③ 清代宫史研究会编：《清代宫史论丛》，紫禁城出版社2001年版，第238页。

役制度、发展农业生产，比如鼓励垦荒、蠲免钱粮、滋生人丁永不加赋等等。康熙五十七年，户部存银达到4736万余两，是康熙十七年的十几倍。值得一提的是，康熙帝蠲免钱粮超越历代王朝。

乾隆时期重视农业生产、奖励垦荒、兴修水利，同时注重蠲赋养民、减免钱粮。乾隆帝还把相当大的精力放在储备粮食上，谕总理事务王大臣："养民之政多端，而莫先于储备。所以使粟米有余，以应缓急之用也。"[1]通过以上举措，百业兴旺，国库充盈。乾隆三十六年，户部存银达到7894万余两[2]。乾隆六十年，中国人口达到2.97亿，是当时世界上人口数量最多的国家。

（三）文化昌盛

经济繁荣为文化昌盛打下了坚实的基础。康乾时期，强化科举取士，大量编订典籍，对传统文化进行了全面的继承与弘扬，学术文化集历代之大成。

康熙帝本身文化造诣就很高，其文化成就主要体现在自然科学和书法两大方面。梁启超说：他"制定康熙永年历，并著有《数理精蕴》《历象考成》等书，又造成极有名的观象台。……专用西洋人汇成一部《皇舆全览图》。这些都是在我们文化史上特笔大书的事实。"[3]康熙帝注重整理、编订文化典籍，"一生自撰及组织才能之士编纂的各类书籍共达60余种"[4]，推动了清朝文化事业极大的发展。《明史》的编纂时间从顺治二年（1645）到乾隆四年，主要是在康熙朝；由陈梦雷主撰、康熙帝赐名的《古今图书集成》，是中国现存最大的一部类书；康熙十二年至四十七年，康熙帝派翰林院学士博达礼负责编辑的《清文鉴》是学习满语的必备书籍；康熙四十九年至康熙五十五年，康熙帝指定大学士张玉书、陈

①《清高宗实录》卷四十二，《清实录》第1册，中华书局1986年影印本，第752页。

② 中国第一历史档案馆：《康雍乾户部银库历年存银数》，载《历史档案》1984年第4期，第21页。

③ 梁启超：《梁启超论清史学二种》，复旦大学出版社1985年版，第109页。

④ 孟昭信：《康熙评传》，南京大学出版社1998年版，第205页。

廷敬为总阅官的《康熙字典》，超越前代。

乾隆帝掌握了汉、满、蒙、回、藏五种语言，精通古文、诗词、楹联、书画、音乐等文艺。乾隆帝不仅自己尊孔读经、多才多艺，还组织编纂了《四库全书》等大型文化典籍，使清朝中叶成为一个文化繁荣的时代。李治亭认为：乾隆时期的小说、戏曲等成果也都取得了耀眼的辉煌，"流派纷呈，俊采星驰，与繁荣的经济相辉映，构成了一幅多姿多彩的盛世的画卷"[1]。

二、主观动机

对康乾二帝来说，江南的地位与作用十分特殊，集地理、政治、经济、文化等诸多特点于一体。这里潜伏着满汉历史积怨，水患频繁、海塘告急，江南士人集团难以政治控制。因此，康乾南巡与他们对江南在全国政治、经济、文化方面重要性的认知有着极大的关系，康乾二帝希望通过巡游，达到稳定江南、巩固统治的目的。

（一）政治考量

对于康乾二帝来说，江南比较特殊，是明末清初抗清斗争较为激烈的地区，曾酿成"扬州十日""江阴屠城""嘉定三屠"等血腥惨案，使江南在一定时期内对清朝政权存在着严重的抵触情绪，民族矛盾一度成为主要矛盾。邹逸麟认为：江南被"视为一个政治、经济和文化的异质地区，对远在北京的中央来说，这是一个离不开、信不过的地区"[2]。

康熙时期，朝代更替的痕迹在江南仍比较明显，清朝入关时的血腥记忆仍然存在。因此，康熙帝一直致力于处理好与汉人特别是江南士大夫之间的关系，希望将其纳入彀中。经过康熙帝的南巡，江南文人成为清朝的支持者、拥护者。乾隆时期，清朝入关带来的巨大冲击并未完全淡化，就如葛兆光所言："潜藏的民族情绪还在心灵深处"①，汉人对清朝统治的态度仍然让满洲精英们颇感不安。因此，孔飞力说：乾隆帝以及统治者对于江南的心态，是既欣赏、又戒备乃至敌视②。

（二）经济驱动

唐宋以后，江南经济发展迅速，有"苏常熟，天下足"的美誉。明清时期，江南是全国最富裕的地方，所谓"今江南财赋，甲于天下"③，"东南粟帛，灌输天下，天下之有吴会，犹富室之有仓库匮箧也"④。康熙帝第二次南巡时谕江南江西总督傅拉塔、福建浙江总督王骘、江苏巡抚洪之杰、浙江巡抚金鋐等："江南财赋，甲于他省"⑤；康熙帝第三次南巡时谕户部："东南为财赋重地"⑥，谕户部、礼部："而江浙二省，尤东南要地"⑦。乾隆时期，江南的耕地面积只占全国耕地面积的16%，却提供了29%的以现金支付的政府土地税收（以银两支付），38%的其他税收收入（以粮食支付），以及供养京师的64%的漕粮。此外，国家从江南盐商征收的钱财，占全国此类财政收入的2/3⑧。

但是，江南地区繁荣的背后，却是水患频繁、海塘告警。一方面，自隋炀帝开凿大运河之后，元、明、清三朝京师所需的江南物资都依赖于运河运输供应，运河是"漕运"的生命线。由于黄、淮交汇处与纵贯南北的运河相交，黄河发大水后，不仅倒灌入淮河，还会祸及运河，使河水变浅，阻碍南北交通。因此，治黄还要使黄河保持相当的水位，以

选择和交融：康乾巡游与江南人文景观建构

---

① 葛兆光：《想象异域：读李朝朝鲜汉文燕行文献札记》，中华书局2014年版，第140页。

② 孔飞力：《叫魂：1768年中国妖术大恐慌》（陈兼、刘昶译），生活·读书·新知三联书店2012年版，第351页。

③ （明）杨廉：《杨文恪公文集》卷十二，明刻本，页九十。

④ （清）黄宗羲：《明夷待访录》田志，清指海本，页十二。

⑤ 《清圣祖实录》（三）卷一三九，《清实录》第5册，中华书局1985年影印本，第517页。

⑥ 《清圣祖实录》（三）卷一九二，《清实录》第5册，中华书局1985年影印本，第1037页。

⑦ 《清圣祖实录》（三）卷一九二，《清实录》第5册，中华书局1985年影印本，第1041页。

⑧ 欧立德：《乾隆帝》（青石译），社会科学文献出版社2014年版，第113页。

便蓄黄济运。另一方面，江苏、浙江临海处容易受海潮威胁。钱塘江至杭州湾是一个典型的喇叭口状海湾，外宽内窄，外深内浅。每当起潮时，宽100公里的出海口一下子涌进大量海水，江面到海宁盐官镇一带时却只有3公里，潮水于是形成强大潮汐流，冲溃堤岸，形成潮灾。杭、嘉、湖、苏、松、常这一带是清朝的粮仓，所以，海塘时刻威胁着清朝的经济命脉。作为清朝国计民生之根本，黄河、海塘的治理常常被康乾二帝挂念于心。

（三）文化应对

江南地区自宋代以后成为全国文化与艺术的中心，"江南"一词渐渐成为文人风雅生活的象征。在康乾二帝看来，江南乃全国人文渊薮之所在，乾隆帝先后多次评价江南"文风素盛""民多俊秀"等。

江南是汉族文化精英的聚集之处，人才多如天上繁星，但令清朝统治者"最头痛的是江南士绅阶层"[1]。一方面，清朝入主中原时的武力征服、剃发易服等，激起江南士人强烈的民族义愤，满汉民族矛盾因此贯穿整个清朝，清前期尤为凸显。另一方面，士大夫文化是江南文化的代表，在二帝眼中，这里的文化最学究气、最讲究艺术品位，但也最奢侈、最腐败，需要在深入了解的基础上有针对性地加以应对。

三、直接诱因

康乾二帝历次南巡特别是第一次出发之前，一般都有官员上疏恳请促行。康熙二十三年春，编修兼起居注官曹禾、吏科掌印给事中王承祖分别上疏请康熙帝登封岱宗。王承祖恳请康熙帝"仿古帝之巡狩，以勤民事，以光圣治"[2]。于是，康熙帝在九月二十四日昭告天下，起驾东

---

① 邹逸麟：《谈"江南"的政治含义》，见王家范：《明清江南史研究三十年（1978—2008）》，上海古籍出版社2010年版，第181页。

② 万依、王树卿、刘潞：《清代宫廷史》，百花文艺出版社2004年版，第97页。

巡。乾隆十四年八月，两淮盐政吉庆上奏，表示江南民众十分盼望其南巡；九月，两江总督黄廷桂、河道总督高斌等官员纷纷上奏恳请乾隆帝南巡，说是江南百姓"延颈企足，朝夕以祈，众口同心，欢迎恐后"①。乾隆帝于乾隆十四年的十月初五宣布两年后南巡。再如乾隆二十年三月初九，尹继善上折恭请乾隆帝再次南巡，乾隆帝回复道："此正所谓成事不说，然嫌太早矣。"②3个月后，尹继善再次上奏，此时乾隆帝批道："知道了，故部知道。"③

有意思的是，为了塑造自己明君的形象，康乾二帝本人在谕旨中反复强调南巡乃是因为官民邀请，谕旨中充满了"望幸之心至殷""引领望幸""再四恳请""百姓恳请""恳请游览"等字眼，自己则是"俯顺舆情""勉顺群情"。如康熙帝第五次南巡时，三月二十八日谕江南江西总督阿山、江苏巡抚宋荦曰："尔等同地方士民再四恳请，故渡江而南。"④第六次南巡时，四月十一日谕福建浙江总督梁鼐、浙江巡抚王然、江南江西总督邵穆布、安徽巡抚刘光美、江苏巡抚于准、山东巡抚赵世显等："江浙两省官员及地方绅士军民，皆环道远迎，恳请游览。朕勉顺群情，涉江而南，巡省风俗。"⑤

需要说明的是，有学者认为，康乾巡游费用巨大，穷奢极欲，劳民伤财，应予以批判。这是另一课题，另有著作。我们研究的对象主要集中于康乾巡游对江南人物景观建构的影响。

① 中国国家博物馆：《乾隆南巡图研究》，文物出版社2010年版，第183页。
② (清)尹继善：《奏报预行筹备皇上巡幸江南事宜折》，见《宫中档乾隆朝奏折》1982年版第10辑，第865—866页。
③ (清)尹继善：《奏请圣驾再举南巡之典折》，见《宫中档乾隆朝奏折》1982年版第11辑，第616—617页。
④ 《清文献通考》卷一百三十八"王礼考"，文渊阁四库全书本，第1825页。
⑤ (清)鄂尔泰：《授时通考》卷四十七"劝课"，武英殿聚珍版丛书本，第421页。

第二节　主要目的

虽然康乾二帝一再强调南巡的目的是为了解民生风俗、巡视河工，但目的其实是多元的，具体包括震慑东南、考察吏治、关注民生、笼络人心等。康乾二帝的南巡目的同中有异，共同目的主要有巡视河工、考察河务，省观风俗、咨访吏治，笼络士人、钳制思想等；由于二帝所处时代的背景情势不同，二者的目的也略有差异。但不管怎样，根本目的在于消弭江南的对抗，寻求江南士民的肯定和认同，最终实现清朝政治、文化的大一统格局。

一、政治目的

江山一统、四海澄清是一个王朝政权合法性与正统性的基础，欧阳修在《原正统论》中说："正者，所以正天下之不正也；统者，所以合天下之不一也。"①康乾南巡是治国安邦的重要战略举措，通过震慑东南、考察吏治等具体措施，稳定江南，最终实现清朝政治、文化大一统格局的目标。

康乾二帝在历次巡游江南之前都会颁布谕旨，说明自己的主要目的是省方问俗、宣扬正统。康熙帝第一次南巡前在诏书中说："犹虑蔀屋艰难，罔由上达"②，意即帝王由于长期居于宫廷，各地风情面貌只有通过

---

① （宋）欧阳修著，李之亮笺注：《欧阳修集编年笺注》（4），巴蜀书社2007年版，第34页。
② 《清文献通考》卷一百三十八"王礼考"，文渊阁四库全书本，第1816页。

巡游才能加以了解。因此，康熙帝第二、三、五次南巡前分别下谕："兼欲观览民情，周知吏治"①，"更以吴地襟带江湖，乃东南奥壤，励俗省耕、兼行临视"②，"朕廑念民生"。乾隆帝四次将"省方"作为南巡的目的，既包括问俗又包括观民，"朕命驾时巡，周览风俗，观民察吏，惟日兢兢，三吴尤素所廑念也"③，以"广沛恩膏，聿昭庆典"④，"宜施渥泽，用溥春祺"⑤。

二、经济目的

水利工程是农业的命脉，是历代政府的重要施政内容。江南地区是重要的水利水患之区，所以，康乾南巡重要的目的之一就是治理河海，力求通过兴修水利来发展农业，进而安定民生、维护统治。为了寻求治河方案，康熙帝每次南巡必亲历黄河、运河、淮河等，视察治河工程，探讨治河方略。乾隆帝在继承乃祖治河方略的同时，将浙江海塘作为施政重点，先后四次重点视察海塘工程。

（一）巡视河工

黄河、淮河与运河的交汇处是清朝治河的关键之所在，具体指徐州、淮安、扬州三府及下属高邮、宝应等七州县。当清朝的政局稳定下来和国力增强之后，康熙帝越来越重视治河。他说："今四海太平，最重者治河一事"⑥，"河患不除，夙兴夜寐，不能暂释于怀"⑦。从康熙二十三年开始，康熙帝六次南巡，每次都要经清河县渡黄河，然后沿运河乘船南下，亲临治黄工地，阅视河工。乾隆朝同康熙朝一样，视水利为国家治

①《清文献通考》卷一百三十八"王礼考"，文渊阁四库全书本，第1821页。
②《清文献通考》卷一百三十八"王礼考"，文渊阁四库全书本，第1824页。
③《清高宗实录》（六）卷三八三，《清实录》第14册，中华书局1986年影印本，第36页。
④《清高宗实录》（六）卷三八三，《清实录》第14册，中华书局1986年影印本，第1页。
⑤陈振汉：《清实录经济史资料》，北京大学出版社1989年版，第184页。
⑥（清）蒋良骐撰，鲍思陶、西原点校：《东华录》卷十八，齐鲁书社2005年版，第267页。
⑦（清）李元度自纂，易孟醇校点：《国朝先正事略》（1）卷五，岳麓书社2008年版，第161页。

事，常年不懈地抓水利，对黄河、淮河、运河进行综合治理。

康乾二帝在南巡之前的谕旨中一般都会向大臣说明巡游江南的目的主要是为了河工，如康熙四十四年正月二十三日，康熙帝谕兵部："加意河道，屡行亲阅，一切疏浚修筑事宜，悉经周详指画，获告成功。……今欲特莅其地，察验形势，用筹善后之规。"[1]康熙帝第五次南巡时谕令江南江西总督阿山、江苏巡抚宋荦曰："朕为两河告成，杨家庄新河建闸，故来巡视。"[2]第六次南巡时谕福建浙江总督梁鼐、浙江巡抚王然、江南江西总督邵穆布、安徽巡抚刘光美、江苏巡抚于准、山东巡抚赵世显等："朕顷因视河，驻跸淮上。"[3]乾隆帝在第三次南巡前的谕旨中也说"便道阅视河工海塘"[4]。

（二）督查海塘

海宁沿海是潮流顶冲地段，潮灾严重，"海塘为越中第一保障"[5]。因此，清政府也就更重视海塘的修筑，自顺治始屡年动工防治，"易土塘为石塘，更民修为官修，巨工累作，力求巩固"[6]，修筑规模历代最大、延续时间历代最长。乾隆帝曾说："如杭第一要，筹奠海塘澜。"[7]从第三次南巡开始，治理浙江海塘便成为乾隆帝南巡的重心。乾隆帝第三、四、五、六次南巡时均到过海宁，主要目的便是解决海塘工程的修筑问题。经康、雍、乾三朝的努力，海宁沿海全线建成造价昂贵、坚固的鱼鳞大石塘。

---

①《清圣祖实录》(二)卷一九一,《清实录》第5册,中华书局1985年影印本,第1024页。

②《清文献通考》卷一百三十八"王礼考",文渊阁四库全书本,第1825页。

③ 赵尔巽:《清史稿》本纪第八,中华书局1998年版,第179页。

④《清文献通考》卷一百三十八"王礼考",文渊阁四库全书本,第1841页。

⑤《清高宗实录》(九)卷六五六,《清实录》第17册,中华书局1986年影印本,第339页。

⑥ 赵尔巽:《清史稿》志一百十"河渠三",民国十七年清史馆本,第2095页。

⑦（清）爱新觉罗·弘历:《驻陈氏安澜园叠旧作即事杂咏六首韵》(五),见(清)陈璚修,王棻纂,屈映光续修,陆懋勋续纂,齐耀珊重修,吴庆坻重纂:《民国杭州府志》(一),《中国地方志集成·浙江府县志辑》第1册,江苏古籍出版社、上海书店、巴蜀书社1993年版,第84页。

三、文化目的

清朝政权由满族人建立，文化相对比较落后。清朝要巩固统治不能单凭武力镇压，必须得到汉族上层的协助。如葛兆光在《中国思想史》中所说："历史上，只有被普遍尊奉的文化所支持，政治支配才能成功，政府行为也才能被普遍接受。"①汉族知识分子能否拥戴、支持清政府的统治，对清朝来说有着至关重要的意义。因此，清朝统治者必定要利用儒家等传统思想文化作为统治的重要工具，用各项优惠政策笼络汉族知识分子。

江南是中国士大夫精英文化的代表之地，但是，江南士大夫对清朝的民族情感到乾隆朝仍然不高。因此，康乾南巡的文化目的是要消解江南的对抗情绪，消除满汉之间的隔阂，进一步征服江南士大夫的人心，构建清朝统治的正统性，进而迅速融入传统政治文化之中，让南北一统的地理格局转化为人心一统的文化格局。

四、其他目的

明清两代历史辉煌，江南恰是明清时期辉煌的区域之一，被誉为"鱼米之乡""丝绸之府""文物之邦"。秀丽的景色、华贵的商品乃至倾城的佳丽等，对康乾二帝也具有十足的吸引力。

（一）饱览山川，游览名胜

江南素以山川名胜甲于天下著称，堪称中国的美丽花园。梅尔清在《清初扬州文化》中指出："随着中世纪混乱的结束和战争的肃清，江南继续被看作是代表着高质量、高品位的典范。"②尤其是乾隆时期，江南

---

① 葛兆光：《中国思想史》第2卷《引言》，复旦大学出版社2000年版，第12页。
② 梅尔清：《清初扬州文化》（朱修春译），复旦大学出版社2004年版，第191页。

选择和交融：康乾巡游与江南人文景观建构

富庶而又繁华、精致而又优雅。所以，康乾南巡固然有政治、经济、文化等诸多动机在里面，但游览江南名胜始终是巡游的主要内容之一。

从康乾南巡的时间分析，康熙帝巡游至江南的时间一次在十一月、两次在四月、其余三次均在三月，乾隆帝六次巡游至江南的时间则均为三月，南巡时间正是江南春暖花开、草长莺飞的最佳季节。从康乾南巡的路线看，江宁（今江苏省南京市）、扬州、镇江、常州（包括无锡）、苏州、杭州这些地方均为山水园林绝佳之处，江宁人称"江南佳丽地，金陵帝王家"，扬州有"烟花三月下扬州"之美誉，苏州更是以甲天下之园林而令人向往，总之是名胜古迹众多、山河景色秀美。从康乾二帝巡游江南期间的游览活动来看，如果说康熙帝前四次的巡游是忙里偷闲地游览山川名胜，后两次巡游期间的游玩性质则明显增加，如游玩江南名胜、摆宴看戏、收受古董字画等；乾隆帝巡游则是专程观览山川之佳秀，不少巡幸之地在每次巡游前都要经过重新设计改建，乾隆帝本人甚至亲自参与策划、设计和施工。

（二）奉母揽胜，标榜孝道

"孝"是中国封建社会等级制度的基础，古代帝王一向标榜以"孝"治天下。清朝以武力入主中原，更是将"孝"作为巩固其统治的手段。因此，通过奉母揽胜而以孝示天下，便成为康乾南巡的目的之一。尤其是乾隆帝，为表孝心，前四次巡游都奉孝圣皇太后而行，接受万民祝福。

乾隆十四年十月初五，乾隆帝说："屡尝敬读实录，备载前后南巡，恭待皇太后銮舆，群黎扶老携幼，夹道欢迎，交颂天家孝德，心甚慕焉。朕南巡所至，悉奉圣母皇太后游赏，江南名胜甲天下……良足以娱畅慈怀，既询谋金同，应依议允从所请。"①乾隆十五年十一月，乾隆帝表示要效法康熙帝，奉孝圣皇太后省方问俗："明春恭奉圣母皇太后銮舆巡幸

---

① （清）高晋初编，阿桂、傅恒合编，萨载等续编：《钦定南巡盛典》卷二十五，乾隆十四年十月初五日上谕，（清）纪昀等撰：《四库全书·史部·政书类·仪制之属》第658册，台湾商务印书馆1986年版，第452页。

江浙，于正月十三祈谷礼成日启驾。"①乾隆帝第一次南巡之所以选在乾隆十六年，恰值"慈宁六旬大庆之年"②。用乾隆帝自己的话说："江南名胜甲于天下……眺览山川之佳秀、民物之丰美，良足以娱畅慈怀"③，即通过巡游江南为皇太后祝寿以尽孝子之心。由此可见，标榜孝道甚至成为乾隆帝南巡的主要目的。

选择和交融：康乾巡游与江南人文景观建构

第三节　主要举措

为了巩固清朝对江南地区的统治，康乾二帝在巡游江南期间从政治、经济、文化、军事等多方面加强了统治措施：康熙帝有整治运河、体恤民情、整饬吏治、检阅军队、谒陵朝佛、笼络知识分子之举等，乾隆帝有勘察海塘、检阅军队、蠲免赋税、奖励盐商、笼络士绅、扩大学额、祭扫祠陵、仿建园林之举等。其中，又以治理河海、察吏安民、笼络士绅、展谒祠陵4个方面较为集中。

---

①（清）高晋初编，阿桂、傅恒合编，萨载等续编：《钦定南巡盛典》卷二十五，乾隆十四年十月初五日上谕，（清）纪昀等撰：《四库全书·史部·政书类·仪制之属》第658册，台湾商务印书馆1986年版，第456页。

②（清）高晋初编，阿桂、傅恒合编，萨载等续编：《钦定南巡盛典》，卷一，奉皇太后南巡启跸京师近体言志，（清）纪昀等撰：《四库全书·史部·政书类·仪制之属》第658册，台湾商务印书馆1986年版，第26页。

③（清）高晋初编，阿桂、傅恒合编，萨载等续编：《钦定南巡盛典》卷二十五，乾隆十四年十月初五日上谕，（清）纪昀等撰：《四库全书·史部·政书类·仪制之属》第658册，台湾商务印书馆1986年版，第1452—1453页。

一、经济举措

在诸多举措之中，治理河海首当其冲。康熙帝南巡的主要举措之一便是视察河工、治理河海。康熙帝每次南巡都要亲自考察河工，在几十年如一日的关注下，黄河最终治理成功。乾隆帝是治水的主要决策者，乾隆帝在六次南巡中五次督察河务、四次亲阅海塘，将河工、海塘作为其治水的两个关键点，河海工程最终得到充分的治理。

（一）兴修河工

康熙帝六次南巡，每次都要亲临扬州、高邮、宝应、江都等河工一线。虽然治河工程的一线总指挥先后经历了王新命、于成龙、张鹏翮等治河总督以及靳辅、董安国等人，但治河的总方针、总原则、指导思想都是由康熙帝同他们一起研讨、做出决策。根据《清圣祖实录》记载：第二次南巡时，康熙帝命河道总督王新命修葺高邮州等处石堤间损坏者，并将上下河道兼顾治理一应事务交与王新命管理；第三次南巡时，康熙帝命河道总督于成龙速行修造清水潭、九里一带当湖石堤，将高邮以上当湖堤岸、高邮以下河之东堤俱修筑坚固，将入江河口之浅处挑深，将运河东岸石工残缺者照旧补修；第五次南巡时，河工已经告成，康熙帝命河道总督张鹏翮注意善后方略，预为修理防护，并对张鹏翮如何管理属下提出了警戒。经过三十年的时间，在康熙帝的亲自指挥下，治河基本成功，实现了江南地区的河水安澜、漕运畅通。

乾隆元年、三年、七年、十年、十六年，黄河多次决口或倒灌运河。因此，乾隆帝六次南巡，五次阅视黄河河工，开始了黄、淮、运三河的综合治理工程。当时，解决黄河水患的关键工程在清口、高家堰，乾隆帝每次南巡都要到此视察河务，他曾指示："江南河工，清口为黄淮交汇，河防第一要区。"①

（二）修筑海塘

从第三次南巡开始，乾隆帝先后四次都到海宁视察海塘。根据《清高宗实录》记载：第三次南巡时，乾隆帝表示为了替民间永久性御灾捍患，要将柴塘改建为石工，即使多费帑金也在所不惜；第四次南巡时，乾隆帝先是阅视绕城石塘，命一律添建三层石坦水，加高会稽县境沥海所一带旧石塘；第五次南巡时，乾隆帝至尖山，命将绕海宁城之鱼鳞石塘、城东八里之将字号至陈文港密字号两处塘工均改建鱼鳞石工，并添建坦水；第六次南巡时，乾隆帝命于老盐仓旧有柴塘后一律添建石塘四千二百余丈，同时砌筑坦水、保护塘根，并修建原留柴塘。经过几十年的努力，在乾隆帝的正确决策下，海塘工程全线竣工，使海宁一线得有近百年的安谧。海宁海塘兴修各种塘工近258公里，用银共达261.46万两，其工程规模之大，在我国历史上仅次于长城和京杭大运河。孟森评价乾隆帝此举"持之二十余年不懈，竟于一朝亲告成功，享国之久，谋国之勤，此皆清世帝王可光史册之事"②。

二、政治举措

康乾南巡是其政治统治的重要组成部分，康乾二帝在巡游江南期间赈济灾民、蠲免钱粮、体察民情、周知吏治等，给予沿途百姓以恩惠，宣示自己乃天下共主。

（一）蠲免赋税，赈济灾民

历代统治者一向将蠲免或赈济视作仁政，清朝有蠲免、赈济、调粟、借贷、除害等多种救济方式。帝王巡游时一般都会彰显仁政，比如皇帝

选择和交融：康乾巡游与江南人文景观建构

---

① 徐凯：《满学清史专家文库：燕园明清史论稿》（下），辽宁民族出版社2014年版，第499页。
② 孟森：《清代五大疑案考实》，正中书局1988年版，第122页。

巡游经过之地，一般均会适当地免征部分或当年全部钱粮。康乾二帝在巡游江南期间，采取蠲免赋税、赈济灾民等政策和措施，安抚了民心，促进了生产发展，稳定了社会秩序。

康熙朝的蠲免种类繁多，孟昭信在《康熙与大清帝国》中统计：康熙朝蠲免钱粮，其总数不下一亿四千万两，数量之大，亘古所无；已远超消极赈济的范畴，实际上是赋役改革和实行轻徭薄赋发展生产的有效措施①。康熙帝南巡时有针对性地多次蠲免江南地区的钱粮积欠，虽然有学者认为："玄烨之所以能实行大量蠲免，根本原因即在于高额赋税远远超出地方百姓的承受能力。所谓蠲免，实则是将竭泽而渔亦无法征得的亏欠转化为朝廷恩惠。"②但不管怎样，大量实行蠲免赋税，使许多贫困农民从中受益，成为"富民"的一种政策，既起到了休养民力的客观作用，也为康熙帝赢得了民心。乾隆朝比康熙朝蠲免更多，乾隆帝曾说："爱民之道，以减赋蠲租为急务也。"③乾隆帝曾四次普免全国地租钱粮，两次普蠲各省漕粮。六次南巡，乾隆帝能够体察民生疾苦，多次减免江南赋税。

水旱灾在清朝几乎年年都有。因此，康熙帝的蠲灾政策包括按例、破例和特例。按例是指按照蠲灾条例实行蠲免，破例是指打破成例、扩大蠲免比例数。康熙帝南巡时访问民间疾苦，途经灾区时往往特别加恩蠲免。康乾二帝的蠲灾政策减轻了农民的赋税负担，使农民离家出走、土地荒芜的现象得以减少。

（二）省察吏治，考察民情

康乾二帝虽然精明能干、乾纲独揽，但当时不少官僚却苟且偷安、懒惰懈怠，因此，二帝皆欲通过巡游江南省察吏治、考察民情。

---

① 孟昭信：《康熙与大清帝国》，中国言实出版社2001年版，第340页。
② 姚念慈：《康熙盛世与帝王心术：评"自古得天下之正莫如我朝"》，生活·读书·新知三联书店2015年版，第389—391页。
③ 萧一山：《清代通史》（中卷），华东师范大学出版社2006年版，第6页。

康熙帝在巡游江南途中不时督察臣工，对大小官员提出了不同的要求。据《清圣祖实录》记载，康熙帝第一次南巡时对大小有司提出"洁己爱民，奉公守法，激浊扬清，体恤民隐"①的要求，并特别指出，知县乃亲民之官，与一县民生休戚相关，应洁己奉公、爱民如子；第二次南巡时认为地方最要紧者乃兵民相安、文武官员应同心共事、满汉兵民之间应毫无差别等，并特别指出，布政使应洁己自爱、守法奉公；第三次南巡时认为地方官员诚心为民者甚少，饬命各督抚洗心涤虑、正己率属，不时查参贪污害民官员、尽行革除地方应革积弊；第四次南巡时指出地方督抚安静、不生事即有益于民生，倘若徒恃才干、不体下情、以此争先出众则必使民遭殃；第六次南巡时提出官员清而能宽，斯为尽善。

康熙帝在巡游江南的过程中还对官员进行相应的奖惩。从《清圣祖实录》可知，康熙帝第二次南巡时，大理寺少卿张鹏翮因为人颇优、居官素善从优升补浙江巡抚，原河道总督靳辅因勤劳任事而复其原品，但杭州副都统朱山因庸劣而解任、河道总督王新命因勒取库银而离职受审；第三次南巡时，以工部尚书等为首的集团因贪污被追查；第四次南巡时，赵申乔因居官诚清却性喜多事、好收词讼留给康熙帝不良印象；第五次南巡时，浙江布政使郎廷极因人才优长而署江西巡抚印，户部与漕运总督等因勾结冒销钱粮而被查处，江西巡抚李基和因粗鄙而不知礼节被带往京师学习，张鹏翮虽身在河工、能任劳苦却因听信属员、流于刻薄而遭批评；第六次南巡时，张伯行因居官甚清而擢升为福建巡抚，张鹏翮因轻举妄动、大负职掌九卿詹事科道而被严加议处。

由上以康熙帝为例可知，在巡游江南途中，康乾二帝对参与接驾的官员有奖有惩，而且奖惩分明，为封疆大吏们树立了学习的榜样、警戒的教训。

选择和交融：康乾巡游与江南人文景观建构

---

①《清圣祖实录》(三)卷一一七,《清实录》第5册,中华书局1986年影印本,第227页。

三、文化举措

清朝入关后之所以能够较快地巩固统治，应归因于其文化政策。随着清朝地域上实现了大一统，康乾二帝开始由武功转向文治。康熙帝亲政后，大规模兴文教，在文化领域主动向汉人传统靠拢。乾隆帝继承了先辈的传统，坚持文化建设，形成了"文治之极盛"的崭新局面。康乾二帝在巡游江南的过程中，树立自己重视汉文化的明君形象，将"尊孔重道，崇尚儒学"作为笼络知识分子的手段，通过宣扬儒学纲常伦理、调和满汉文化思想等，进行精神抚慰，加强文治教化。这些做法在思想上笼络、征服了汉族官员和知识分子，也安抚了民心，起到了缓解对立情绪的作用。

（一）致祭祠陵

为了体现对汉人文化传统的认可与尊重，康乾二帝巡游江南时，通过对神祇庙、帝王陵墓、孔庙以及历代名臣祠庙、坟墓等的祀典，从思想上、文化上笼络江南士人。康熙帝一般以题字、赐匾的形式予以表彰，乾隆帝对历代名臣的祠庙、坟墓一般都能亲往祭祀或派人致祭。

历次南巡，康乾二帝都对沿途所经地区的历代帝王、名人墓或亲自或遣官致祭。在全国各地的"历代帝王陵寝"中，江南地区得到清朝认可的仅有2处：江宁的明太祖陵（即明孝陵）与会稽（今浙江省绍兴市）的大禹陵。在巡游期间，康熙帝5次亲谒明太祖陵、1次亲至大禹陵致祭，乾隆帝6次亲至明太祖陵奠酒、1次亲祭大禹陵。康乾二帝在巡游江南期间遣官致祭沿途所经地区的历代名臣墓共有16处。其中，乾隆帝派遣官员祭奠的大臣墓15处，康熙帝派遣官员祭奠的大臣墓1处。康乾南巡祭陵，既是一种政治策略，也是一种文化选择。祭帝王陵表示了二帝对古代帝王的尊敬和纪念，进而表明其笼络江南、巩固统治的政治目的。

祭大臣陵则体现出二帝对这些大臣的尊重与肯定，树立忠君爱国的楷模，达到激励后世臣工的目的。

康乾南巡将致祭祠庙视为国家行为，祭祀内容十分广泛，包括山川神灵、先贤人文等自然和人文两大类。自然类祠庙共17处，这些神祠以某个自然现象或某个神仙形象为祭祀对象，主要涉及3类：天神、地祇、历史人物演变之神，尤以水神为主。人文类祠庙共有33处，祭祀对象的身份主要为人鬼类神灵，具体包括前朝圣贤、清朝名臣和先农、先蚕等。这些祭祀活动既包含了对各种神明的敬畏和祈求，也有展示国力、以劝天下的含义。康乾二帝通过祭祠庙，从思想、文化上笼络文人、维系民心，进而加强意识形态上的统治。同时，康乾南巡致祭祠庙为人们理解二帝治理江南提供了一个有益的视角。

（二）优容文人，培植士类

"吾方渴意在求贤"①。康乾二帝通过南巡了解、发现人才，广收江南士大夫参与国政，不仅加深了与江南士绅之间的感情，也造就了一批杰出人物，与他们共同推动时代前进。正如梅尔清所言："将主要由江南精英包装和代表的'江南'文化设想成为一种得到广泛认同的正统文化。'江南'精英中的一部分人反过来也依靠皇帝扩大他们在朝廷中的影响。"②

江南人文极盛，入学人数却并不占优势。康乾二帝在巡游时，先后增加江苏、安徽、浙江三省的入学名额，虽然额数不是很多，但对江南士子起到些许安抚作用，进而争取汉族士人归顺清朝。同时，二帝借南巡之机，通过常科之外的其他选才形式，在江南地区广招英才。如钱泳在《履园丛话》中记载："吴南村廷桢……因冒陕西籍，中式北闱，行查斥革。康熙三十八年三月，恭逢圣祖南巡，廷桢献诗。……天颜甚豫，

选择和交融：康乾巡游与江南人文景观建构

---

① （清）爱新觉罗·弘历：《驻陈氏安澜园叠旧作即事杂咏六首韵》，见王国平：《正史及全国地理志等中的西湖史料专辑》，《西湖文献集成》第1册，杭州出版社2004年版，第1131页。

② 梅尔清：《清初扬州文化》（朱修春译），复旦大学出版社2004年版，第204页。

遂命礼部注册，复还举人。其明年，会试中进士，入翰林，官至宫谕。"①冯金伯在《国朝画识》中也有记载："董建中，字正度，文敏公裔孙，以国学考授州同。画花卉得黄荃法。圣祖南巡，以所画蟠桃图进呈，恩奖赏，旋命画扇称旨，特授湖广荆门知州。"②康乾二帝的这些举措，使其文治的需要和江南士子的权利诉求得到了某种程度的契合。

康乾二帝在文化上钳制与利用相结合，既打击反清思想，又利用南人文化优势整理了大量古籍、编修了大量图书。康熙帝注重古籍的整理和编纂，在位期间编书六十余种，大多以"御纂""御选""御定"的形式颁行于世，"自古帝王致治隆文，典籍具备，犹必博采遗书，用充秘府，盖以广见闻阅而资掌故，甚盛事也"③。《古今图书集成》《康熙字典》《佩文韵府》《大清会典》等典籍的出版，继承、发展了传统文化。《全唐诗》即在康熙帝第五次至扬州时，传谕江宁织造兼巡盐御史曹寅组织人力刊刻的。乾隆帝致力于文献典籍的整理，在巡游期间，还将编纂的图书颁赐给江浙各书院，如颁赐江浙三阁3套《四库全书》。

（三）笼络士绅

康乾二帝在巡游江南途中，对曾在京供职的旧臣召见慰问、赐物授职，对沿途办理差务的文武官员进行赏赐、取消处分，以此显示皇恩浩荡，从而笼络江南士绅。如康熙二十三年，"圣祖南巡还次无锡，召抚臣汤斌谕曰：'汪琬久在翰林，文名甚著。近又闻其居乡，不与闻外事，诚可嘉。'特赐御书一轴"④；康熙三十八年，"圣祖南巡，（黄与坚）进所著《易学阐一录》，赐'如松堂'额"⑤；"张鸿烈，字毅文，号泾原，江南山阳人，廪监生，由兵马司指挥刘振基荐举授检讨，以事降级，除国

---

① （清）钱泳：《履园丛话》卷一，山东画报出版社2004年版，第16页。
② （清）冯金伯：《国朝画识》卷八，道光刻本，第100页。
③ （清）蒋良骐撰，鲍思陶、西原点校：《东华录》，齐鲁书社2005年版，第200页。
④ （清）秦瀛：《己未词科录》卷二，嘉庆刻本，第28页。
⑤ （清）秦瀛：《己未词科录》卷二，嘉庆刻本，第32页。

子监助教，迁大理寺，副以忧归。圣祖南巡，鸿烈献诗，复原职"[1]。穆彰阿在《嘉庆重修一统志》中也记载了乾隆帝的相关行为："华希闵，无锡人，由举人应博学鸿词科。乾隆十六年，高宗纯皇帝南巡，希闵献《广事类赋》《游志录》《经史质疑》……恩赏知县"[2]；"顾栋高，无锡人，康熙六十年进士，授中书，以事罢……二十二年，高宗纯皇帝南巡召见，加祭酒衔，赐御书'传经耆硕'四字"[3]。

四、军事举措

清朝的驻防军队由八旗兵、绿营军两部分组成，八旗兵以满洲八旗为主，绿营军以汉人为基础。清朝入关后，建立八旗常备兵制，分为"禁旅八旗""驻防八旗"。"驻防八旗"又称八旗营，分驻全国各地。康乾二帝在巡游江南期间，凡有八旗驻防之地，必举行盛大的阅兵仪式，强调"既练仍应阅"[4]，以促使官兵熟悉骑射，不至军务废弛，对军旅起着督促和整饬的作用。

康乾南巡的阅兵地主要集中于杭州、江宁、松江（今属上海）、镇江、苏州、嘉兴六府。其中，杭州、江宁两地阅兵的次数最多。除此以外，康熙帝还在松江阅兵2次，乾隆帝还在镇江阅兵3次、在苏州阅兵1次、在嘉兴阅兵4次。根据《清圣祖实录》《清高宗实录》记载，二帝（尤以康熙帝为主）阅武的内容主要包括校阅官兵骑射、命诸皇子射、赐宴、亲射等。康熙帝阅兵，基本会亲射，以展示自己高超的骑射技术。乾隆帝因为手臂患疾，未留下亲射的记载。

总体来说，康乾二帝重视骑射、整饬武备是有重要意义的。康乾两

---

① （清）秦瀛：《己未词科录》卷三，嘉庆刻本，第36页。

② （清）穆彰阿：《嘉庆重修一统志》卷八十八，四部丛刊续编影旧钞本，第1488页。

③ （清）穆彰阿：《嘉庆重修一统志》卷八十八，四部丛刊续编影旧钞本，第1487页

④ （清）爱新觉罗·弘历：《阅武》，见（清）陈璲修，王棻纂，屈映光续修，陆懋勋续纂，齐耀珊重修，吴庆坻重纂：《民国杭州府志（一）》，《中国地方志集成·浙江府县志辑》第1册，江苏古籍出版社、上海书店、巴蜀书社1993年版，第108页。

朝，战事不断，要想安定边疆，必须有一支战斗力顽强的军队。通过阅兵，告诫将士防止腐败，发挥军队维护清朝统治的职能。同时，通过检阅部队，还可"慑之以兵"①，通过炫耀武力来震慑江南。

第四节　影响与评价

康乾南巡具有鲜明的政治象征意义，既是康乾二帝安定江南的重要措施，又是清朝征服江南的象征，并帮助二帝塑造文武兼备的圣君形象。同时，康乾南巡具有极强的历史文化意义，推动了江南景观建设，丰富了江南景观的文化内涵，增强了南北之间的文化交流。

一、政治影响

康乾二帝身为清朝的最高统治者，政治目的、政治举措均位于南巡目的与举措之首。因此，康乾南巡具有鲜明的政治象征意义，更多的是属于意识形态层面。

首先，康乾南巡是安定江南的重要措施。康熙帝通过六次南巡，解决了黄淮水患、确保了漕运的顺利畅通。乾隆帝通过六次南巡，治河、筑海塘，保证了江南沿海的安全。康乾南巡一定程度上稳定了江南社会，安抚了江南士庶民心，巩固了多民族统一国家，促进了江南地区社会的稳定和发展。可以说，巡游江南是"康乾盛世"的重要促成因素之一。

其次，康乾南巡是清朝征服江南的象征。巡游江南显示出康乾二帝

---

① 孙文良、李治亭:《清太宗全传》，中国人民大学出版社2012年版，第188页。

对江南地位的重视，巡游江南的过程其实也是二帝与江南地区之间征服和被征服的过程。如果说在清初天下初定、江南局面不稳的情况下，康熙帝南巡伴随着清朝由乱入治，统一中国，乾隆帝南巡则更有力地证明了清朝掌控江南地区的能力，二帝实现了由版图大一统而到政治、文化大一统。通过巡游，康乾二帝争取到了江南士大夫阶层的广泛拥护，在政治上表明清朝真正统治着中国。

最后，康乾南巡塑造了二帝文武兼备的圣君形象。自孔孟以来，"内圣外王"就是儒家的政治理想。康乾二帝通过巡游江南期间的一系列政治举措，表现了二帝杰出的治国才能，塑造出盛世之君的光辉形象，在士人心目中确立起清朝帝王的权威。康乾二帝都是中国历史上杰出的帝王之一，他们性格鲜明、才华出众，希望自己的政治业绩远超祖辈和中国历代的帝王。南巡不仅满足了康乾二帝游山玩水的需求，还帮助二帝追求十全十美的人生境界，尤其是乾隆帝，塑造了"十全老人"的高大形象。巡游江南成功地帮助康乾二帝宣扬了自己的天子身份，实现了中国传统帝王政治所谓"内圣外王"的理想局面。

二、文化影响

康乾南巡具有极强的历史文化意义。康乾二帝分别六次巡游，不但丰富了江南的景观，还进一步密切了江南和朝廷的联系。北方与江南、宫廷与民间沟通有无，联手打造了一幕幕前所未有的文化盛宴。

首先，康乾南巡极大地推动了江南景观的基础建设。为了迎接二帝巡游，江南景观经过重新装点，山水名胜呈一时极盛之境，"巡游成了保护江南名胜现有景致的一种观光行动"①，江南当时的佛寺、园林、祠庙等名胜，非康乾盛世时的人才物力所不能办到。可以说，南巡完善了江

---

① 杨念群：《何处是江南：清朝正统观的确立与士林阶层精神世界的变异》，生活·读书·新知三联书店2010年版，第187页。

048

选择和交融：康乾巡游与江南人文景观建构

南城市与景观的建设，提高了江南的整体知名度，为今天的旅游业准备了大量的旅游资源。如今，康乾二帝当年所到之处很多都已成为非常宝贵的文化遗产。

其次，康乾南巡丰富了江南景观的文化内涵。巡游本身所具备的明显的政治象征意义，给江南地区带来了一波又一波的文化冲击。皇帝与地方官员、士绅、商人以及普通老百姓一起参与并体验着这种变化①。康乾南巡不仅部分改变了江南景观的物理面貌，也重塑了部分江南景观的文化内涵。康乾二帝巡游期间所作景观诗、联，成为江南景观新的文化元素，影响了后人的景观意象。如乾隆帝南巡时将栖霞山评价为"第一金陵明秀山"②，改变了栖霞山在时人心目中的形象，清朝诗人蒋士铨对此评论："岂惟失秀灵，面目亦全改。"③在时人的心目中，栖霞山因为有了乾隆帝南巡而充满了皇家气派，"乾隆对景点的欣赏品位……渐渐替代了士人对旧有景致的欣赏习惯"④。

最后，康乾南巡增强了南北之间造园技艺的交流。康乾二帝陶醉于江南山水名胜，将江南景观仿建于京师宫苑之中，造成一股模仿江南的文化热，促进了北方皇家园林的发展。二帝学习江南景观尤其是园林的优点，在北京西郊创造出集北派皇家园林的气魄与南方园林的精致于一身的大型园林景观集群——"三山五园"等，将仿景园林推至巅峰。南巡不仅促使北方皇家园林增添了诸多江南景观要素，也将北方的建筑风格、造园艺术带到了南方。这一点尤以扬州景观所受影响最为突出。如扬州的五亭桥，乃是巡盐御史高恒为奉迎乾隆帝第二次南巡，仿北京的金鳌玉桥和五龙亭而建；莲性寺的白塔，乃是为奉迎乾隆帝第六次南巡，仿北京北海喇嘛塔重修。

① 何峰：《"康乾南巡"中的江南世界》，《地图》2011年第2期，第29页。
② （清）爱新觉罗·弘历：《游栖霞山》，（清）吕燕昭修，姚鼐纂：《重刊江宁府志（一）》，嘉庆十六年修，光绪六年刊本，《中国方志丛书·华中地方》（第128号），成文出版社1974年版，第36页。
③ （清）蒋士铨：《忠雅堂文集》卷十三，嘉庆刻本，第138页。
④ 杨念群：《何处是江南：清朝正统观的确立与士林阶层精神世界的变异》，生活·读书·新知三联书店2010年版，第187页。

三、负面影响

康乾二帝巡游江南期间的奢华扰民现象较为严重，极尽奢华的陈设、万民归顺的场景，均给予康乾二帝极大的心理满足感。虽然康乾二帝为自己的奢靡行为寻找各种借口开脱，如乾隆帝认为禁抑奢华、过分强调俭朴会断绝小民谋生之路、妨害民生多样发展。但是，江南疲于迎驾的现实，二帝奢靡浪费的现象，以及官员贪污腐败等问题，均属事实。

康熙帝南巡的消极作用，主要体现在对沿途人民的搜刮与骚扰等扰民行为，尤其是康熙帝的后几次南巡，渐趋奢华，大肆铺张。王振忠认为两淮盐务中的不少弊端即肇始于康熙南巡，"乾、嘉以后两淮盐务中的种种弊病，有不少就肇端于康熙朝，清代前期东南一带'吴俗三好'的蜕嬗也与康熙南巡有关"[1]。乾隆帝南巡的消极影响更是显而易见，乾隆帝在巡游过程中追求享乐、奢华，耗费了江南各地大量财富。根据当时文人笔记记载可知，南巡途中的奢侈浪费现象给当时的文人留下了深刻的印象。

首先，表现在景观、道路、行宫等基础建设方面，对于江南各处的迎驾布置，康乾二帝皆表示"大喜""甚喜"，对于承办出色的官员也不吝赏赐。根据清钱泳在《履园丛话》中的记载，苏州为了迎接康熙帝，布置得极为华丽：康熙帝第二次南巡时，苏州"街巷始结灯彩"；第三次南巡时，苏州"在籍绅士耆老接驾，俱有黄绸旛，旛上标明都贯姓名，恭迎圣驾字样。自姑苏驿前，虎丘山麓，凡属驻跸之所，皆建锦亭，联以画廊，架以灯彩，结以绮罗"；第四次南巡时，苏州"一切行宫彩亭俱照旧"。[2]扬州为了迎接二帝，盐商投入了大量资金：康熙帝第三次南巡，偕皇太后同行，途经扬州茱萸湾，见宝塔"岁久寝圮"，为表孝心，康熙帝"欲颁内帑略为修葺，为皇太后祝厘，而众商以被泽优渥，不待期会，

---

① 王振忠：《康熙南巡与两淮盐务》，《盐业史研究》1995年第4期，第4页。
② (清)钱泳撰，孟裴校点：《履园丛话》卷一，上海古籍出版社2012年版，第9页。

踊跃赴功，庀材协力，惟恐或后，不日告竣"①；为了迎接乾隆帝，扬州"仅仅为了1757年的那次南巡，商人们在修建园林景区、驿站、行宫以及其他各种建筑上就花掉了二十万两白银"②。江宁为了迎接乾隆帝，两江总督尹继善在栖霞山上大兴土木，先是修建新景观，"幽居庵、紫峰阁诸奇峰，皆从地底搜出，刷沙去土，至三四丈之深"③；再是丰富景观要素，在行宫前新开挖两处池水、疏通珍珠泉。因此，时人有"尚书抱负何曾展，展尽经纶在此山"的讽评。尹继善的一番努力没有白费，乾隆帝巡游至此非常满意，"果然圣主銮舆到，一游一豫天颜笑"④。

其次，表现在大肆收受官民进献的各类古董字画方面。对于官民的进献行为，康乾二帝不仅不予以制止，反而大加赏赐，江南地区的官员、商人等纷纷效仿，助长了南巡铺张浪费的风气。清《圣驾五幸江南恭录》中关于此类的记载很多：康熙帝于三月十二日进扬州城，"众盐商预备御花园行宫……晚戌时，行宫宝塔上灯如龙，五色彩子铺陈古董、诗画，无计其数"；五月初一驻跸御花园行宫，"众商加倍修理，添设铺陈古玩精巧，龙颜大悦"。此外，大小臣工还踊跃进献物品：三月十六日至扬州黄金坝，"各盐商匍匐叩接，进献古董玩器书画不等"，三月十四日，"扬州盐商进古董六十件，又进皇太子四十件，各宪亦进皇太子古董物件不等"⑤。

康乾南巡在思想上把人们带入对盛世的陶醉，贪享乐、图安逸的思想由此得到滋长。清朝约从乾隆四十六年开始由盛而衰、由治而乱，盛世在乾隆帝退位之后转瞬之间化为历史陈迹。刘文鹏甚至认为，乾隆帝南巡"摧毁了中国小民的财产安全，也摧毁了很多使中国进步的因

①（清）爱新觉罗·玄烨：《高旻寺碑记》，见（清）王定安：《两淮盐法志》卷八《王制门》，光绪三十一年刻本，第145页。

②傅崇兰：《中国运河城市发展史》，四川人民出版社1985年版，第342页。

③（清）袁枚：《随园诗话》卷六，浙江古籍出版社2011年版，第118页。

④（清）袁枚撰，周本淳标校：《小仓山房诗文集》卷三十一，上海古籍出版社1988年版，第861页。

⑤（清）佚名：《圣驾五幸江南恭录》，振绮堂丛书本，第5—31页。

素。"①孙文良也认为:"当世界在他那个时代发生翻天覆地的变革时,乾隆以中国封建的传统思想巩固和发展清朝的统治,更影响了以后中国社会的长期停滞不前。"②

选择和交融：康乾巡游与江南人文景观建构

本章小结

　　康乾时期良好的政治、经济、文化等环境是南巡的客观保障;江南与其他地区相比,政治、经济、文化地位都非比寻常,稳定江南、巩固统治是康乾南巡的主观目的;再加上官员不断恳请南巡,这些背景与条件综合到了一起,便促成了康乾二帝前后绵延一百余年的南巡盛事。康乾南巡的目的是多元的,政治上是为了宣扬正统,经济上是为了安定民生,文化上是为了笼络士人,其他目的还有游览名胜、尽孝子之心等等。由于二帝所处时代的背景情势不同,二者的目的也略有差异。但不管怎样,康乾南巡的根本目的是想寻求汉族士民的肯定和认同,稳定江南、巩固统治,进一步实现清朝政治、文化格局的大一统。因此,康乾二帝在巡游期间从政治、经济、文化、军事等多方面加强了统治措施:政治上通过观民察吏等以宣示皇恩,经济上通过治理河海以巩固统治,文化上通过标榜儒家思想以控制意识形态,军事上通过重视武功、广沛恩泽以宣扬清朝价值观。虽然关于康乾南巡的评价存在差异,但总体而言,康乾南巡具有鲜明的政治、文化象征意义,既帮助二帝进一步征服了江南人心,也帮助二帝塑造了文武兼备的圣君形象。同时,康乾南巡具有

① 刘文鹏:《官民冲突视野下的乾隆南巡》,《探索与争鸣》2014年第7期,第84页。
② 孙文良、张杰、郑川水:《乾隆帝》,江苏教育出版社2005年版,第3页。

极强的历史文化意义，不仅极大地推动了江南景观建设，丰富了江南景观的文化内涵，而且增强了南北之间的文化交流，尤其是造园技艺的交流。

第二章　康乾对江南景观的选择与写仿

　　古语云"上有天堂，下有苏杭"，原因之一便是因为江南自然风光清雅秀丽，人文景观底蕴深厚，自然与人文紧密结合、相得益彰。因此，江南成为中国人为自己构筑的理想栖居之地。康乾二帝久居深宫、朝政缠身，日理万机之余渴望调剂身心，闲暇之时期盼摆脱大量束缚。所以，康乾南巡固然有政治、经济、文化等诸多动机在里面，但游览江南景观始终是二帝巡游的主要内容之一。对康熙帝来说，南巡期间的游玩性质随着巡游次数的增多而趋于明显；对乾隆帝来说，即将临幸的江南景观在其每次南巡前都要经过重新设计、改建，乾隆帝本人甚至亲自参与其中。同时，凡是康乾二帝情有独钟的景观，均由随行画师绘制下来，携图以归，仿建于皇家园林之中。那么，康乾二帝所选择游览的江南景观，类型、分布、差异等情况如何？什么类型的江南景观是二帝所选择的重点游览对象？清朝皇家园林是如何仿建江南景观的？二帝对江南景观又有哪些影响呢？本章以康乾二帝的南巡时间为经，以江南景观为纬，根据康乾南巡诗的篇目、所题匾联的对象，分析二帝对江南景观的选择与写仿，以期能对上述问题有所回应。

第一节　康乾对江南景观的选择

江南素以山川名胜甲于天下著称，堪称中国的美丽花园。为了更好地分析康乾二帝对江南景观的选择，笔者以《旅游资源的分类、调查与评价》（GB/T 18972—2003）为标准，对康乾南巡所至394处江南景观进行归类分析。在此基础上，从康乾二帝所至江南景观的分布、排名以及类型选择比较等方面进行深入探讨。

一、所至景观类型

《旅游资源的分类、调查与评价》（GB/T 18972—2003）将旅游资源分为8个主类、31个亚类和155个基本类型。地文景观、水域景观、生物景观、天象与气候景观4个大类组成自然旅游资源，遗址遗迹、建筑与设施、旅游商品和人文活动4个大类组成人文旅游资源[1]。本节以这一分类体系为基础，对康乾二帝巡游期间所至江南景观进行了归类分析，结合清朝的实际情况加以修正，借以展示二帝所至江南景观类型的基本情况。

---

[1] 吴必虎、董双兵：《旅游规划设计法规标准手册（标准卷）》，中国质检出版社、中国标准出版社2014年版，第469—470页。

表2-1　康乾南巡所至景观类型统计

主类	基本类型	数量	基本类型占比（%）	主类占比（%）	主类	基本类型	数量	基本类型占比（%）	主类占比（%）
地文景观	名山	34	8.63	12.94		佛寺	83	21.07	63.35
	岩/石/矶	8	2.03			园林	39	9.92	
	洞穴	6	1.52			祠庙	29	7.36	
	山峰	3	0.76			楼阁	22	5.6	
水域景观	泉	11	2.8	9.64	建筑与设施	亭	17	4.31	
	池	7	1.78			厅堂	14	3.55	
	湖泊	5	1.27			斋/房/馆/社/室	11	2.8	
	江河	5	1.27			台	9	2.28	
	溪/峡	4	1.02			桥	7	1.78	
	岛	3	0.76			书院	4	1.02	
	潮	2	0.51			佛塔	3	0.76	
	瀑	1	0.25			会馆	3	0.76	
天象与气候景观	雨	10	2.54	6.09		陵墓	3	0.76	
	月	6	1.52			道观	3	0.76	
	夕照	5	1.27			古代民居	2	0.51	
	雪	1	0.25			榭	1	0.25	
	雾	1	0.25		遗址遗迹	宫殿遗址	4	1.02	1.52
	云	1	0.25			海塘	1	0.25	
生物景观	梅	8	2.03	6.35		军事	1	0.25	
	竹	5	1.27						
	荷	3	0.76						
	松	2	0.51						
	鱼	2	0.51						
	芍药	1	0.25						
	玉兰	1	0.25						
	茶	1	0.25						
	柳	1	0.25						
	莺	1	0.25						

注：

①此处分类标准主要依据《旅游资源的分类、调查与评价》（GB/T 18972—2003），略有调整。景观的"数量"以"处"计。"军事"类型特指作战地。

②主要从康乾南巡诗的题目和康乾南巡所题匾联的对象入手，对旅游资源进行分类。题目中未出现明显旅游资源名称的诗联则不在统计范围之内。

③为提高数据的准确率，当一个主题包含多首诗时，将按照诗的数量统计，如《雨中游云栖得四首》，按四首计算。

④乾隆帝有多首组诗，为了突出重点和统计的方便，如《龙井八咏》虽然具体包括八处小景致，但统一计为"龙井"一处。

根据康乾二帝所作1565首南巡诗、所题721副匾联可知，二帝在江南期间所至景观，类型丰富多样，主要涉及6个大类。在394处江南景观之中，自然类景观占总数的35.11%，人文类景观总数的64.89%。由此可见，康乾二帝在江南期间所至景观以人文类景观为主。笔者亦以"人文景观"为主要研究对象，自然类景观不做介绍或一笔带过。

进一步分析资源类别可以发现，建筑与设施类占比超过六成，占据明显优势。建筑是景观的重要构成要素，与山水、花木等要素有机融合，景观特征突出，景观变化明显，甚至成为景观的标志。康乾二帝笔下的江南建筑与设施类景观数量众多，涵盖佛寺、园林、祠庙、楼阁、亭、厅堂等16个基本类型，艺术形式丰富多样，且蕴藏着极为丰富的文化内涵。其次是地文景观类和水域景观类。江南地区自然地理环境独特，形成了"以平原水乡为主、山海相连的独特地理结构和空间平台"①。康乾二帝笔下的江南自然景观类型丰富，地文景观包括名山、岩/石/矶、洞穴、山峰4个基本类型，水域景观则具有多种表现形式，包括泉、池、湖泊、江河等8个基本类型。对于天象时节以及花木禽鱼等天象与气候景

---

① 丁贤勇：《行路读书,点滴江南》,见王家范：《明清江南史研究三十年(1978—2008)》,上海古籍出版社2010年版,第124页。

观、生物景观，康乾二帝也展示出广泛的兴趣，对多种多样的自然现象给予关注，并都有自己审美的标准。

在基本类型中，位居地文、水域、天象与气候、生物、建筑与设施、遗址遗迹类旅游资源前列的分别是山、泉、雨、梅、佛寺、宫殿遗址类景观。具体而言，佛寺类人文旅游资源以83项、占总数21.07%而遥遥领先，成为康乾二帝在江南期间的首选景观，说明在中国传统文化中，二帝对佛寺景观表现出高度的关注。园林、名山类旅游资源分别有39、34项，占总数的9.92%、8.63%，位列第二、第三，说明在江南诸多景观之中，园林、名山受到康乾二帝的喜爱。佛寺、园林、名山之外，祠庙类旅游资源也受到康乾二帝的关注，占总数的7.36%。

由上可见，江南人文旅游资源毫无疑问是康乾二帝巡游期间的主要眷顾对象，二帝表现出对江南建筑与设施景观明显的喜爱之情。

二、所至景观分布

康乾二帝巡游所至江南景观是如何分布的，以往研究缺少具体的量化分析。笔者根据康乾南巡景观诗、所题楹联匾额，统计得出一级景观目录141个，二级景观目录299个，并以此为统计基数，根据各府分别拥有的景观数，分析康乾南巡旅游目的地的地位。

表2-2　康乾南巡所至景观按府统计

目的地等级	景观所在地	一级目录	二级目录	目的地等级	景观所在地	一级目录	二级目录
1 二级目录 50项以上	杭州	47	89	3 二级目录 10~20项	常州	3	13
	苏州	24	60		松江	10	10
	江宁	24	60		绍兴	3	3
2 二级目录 20~50项	扬州	19	34	4 二级目录 10项以下	嘉兴	2	3
	镇江	9	27				

康乾南巡的旅游目的地主要集中于江苏、浙江两省，江苏省包含六府：苏州、江宁、扬州、镇江、常州、松江；浙江省包含三府：杭州、绍兴、嘉兴。从表2-2看，康乾二帝所至江南景观在各府之间有主有次、有轻有重，按照景观数量可以分成四个等级。

杭州、苏州和江宁位列第一等级。其中，杭州在康熙帝眼中是"东南上郡"，在乾隆帝眼中是"人文旧地""礼乐名邦"，山水景观如云栖、西湖、龙井等，佛寺如灵隐寺、云栖寺、韬光庵等，园林如圣因寺行宫、安澜园、西湖园林群等，祠庙如岳王庙、表忠观、陆贽祠等，都吸引了二帝反复游览。苏州在康熙帝看来为"吴宫"之所在，山水景观如虎丘、支硎山、千尺雪等，园林如苏州织造府、狮子林等，祠庙如范公祠、文庙、三高祠等，都是二帝重点游览之处。江宁被乾隆帝誉为"帝王州""帝王都"，帝王陵如明太祖陵，园林如瞻园等，都引了二帝的注意。

扬州和镇江位列第二等级。其中，扬州在乾隆帝的眼中，"广陵古漫诩烟花"[1]、"三月烟花古所云，扬州自昔管弦纷"[2]，扬州园林如瘦西湖园林群等深得二帝的青睐。镇江被乾隆帝誉为"雄哉铁瓮城"，山水景观如金山、焦山等，佛寺如金山寺等，都是二帝必到之处。

常州和松江位列第三等级，景观数量明显减少。其中，常州被乾隆帝誉为"泰伯高风"之所在，由于无锡在康乾时期为常州府下属之县，行文中涉及惠山、惠山泉、寄畅园等无锡景观时，均归属至常州府。松江府辖区大体为今上海市吴淞江以南、黄浦江以东，包括今黄浦、静安、徐汇、长宁、闵行、浦东新区等区[3]。松江有4座佛寺、3处园林、1处书院得到了二帝的关注。

与第一等级相比，绍兴和嘉兴的景观，不论是一级目录还是二级目

---

① （清）爱新觉罗·弘历：《塔湾行宫再依皇祖诗韵》，见（清）王定安：《两淮盐法志》卷八，光绪三十一年刻本，第142页。

② （清）爱新觉罗·弘历：《自高桥易舟至天宁寺行馆即景杂咏》，见（清）王定安：《两淮盐法志》卷八，光绪三十一年刻本，第143页。

③ 中共上海市委组织部、中共上海市委宣传部、上海市地方志办公室：《上海通志干部读本》，上海人民出版社2014年版，第34页。

录，数量都不多。其中，绍兴有2座佛寺、1座祠庙、1处帝王陵得到了二帝的关注。嘉兴在乾隆帝眼中为吴越间之佳处，嘉兴有2座佛寺、一处楼阁得到了二帝的关注。

三、所至景观赋诗题联赐匾排名

江南地区经过长时间的发展形成了一批具有极大影响力的景观，它们成为区域内乃至全国的重要旅游吸引物，康乾二帝在巡游期间反复前往游览，并通过赋诗、题联赐匾等方式不断吟咏。对康乾二帝所至景观排名情况进行研究，不仅可以了解二帝的审美标准，也可以揭示江南景观的特色与魅力。

按照江南景观一级目录进行统计整理，可以得知：康熙帝赋诗的景观共35处，其中金山、西湖、灵隐、惠山、云栖、钱塘江、孤山、焦山、报恩寺等景观居于前列；题联赐匾的景观共68处，其中虎丘、孤山、金山、西湖、天宁寺、高旻寺、焦山、华山等景观居于前列。综合上述统计数据，排名前十的景观有：金山、虎丘、孤山、西湖、灵隐、惠山、天宁寺、焦山、高旻寺、云栖。

表2-3　康熙帝南巡所至景观赋诗题联赐匾排名前十

排名	一级目录	南巡诗（首）	一级目录	匾联（副）	一级目录	合计
1	金山	14	虎丘	20	金山	25
2	西湖	7	孤山	16	虎丘	23
3	灵隐	6	金山	11	孤山	19
4	惠山	6	西湖	10	西湖	17
5	云栖	5	天宁寺	7	灵隐	10
6	钱塘江	4	高旻寺	6	惠山	10
7	孤山	3	焦山	5	天宁寺	9
8	焦山	3	华山	5	焦山	8
9	报恩寺	3	—	—	高旻寺	8
10	—	—	—	—	云栖	8

具体分析康熙帝游览的前十名江南景观：杭州以西湖、灵隐、孤山、云栖四处景观排在首位，扬州、镇江都以两处景观天宁寺和高旻寺、金山和焦山并列第二，苏州、无锡以一处景观虎丘、惠山位居第三。此外，杭州的钱塘江、江宁的报恩寺是康熙帝赋诗吟诵的重要景观，扬州的天宁寺和高旻寺、苏州的虎丘是康熙帝题联赐匾的重要景观。

按照江南景观一级目录进行统计整理，可以得知：乾隆帝南巡赋诗的景观共130处，其中西湖、惠山、栖霞山、寒山、金山、孤山、云栖、大明寺、虎丘、灵岩山等景观居于前列；题联赐匾的景观共101处，其中金山、孤山、天宁寺、栖霞山、焦山、高旻寺、寒山、龙井、灵岩山、杭州织造府行宫等景观居于前列。综合上述统计数据，排名前十的景观有惠山、栖霞山、金山、寒山、西湖、孤山、大明寺、云栖、灵岩山、焦山。

第二章　康乾对江南景观的选择与写仿

表2-4　乾隆帝南巡所至景观赋诗题联赐匾排名前十

排名	一级目录	南巡诗（首）	一级目录	匾联（副）	一级目录	合计
1	西湖	101	金山	38	惠山	111
2	惠山	96	孤山	31	栖霞山	108
3	栖霞山	85	天宁寺	23	金山	107
4	寒山	83	栖霞山	22	寒山	104
5	金山	69	焦山	22	西湖	102
6	孤山	63	高旻寺	21	孤山	94
7	云栖	43	寒山	21	大明寺	52
8	大明寺	41	龙井	20	云栖	51
9	虎丘	38	灵岩山	19	灵岩山	51
10	灵岩山	32	杭州织造府行宫	18	焦山	51

具体分析乾隆帝游览的前十名江南景观，杭州以西湖、孤山、云栖3处景观排在首位，苏州、镇江都以2处景观寒山和灵岩山、金山和焦山并列第二，江宁、扬州、无锡以1处景观栖霞山、大明寺、惠山位居第三。此外，苏州的虎丘是乾隆帝赋诗吟诵的重要景观，扬州的天宁寺和高旻

寺、杭州的织造府行宫是乾隆帝题联赐匾的重要景观。

通过以上分别对康乾二帝南巡所至重要景观的分析，可以总结出金山、孤山、西湖、焦山、惠山、云栖是二帝的重点游览对象。相对于乾隆帝，虎丘、灵隐、天宁寺、高旻寺是康熙帝的重点游览对象；相对于康熙帝，栖霞山、寒山、大明寺、灵岩山是乾隆帝的重点游览对象。同时可以发现：对于二帝而言，杭州属于一级旅游目的地；相对于乾隆帝，扬州吸引了康熙帝的较多注意；相对于康熙帝，江宁吸引了乾隆帝的较多关注；镇江、无锡对二帝的吸引力相对来说变化不大。

四、所至景观对比

康熙、乾隆二帝巡游所至江南景观主要包括6个大类：地文、水域、天象与气候、生物、建筑与设施、遗址遗迹。康熙帝所至江南景观的基本类型有26种、114项，乾隆帝所至江南景观的基本类型有47种、349项。

表2-5　康乾南巡所至景观基本类型前十名对比

康熙帝			乾隆帝		
排名	基本类型	占比（%）	排名	基本类型	占比（%）
1	佛寺	25.44	1	佛寺	18.34
2	名山	12.28	2	名山	10.03
3	园林	9.65	3	园林	9.74
3	祠庙	9.65	4	祠庙	7.16
5	雨	5.26	5	楼阁	6.02
6	岩/石/矶	3.51	6	亭	4.3
6	江河	3.51	7	厅堂	4.01
6	月	3.51	8	泉	3.15
9	山峰	2.63	9	台	2.54
9	湖泊	2.63	10	斋/房/馆/社/室	2.29
9	亭	2.63	—	—	—
9	书院	2.63	—	—	—

注：康熙帝南巡所至江南景观，园林、祠庙以9.65%的比例并列第三；岩/石/矶、江河、月以3.51%的比例并列第六；山峰、湖泊、亭、书院以2.63%的比例并列第九。因此，康熙帝南巡景观前十名共有12项景观类型。

在康乾二帝所至江南景观的基本类型前十名中，第一到第四名都是佛寺、名山、园林、祠庙，差异从第五名开始分化。具体而言，康熙帝所至江南景观的基本类型前十名中，地文景观类有3种，水域景观类有2种，天象与气候景观类有2种，建筑与设施景观类有5种；乾隆帝所至江南景观的基本类型前十名中，地文景观类有1种，水域景观类有1种，建筑与设施景观类有8种。由此可见，康乾二帝在景观偏好方面有着较大的相似性，都对江南人文景观表现出浓厚的兴趣，乾隆帝尤其明显。

在众多景观类型中，不论是康熙帝还是乾隆帝，佛寺、名山、园林、祠庙四种基本类型旅游资源都成为南巡期间的首选景观。其中，佛寺类人文旅游资源分别占各自总数的25.44%、18.34%，名山类自然旅游资源分别占各自总数的12.28%、10.03%，园林类人文旅游资源分别占各自总数的9.65%、9.74%，祠庙类人文旅游资源分别占各自总数的9.65%、7.16%。

根据康乾二帝所至江南景观的前十名位次排列，第五名之后，虽然二帝的选择都既有自然类旅游资源，也有人文类旅游资源，但康熙帝的选择明显偏于自然类旅游资源，如雨、岩/石/矶、江河、月、山峰、湖泊，人文类旅游资源仅有亭、书院；乾隆帝的选择则集中于人文类旅游资源，如楼阁、亭、厅堂、台、室，自然类旅游资源仅有泉。

综上所述，江南人文景观是康乾二帝巡游期间的主要眷顾对象，二帝尤其表现出对江南建筑与设施景观明显的喜爱之情。康乾二帝所至景观类型丰富多样，主要涉及6个大类，其中，不论是康熙帝还是乾隆帝，佛寺、园林、名山、祠庙均为首选景观。康乾南巡的旅游目的地主要集中于江苏、浙江两省，包含苏州、江宁、扬州、镇江、常州（主要在无锡）、松江、杭州、绍兴、嘉兴九府，构成了一个有主有次、有轻有重的景观体系。具体而言，杭州、苏州、江宁三府得到康乾二帝的关注最多；按照一级目录进行统计整理，金山、孤山、西湖、焦山、惠山、云栖6处景观是二帝的重点游览对象。可见，康乾二帝所关注的江南景观在质（重点游览对象）与量（各地具体游览景观数量）上存在一定差异。

第二节　康乾主要游览景观类型

康乾二帝所至江南景观，数量众多，类型多样。其中，佛寺、园林、名山3类景观最多，分别有83、39、34处，占二帝所至江南景观总数的21.07%、9.92%、8.63%。江南自古以"南朝四百八十寺"著称，二帝所至江南佛寺有镇江金山寺、杭州灵隐寺、苏州云岩寺等。清代是中国古典园林发展最大也是最后一个高潮①，二帝所至江南名园有杭州安澜园、无锡寄畅园、苏州狮子林等。江南名山虽然称不上雄伟壮丽，却有着独特的灵秀之美，二帝所至江南名山有镇江"三山"、无锡惠山、苏州虎丘等。佛寺、园林、名山是康乾南巡主要游览景观类型。

一、江南佛寺

佛寺是自然与文化的高度复合物，以强烈的氛围使身居其中之人于无形中获得精神的感受。在康乾二帝巡游所至江南景观中，佛寺最受欢迎，共83处，在景观统计结果中占总数21.07%的比例，远超排名第二的

---

① 王其亨、崔山：《中国皇家造园思想家：康熙》，《中国园林》2006年第22期，第77页。

园林。由此可见，康乾二帝对江南佛寺抱有极大的兴趣。佛教景观所处的自然环境、营造的氛围、传承的文化内涵，是吸引二帝的重要原因。

（一）江南佛寺分布

康乾南巡所至83处佛寺，并不是平均分布在江南各府之中，而是有多有少。具体见下表：

表2-6　康乾南巡所至江南佛寺按府统计

佛寺所在地	数量（处）	占比（％）	占比累计（％）	佛寺所在地	数量（处）	占比（％）	占比累计（％）
扬州	22	26.50	26.50	松江	4	4.82	92.77
杭州	20	24.10	50.60	常州	2	2.41	95.18
苏州	14	16.87	67.47	绍兴	2	2.41	97.59
江宁	11	13.25	80.72	嘉兴	2	2.41	100
镇江	6	7.23	87.95	—	—	—	—

由表2-6可知，康乾二帝巡游期间所至江南佛寺按府分布数量可以划分为3个等级。

其中，扬州和杭州二府以占总数50.6%的比例处于最高等级。扬州佛寺众多，在隋唐时期趋于兴盛，康乾时期中兴，乾隆年间有寺庙260多座。其中，天宁寺、重宁寺、高旻寺、法净（大明）寺、静慧寺、福缘寺、建隆寺、慧因寺合称为"八大名刹"，这些寺庙均曾吸引康乾二帝前往游览。杭州佛教自东晋开始，于五代兴、南宋盛，"钱塘佛者之盛，盖甲天下"[①]，乾隆帝留下"圣湖西畔多佛宇"[②]的印象。

其次是苏州和江宁，占总数30.12%。苏州佛寺渐兴于三国东吴赤乌年间，大兴于南朝梁、五代吴越国时，宋代"郡之内外，胜刹相望，故其流风余俗，久而不衰"[③]。江宁佛寺始兴于东汉至三国时期，东晋南朝

① （宋）苏轼：《苏轼文集》，中华书局1986年版，第638页。
② （清）爱新觉罗·弘历：《叠李绅杭州天竺灵隐二寺诗韵》，见（清）陈璚修，王棻纂，屈映光续修，陆懋勋续纂，齐耀珊册重修，吴庆坻重纂：《民国杭州府志》（一），《中国地方志集成·浙江府县志辑》第1册，江苏古籍出版社、上海书店、巴蜀书社1993年版，第112页。
③ （宋）朱长文撰，金菊林校点：《吴郡图经续记》卷中，江苏古籍出版社1999年版，第30页。

时期大发展，尤以梁武帝为最，佛寺数量远远超过"南朝四百八十寺"；唐朝、五代时，法融、文益分别创立"牛头禅"、法眼宗。

再下一级是镇江、松江、常州、绍兴、嘉兴5府。镇江佛教兴起于东汉兴平元年，南朝梁武帝在泽心寺（今金山寺）作水陆道场，金山寺成为天下名蓝，后发展为中国禅宗"四大丛林"首刹。松江佛寺历史悠久，历来为高僧大德辈出之地，唐朝时有"十寺十三塔"，明代时鼎盛，清朝有"近海浮屠三十六"之说。常州佛寺兴隆，天宁寺始于唐朝，被誉为"东南第一丛林"；无锡佛寺兴盛于南朝，隋唐至宋元时期佛寺众多，如惠山寺、崇安寺、南禅寺等。

（二）江南佛寺吸引力分析

根据康乾二帝南巡诗和所题匾联，康熙帝所至佛寺有29处，乾隆帝所至佛寺有64处，分别占二帝所至江南景观的25.44%、18.34%。

按康乾南巡诗数量分析排名前十的佛寺名单，可以发现杭州的佛寺以六座排在首位，即灵隐寺、韬光庵、云栖寺、天竺三寺（即杭州市天竺山的上天竺寺、中天竺寺、下天竺寺，通常视为一处景观）、净慈寺、理安寺；苏州、镇江并列第二，各拥有两座佛寺，即虎丘云岩寺和寒山法螺寺、金山寺和甘露寺。

表2-7 康乾南巡所至江南佛寺按南巡诗数量统计前十

排序	佛寺	赋诗数	所在地	排序	佛寺	赋诗数	所在地
1	灵隐寺	20	杭州	6	天竺三寺	10	杭州
2	韬光庵	18	杭州	7	寒山法螺寺	9	苏州
3	金山寺	15	镇江	8	净慈寺	9	杭州
4	云栖寺	13	杭州	9	理安寺	8	杭州
5	虎丘云岩寺	12	苏州	10	甘露寺	8	镇江

按康乾南巡所赐匾联数量分析排名前十的佛寺名单，可以发现杭州、苏州都拥有3座佛寺，位居榜首，即云栖寺、天竺三寺、灵隐寺，圣恩禅寺、华山寺、上方山治平寺。扬州、镇江并列第二，都拥有两座佛寺，

即高旻寺和重宁寺、金山寺和定慧寺。

表2-8　康乾南巡所至江南佛寺按匾联数量统计前十

排序	佛寺	匾联数	所在地	排序	佛寺	匾联数	所在地
1	金山寺	25	镇江	6	天竺三寺	8	杭州
2	云栖寺	11	杭州	7	重宁寺	7	扬州
3	圣恩禅寺	9	苏州	8	华山寺	7	苏州
4	高旻寺	8	扬州	9	上方山治平寺	6	苏州
5	定慧寺	8	镇江	10	灵隐寺	6	杭州

注：扬州天宁寺匾联包括行宫在内共29处，但原始材料中难以区分，故未统计在前十名单之中。匾联以"副"或"通"计。

综合康乾二帝南巡诗和匾联，最能对二帝产生吸引力的江南佛寺有金山寺、灵隐寺、云栖寺等。

金山寺位于镇江市区西北，康熙帝第一次南巡时赐名"江天寺"，先后赋诗有《妙高台》《金山江天寺》《金山寺夜月》，题匾"江山壮观""水天清映""江天寺"等，书联"能使无风浪；常存得静安""僧归夜船月；龙出晓堂云""溪云初起日沉阁；山雨欲来风满楼"等[①]。乾隆帝第一次至金山寺作诗《游金山寺用苏轼韵兼效其体》《金山寺恭依皇祖诗韵》《登金山塔顶》；第二次至金山寺作诗《金山寺恭依皇祖诗韵》《游金山寺再叠苏轼韵》《登金山塔顶叠旧作韵》，题匾"宝带书蓝""寒香古韵""天际杯浮"等，书联"潮涌西津，不断天风传塔语；山盘北固，遥分晴籁散炉烟""海屿云涛天共远；梵宫香霭日长新""甘露常流功德海；香云遥映普陀山"[②]等；第三次至金山寺作诗《金山寺再依皇祖诗韵》《游金山寺三叠苏轼韵》《登金山塔顶再叠旧韵》，题额"灵区仙迹""观涛楼"[③]；第四次至金山寺作诗《金山寺再依皇祖诗韵》《游金山寺四叠苏轼韵》《登金山塔顶三叠旧韵》；第五次至金山寺作诗《金山寺五依皇

①（清）高得贵修，张九征等纂，朱霖等增纂：《乾隆镇江府志（一）》，《中国地方志集成·江苏府县志辑》第27册，江苏古籍出版社、上海书店、巴蜀书社1991年版，第32页。

②（清）高晋：《南巡盛典》卷十二，光绪壬午秋，上海点石斋缩印本，第12页。

③（清）高晋：《南巡盛典》卷二十，光绪壬午秋，上海点石斋缩印本，第59页。

祖诗韵》《游金山寺五叠苏轼韵》《登金山塔顶四叠旧作韵》；最后一次至金山寺作诗《金山寺六依皇祖诗韵》《游金山寺六叠苏东坡韵》《于金山礼塔五叠登塔诗韵》，书联"法界静参清净相；香台普现妙明心""真如不动超观察；念力常圆普吉祥""潮音普遍华严海；慈竹常霏妙鬘云"①。根据康乾二帝有关金山寺的南巡诗可知，金山寺素以"寺裹山"的奇特建筑格局著称，整座佛寺的建筑由山脚至山顶均依山势而建，见寺见塔不见山，形成了爬山即是登寺、登寺即是爬山的建筑格局。乾隆帝第六次巡游时将金山寺"寺裹山"的建筑格局改称为"屋包山"："鹿苑雁塔罗高下，包山之屋由来多。"②

灵隐寺在杭州武林山上，康熙帝第一次至杭州时作诗《灵隐寺》，书"云林"二字，赐名"云林禅寺"；第二次驻跸灵隐寺时作诗《云林寺》，题额"禅林法纪"，书联"禅心澄水月；法鼓聚鱼龙"③。乾隆帝第一次南巡时作诗《云林寺》，题额"鹫岭龙宫""涌翠披云"，书联"峰从西竺来，云根无住；泉自上方出，月印长圆"④。第二次南巡时作诗《恭依皇祖灵隐寺诗韵》《再至云林寺》；第三次南巡时作诗《灵隐寺用宋之问韵即效其体》《再依皇祖灵隐寺诗韵》；第四次南巡时作诗《用李绅杭州天竺灵隐二寺诗韵》《灵隐寺仍叠宋之问韵》《三依皇祖灵隐寺诗韵》；第五次南巡时作诗《题灵隐寺》《四和皇祖灵隐寺诗韵》；最后一次南巡作诗《题灵隐寺》《五和皇祖灵隐寺诗韵》《再叠李绅杭州天竺灵隐二寺诗韵》。康乾二帝之所以多次游览灵隐、上香礼佛、赋诗题额，首先是因为灵隐寺自然环境绝佳，寺周有北高峰、南高峰、飞来峰等名山，在此曾经可观钱塘江潮。其次，灵隐寺所在地，山谷幽僻，林木叠翠，斜涧鸣泉，给人以幽深之感。

---

① 吴林森：《古今镇江楹联》，苏州大学出版社2007年版，第107页。

② (清)爱新觉罗·弘历：《游金山寺六叠苏东坡韵》，见《清代诗文集汇编》编纂委员会：《清代诗文集汇编》第327册，上海古籍出版社2010年版，第271页。

③ (清)陈璚修，王棻纂，屈映光续修，陆懋勋续纂，齐耀珊重修，吴庆坻重纂：《民国杭州府志》(一)，《中国地方志集成·浙江府县志辑》第1册，江苏古籍出版社、上海书店、巴蜀书社1993年版，第27页。

④ (清)沈鑅彪等撰，魏得良标点：《续修云林寺志》卷一，杭州出版社2006年版，第15页。

云栖寺在康乾二帝巡游期间达到鼎盛。康熙帝第三次南巡时作《云栖寺诗》。乾隆帝第一次南巡时作诗《云栖寺》《云栖寺小憩写幽兰横卷即题一绝》《重访云栖即景杂咏》，题"修篁深处""悦性亭""南无阿弥陀佛"[①]等，书联"山深独辟清净界；竹翠常飞妙鬘云"[②]；第二次南巡时作诗《雨中游云栖即景杂咏四首》《再题云栖寺》《云栖寺》；第三次南巡时作诗《云栖寺叠旧韵一律》，题"西方极乐世界安养道场"；第四次南巡时作诗《云栖寺再叠旧作韵一律》；第五次南巡时作诗《云栖寺三叠旧韵一律》；最后一次南巡时作诗《云栖寺四叠旧作韵》。根据康乾二帝有关云栖寺的南巡诗联可知，云栖寺位于云栖坞，四周岩壑环绕，坞内松竹滴翠、古树茂竹、潺泉细流，给人以幽静妩媚之感。

由上可知，康乾二帝巡游期间游览众多的江南佛寺，一方面源于二帝的佛教情结，同时也有以佛教达到维护统治、安定社会的政治目的；另一方面，有道是"天下名山僧占多"，江南的佛寺大多建于名山胜水之间，景观优美，环境幽雅，有的寺院甚至成为其所在地的标志性景点。

二、江南园林

魏晋以来，尤其是明代中叶以后，由于山水秀美、经济繁荣、物产丰富、文人汇聚，江南园林进入全盛期。康乾二帝巡游江南期间，扬州、苏州、杭州更是兴起造园之风。在康熙帝游览的114处景观中，9.65%是园林景观。在乾隆帝游览的349处景观中，9.74%是园林景观。综合二帝游览的394处景观，园林景观占9.92%的比例。

---

① (清)陈璚修，王棻纂，屈映光续修，陆懋勋续纂，齐耀珊重修，吴庆坻重纂：《民国杭州府志》(一)，《中国地方志集成·浙江府县志辑》第1册，江苏古籍出版社、上海书店、巴蜀书社1993年版，第145页。

② (清)陈璚修，王棻纂，屈映光续修，陆懋勋续纂，齐耀珊重修，吴庆坻重纂：《民国杭州府志》(一)，《中国地方志集成·浙江府县志辑》第1册，江苏古籍出版社、上海书店、巴蜀书社1993年版，第145页。

（一）江南园林分布与类型

1. 园林分布

康乾南巡所至39处园林，并不是平均分布在二帝所至江南各府之中，而是呈现出明显的等级差别。康乾二帝所游江南园林按府分布数量可以划分为3个等级：扬州、杭州、苏州3府以占总数74.3%的比例处于最高等级；其次是江宁，占总数的10.3%；再下一级是松江、镇江和常州（主要是无锡）3府。具体见下表：

表2-9 康乾南巡所至江南园林按府统计

园林所在地	数量（处）	占比（%）	累计占比（%）	园林所在地	数量（处）	占比（%）	累计占比（%）
扬州	10	25.6	25.6	松江	3	7.7	92.3
杭州	10	25.6	51.2	镇江	2	5.1	97.4
苏州	9	23.1	74.3	常州	1	2.6	100
江宁	4	10.3	84.6	—	—	—	—

扬州园林以湖上园林群落——瘦西湖独领风骚。扬州湖上园林的历史源远流长：西汉时，吴王刘濞在北郊雷波筑"钓台"；南朝宋文帝时，广陵南兖州刺史徐湛之在蜀冈建造风亭、月观、吹台、琴室；清朝盐商为了求得康乾二帝的宠信，凭借雄厚的财力竞相在河两岸修造邸宅、园林，如大虹桥、倚虹园、净香园、趣园、筱园、水竹居等，形成了"两堤花柳全依水，一路楼台直到山"的景观格局，促使扬州湖上园林在清朝乾嘉时期达到顶峰。

杭州园林主要集中在西湖一周和湖中心，以空灵淡秀的景色为主。西湖三面翠山环抱，钱塘江蜿蜒而过，杭州园林与自然山水紧密结合，滨湖园林无不近借湖光、远借山色；山间园林则近借邻峦、远借湖光或钱塘江。园林中的建筑物，如亭台楼榭等，数量不多，位置也比较分散。康乾南巡所至杭州园林，小有天园、竹素园、留余山居、漪园、吟香别业、湖山春社等皆环列西湖周边，小有天园被时人誉为"赛西湖"，竹素园名列清朝"西湖十八景"之一，留余山居为乾隆帝御题杭州二十四景之一。

一般认为，江南私家园林自明清以来以苏州最多，可视为江南园林的代表地区。陈从周早在1961年就说出了"江南园林甲天下，苏州园林甲江南"①的名言。但根据康乾南巡诗、匾联，康乾南巡所至私家园林按数量划分等级，扬州有水竹居、瓜州锦春园、净香园、趣园、倚虹园、九峰园、康山园、筱园8处，杭州有安澜园、留余山居、小有天园、漪园、吟香别业、湖山春社、寿星院、西溪山庄8处，松江有秀甲园、赐金园、秦望山庄3处，江宁有瞻园1处，无锡有寄畅园1处。苏州只有狮子林、寒山别业、邓尉程园3处，仅比江宁、无锡两地略多。其中，程园还是以反面教材的形象出现。

2. 园林类型

康乾南巡所至江南园林，行宫园林为15处，私家园林为24处。根据康乾南巡诗、所题匾联，康熙帝南巡行宫园林仅有扬州的高旻寺行宫、天宁寺行宫、苏州的织造署行宫、江宁的织造署行宫、杭州的圣因寺行宫5处。到了乾隆帝南巡，行宫园林一跃达到15处，是康熙帝南巡时的3倍，包括扬州的高旻寺行宫、天宁寺行宫，镇江的金山行宫、焦山行宫，杭州的圣因寺行宫、织造府行宫，苏州的织造署行宫、灵岩山行宫、千尺雪行宫、邓尉山行宫、虎丘行宫、支硎山行宫，江宁的栖霞山行宫、织造署行宫、龙潭行宫。仔细分析康乾二帝尤其是乾隆帝南巡时的行宫，可以发现在15处行宫园林中，镇江的金山行宫、焦山行宫，苏州的灵岩山行宫、千尺雪行宫、邓尉山行宫、虎丘行宫、支硎山行宫，江宁的栖霞山行宫，8处均依山而建；扬州的高旻寺行宫、天宁寺行宫，杭州的圣因寺行宫，3处傍寺而建；苏州的织造署行宫、江宁的织造署行宫、杭州的织造府行宫3处依托江南三织造而建。由此可知，行宫园林多建于风景名胜处，或依傍名山胜水，或毗邻名寺古刹，自然环境得天独厚，反映

① 陈从周：《梓室余墨·陈从周随笔》卷四，生活·读书·新知三联书店1999年版，第281页。

了康乾二帝对江南山水难以忘怀的审美追求。

康熙帝所至江南私家园林仅有5处，乾隆帝所至江南私家园林则有24处，约是康熙帝的5倍。仔细分析康乾二帝所至江南私家园林，具有下面一些特点：首先，园林的品位与园主的身份密切相关。扬州园林的主人大都是盐商，如净香园和康山园的园主江春为清乾隆时期"两淮八大总商"之首，倚虹园园主洪徵治、趣园园主黄履暹获赐"奉宸苑卿"衔。因此，扬州园林大都追求豪华、炫耀富有，集北方园林之雄与南方园林之秀于一身。杭州、苏州、松江、无锡的园林主人则基本上都是科举出身，有的甚至是当地的名门望族。比如，杭州安澜园园主陈家被誉为"一门三阁老，六部五尚书"；无锡寄畅园园主秦氏为秦观之后裔，第一代园主秦金乃"九转三朝太保，两京五部尚书"。正是因为这些园林的主人有着深厚的文化底蕴，园内也才弥漫着浓郁的文化氛围。其次，园林多临山傍水，格调自然高雅。扬州园林，倚虹园三面临水、以水景取胜，净香园前湖后浦、分别植有红白荷花；杭州园林，安澜园楼台掩映、古木修篁，吟香别业其处多荷、清香远溢；苏州园林，狮子林因湖石假山众多而被誉为"假山王国"，寒山别业是中国山地园林的代表；无锡园林，寄畅园建筑不多，古木参天是其一大特色。

（二）江南园林吸引力分析

综合康乾南巡诗、匾联，圣因寺行宫、苏州织造署行宫、高旻寺行宫、安澜园、金山行宫、栖霞山行宫、杭州织造府行宫、灵岩山行宫、江宁织造署（江宁行宫）和寄畅园引起二帝浓厚的游览兴趣。其中，行宫有圣因寺行宫、苏州织造署行宫等，私家园林有安澜园、寄畅园等。

圣因寺行宫在孤山南麓的中部。康熙四十四年，浙江巡抚奏准在孤山之南、锦带桥以西选址建造行宫，范围包括今天的西泠印社、中山公园和浙江省博物馆一带。雍正时改建佛寺，钦定寺名为"圣因寺"。康熙帝第五次南巡时题额"澄观斋""涵清居""西湖山房"等，书联"云窗静挹峰峦秀；花径平分松竹香""入座烟岚铺锦绣；隔帘云树绕楼台"
"苍霭望中收，四面湖光依几席；熏风行处遍，六桥花柳间桑麻"①等。
乾隆帝第一次南巡时赋诗《出钱塘门由断桥至圣因即景近体二律》《西湖
行宫八景》，题匾"超诸有境""明湖福地""镜治澄怀"等，书联"常见
日华临宝掌；依然帝释驻香台""云岚静对自高秀；城郭远映余清苍"②
等；第二次南巡时赋诗《自苏堤跋马至圣因寺行宫》；第三次南巡时赋诗
《诣圣因寺瞻礼皇祖神御殿敬成一律》《壬午上巳后二日恭奉皇太后圣因
寺行宫驻跸》《回跸杭州诣皇太后行宫问安即事有作》等，题匾"镜治澄
怀"，书联"曰游曰豫所无逸；乐山乐水亦静机""众香馥郁凝华盖；多
宝庄严护梵文"③；第四次南巡时赋诗《至杭州诣皇太后行宫问安有作》
《圣因寺瞻礼》《恭奉皇太后至圣因寺行宫驻跸作》，题匾"慈云徧（遍）
荫"，书联"表里湖山含动静；虚明今古印羲娥""霁见山容凝翠黛；风
披水面皱冰纨""屿云连竺境；湖月证潮音"④等；第五次南巡时作诗
《诣圣因寺瞻礼皇祖神御殿》《四题西湖行宫八景》，题匾"述古堂""柏
堂""竹阁"等，书联"峰姿灌翠入澄照；镜影含虚惬旷怀""妙悟契鱼
渊，风披水面；澄观凝紫翠，霁见山容"⑤等；最后一次南巡时作诗《涵
清居》《五题西湖行宫八景四咏》，书联"峰姿灌翠入澄照；镜影含虚惬
旷怀""常涵古往今来月；不异云容水色天""春色芳菲入图画；化机活

　　①（清）陈璚修，王棻纂，屈映光续修，陆懋勋续纂，齐耀珊重修，吴庆坻重纂：《民国杭州府志》
（一），《中国地方志集成·浙江府县志辑》第1册，江苏古籍出版社、上海书店、巴蜀书社1993年版，
第27—28页。
　　②（清）陈璚修，王棻纂，屈映光续修，陆懋勋续纂，齐耀珊重修，吴庆坻重纂：《民国杭州府志》
（一），《中国地方志集成·浙江府县志辑》第1册，江苏古籍出版社、上海书店、巴蜀书社1993年版，
第144页。
　　③（清）陈璚修，王棻纂，屈映光续修，陆懋勋续纂，齐耀珊重修，吴庆坻重纂：《民国杭州府志》
（一），《中国地方志集成·浙江府县志辑》第1册，江苏古籍出版社、上海书店、巴蜀书社1993年版，
第147页。
　　④（清）陈璚修，王棻纂，屈映光续修，陆懋勋续纂，齐耀珊重修，吴庆坻重纂：《民国杭州府志》
（一），《中国地方志集成·浙江府县志辑》第1册，江苏古籍出版社、上海书店、巴蜀书社1993年版，
第149页。
　　⑤（清）陈璚修，王棻纂，屈映光续修，陆懋勋续纂，齐耀珊重修，吴庆坻重纂：《民国杭州府志》
（一），《中国地方志集成·浙江府县志辑》第1册，江苏古籍出版社、上海书店、巴蜀书社1993年版，
第152页。

泼悟鱼鸢"等①。根据康乾二帝赋诗、匾联可知：首先，行宫内部布局紧凑、功能齐全，自然山水与建筑完美融合；其次，行宫外部环境极佳，北倚孤山，南面西湖全景，周围山峦环抱；最后，对乾隆帝而言，这里还是其怀念皇祖之处，行宫正殿供奉康熙帝神位，称"康熙帝神御殿"。

安澜园在今海宁市盐官镇的西北隅。乾隆帝第三次南巡时作诗《驻陈氏安澜园即事杂咏六首》，赐名"安澜园"；第四次南巡时赋诗《驻陈氏安澜园叠旧作即事杂咏六首韵》，书联"筠含籁戞金石韵；花湛露霏锦绣香"②；第五次南巡时作诗《驻跸安澜园再叠前韵六首》，题匾"筠香馆"，书联"成阴乔树天然爽；过雨闲花自在香"③；最后一次南巡时赋诗《驻跸安澜园三叠前韵六首》。由乾隆帝南巡诗可知，安澜园最突出的景观意象包括园主陈氏与山林之趣：海宁陈氏为江南名门望族，安澜园至乾隆帝南巡时已经在陈家传承超过百年，原任大学士陈元龙将这里作为其养老怡情之地；安澜园园内、楼台掩映、怪石玲珑、古木苍翠，充满了自然山林情趣。

由上可知，康乾二帝所至江南园林，尤其是私家园林，多属于山水写意园林，景色大多比较古朴清幽，充满山林野趣，以自然高雅的格调见长。苏州的程园甚至因为不符合这些特点而受到乾隆帝的批判："屋虽谢丹腹，石乃多砌垒。其松非古遗，其梅或新徙。独是太湖近，凭栏观足底。白浮及漫山，钉饾如置几。"④

①（清）陈璚修，王棻纂，屈映光续修，陆懋勋续纂，齐耀珊重修，吴庆坻重纂：《民国杭州府志》（一），《中国地方志集成·浙江府县志辑》第1册，江苏古籍出版社、上海书店、巴蜀书社1993年版，第152页。

②（清）陈璚修，王棻纂，屈映光续修，陆懋勋续纂，齐耀珊重修，吴庆坻重纂：《民国杭州府志》（一），《中国地方志集成·浙江府县志辑》第1册，江苏古籍出版社、上海书店、巴蜀书社1993年版，第150页。

③（清）陈璚修，王棻纂，屈映光续修，陆懋勋续纂，齐耀珊重修，吴庆坻重纂：《民国杭州府志》（一），《中国地方志集成·浙江府县志辑》第1册，江苏古籍出版社、上海书店、巴蜀书社1993年版，第152页。

④（清）爱新觉罗·弘历：《游西迹程园纪事成咏》，见（清）李铭皖、谭钧培修，冯桂芬纂：《（同治）苏州府志》，江苏古籍出版社1991年版，第415页。

三、江南名山

康乾二帝对游览名山胜景有着强烈的愿望，对文人寄情山水之乐产生无尽的向往，乾隆帝就曾说自己"平生志不厌山林"①。江南以平原为主，山地、丘陵点缀其间。一般而言，这里的山不高大峻峭，但一年四季树木葱茏、花团锦簇，显得格外秀美。康乾南巡所至江南名山共34处，在二帝所选择的江南景观类型中占据了重要的地位。

（一）江南名山分布

康乾南巡所至34处名山景观，主要分布在杭州、江宁、苏州、镇江、常州（主要是无锡）、扬州六府。按每府分布数量可以划分为两个等级，其中，杭州、江宁、苏州3府以占总数85.29%的比例处于最高等级，其次是镇江、常州、扬州3府。具体见下表：

表2-10　康乾南巡所至江南名山按府统计

名山所在地	数量（处）	占比（%）	累计占比（%）	名山所在地	数量（处）	占比（%）	累计占比（%）
杭州	11	32.35	32.35	镇江	3	8.82	94.11
江宁	10	29.41	61.76	常州	1	2.94	97.05
苏州	8	23.53	85.29	扬州	1	2.94	99.99

（二）江南名山吸引力分析

根据康乾二帝南巡诗和所题匾联，康熙帝所至名山有14处，乾隆帝所至名山有34处，分别占二帝所至江南景观的12.28%、9.74%。

按康乾南巡诗数量排名前十的名山名单，苏州拥有4座，即虎丘、支硎山、灵岩山、华山，排在首位；杭州、镇江各拥有2座，名列第二，即

---

① （清）爱新觉罗·弘历：《韬光庵三叠旧作韵》（二），见（清）陈璚修，王棻纂，屈映光续修，陆懋勋续纂，齐耀珊重修，吴庆坻重纂：《民国杭州府志》（一），《中国地方志集成·浙江府县志辑》第1册，江苏古籍出版社、上海书店、巴蜀书社1993年版，第136页。

云栖、吴山，金山、焦山；无锡、江宁各拥有1座，即惠山（含锡山）、栖霞山。

表2-11　康乾南巡所至江南名山赋诗数量统计前十

排序	名山	赋诗数（首）	所在地	排序	名山	赋诗数（首）	所在地
1	金山	26	镇江	6	惠山（含锡山）	15	无锡
2	云栖	26	杭州	7	灵岩山	15	苏州
3	虎丘	16	苏州	8	华山	13	苏州
4	支硎山	16	苏州	9	吴山	13	杭州
5	焦山	15	镇江	10	栖霞山	8	江宁

按康乾南巡匾联数量分析，可以发现杭州位居榜首，拥有凤凰山、丁家山2座名山景观；苏州、镇江、江宁分别拥有灵岩山、焦山、栖霞山1座名山景观。

表2-12　康乾南巡所至江南名山匾联数量一览表

排序	名山	匾联数（则）	所在地	排序	名山	匾联数（则）	所在地
1	焦山	6	镇江	4	栖霞山	2	江宁
2	灵岩山	2	苏州	5	丁家山	1	杭州
3	凤凰山	3	杭州	6	—		—

注：苏州虎丘匾联包括虎丘寺、行宫等在内共29则，但原始材料中难以区分，故未统计在名单之中。

综合康乾二帝南巡诗和匾联，引起二帝浓厚游览兴趣的江南名山依次为金山、云栖、焦山等。

金山位于镇江西北的长江南岸。康熙帝第一次南巡时题"江天一览"四个字。乾隆帝第一次南巡时作诗《渡江驻跸金山》《初登金山得句》，第二次南巡时作诗《金山叠旧作韵》，第三次南巡时作诗《驻跸金山》，第四次南巡时作诗《金山夕景》，第五次南巡时题额"静澜堂""镜治斋""妙高台"[1]等。康乾对金山的喜爱主要源于金山独特的地理风貌与建筑

① （清）高晋：《南巡盛典》卷二十三，光绪壬午秋，上海点石斋缩印本，第68页。

特色：金山原是长江中的一个岛屿，金山寺从山脚到山顶长廊蜿蜒、楼台相接，有着难以比拟的视觉美感。

云栖地处西湖的西南、钱塘江的北岸。康熙帝第二次南巡时作诗《云栖竹林树甚茂幽兰满山》，第四次南巡时作《过云栖憩竹林下令人剧笋剧兰诗》《云栖归途遇雨诗》。乾隆帝第一次南巡时作诗《重访云栖即景杂咏》；第二次南巡时书联"指挥如意天花落，坐卧闲房春草生"；第三次南巡时作诗《再至云栖题句》，书联"水向石边流出冷，风从花里过来香"①；第五次南巡时作诗《游云栖四绝句》；最后一次南巡时作诗《雨中游云栖得四首》。康乾二帝对云栖的喜爱主要集中在两点，首先是云栖的竹：云栖山深竹密、绕径修篁，有绿、清、凉、静四个特点，康熙帝认为云栖山中的竹比西湖更迷人，乾隆帝每次至云栖都要到修篁深处小憩；其次是云栖的幽：云栖独占五云山之胜，五云山又集杭州山水幽绝之美，乾隆帝多次在诗中表达了自己对云栖幽朴的喜爱之情。

焦山位于镇江市区东北。康熙帝第三次南巡时作诗《焦山》《望焦山念已巳曾登其上》《登焦山》等。乾隆帝第一次南巡时作诗《自金山放船至焦山用苏轼韵》《游焦山作歌》；第二次南巡时作诗《自金山放船至焦山再叠苏轼韵》；第三次南巡时作诗《自金山放舟至焦山三叠苏轼韵》《游焦山作歌叠旧作韵》；第四次南巡时作诗《自金山放舟至焦山四叠苏轼韵》《游焦山作歌再叠旧作韵》，题额"旷观堂""高轶群伦"，书联"春秋风月因心会，上下水天与目谋""波含静渚心同沏，云住高峰态自灵""岷水溯雄图，神依西蜀；焦峰冠灵宇，目俯东吴"②；第五次南巡时作诗《自金山放舟至焦山五叠苏轼韵》《游焦山作歌三叠旧作韵》；最后一次南巡时作诗《自金山放舟至焦山六叠苏东坡韵》《游焦山作歌四叠旧作韵》。焦山引起康乾二帝关注的主要有三个方面：首先，东汉末年，

---

① (清)陈璚修，王棻纂，屈映光续修，陆懋勋续纂，齐耀珊重修，吴庆坻重纂：《民国杭州府志》(一)，《中国地方志集成·浙江府县志辑》第1册，江苏古籍出版社、上海书店、巴蜀书社1993年版，第150页。

② (清)高晋：《南巡盛典》卷二十三，光绪壬午秋，上海点石斋缩印本，第69页。

高士焦光隐居于此，汉献帝三次下诏召其进京为官，都被婉言谢绝，焦山因此而得名；其次，焦山的《瘗鹤铭》碑被称为"大字之祖""碑中之王"，堪称稀世之宝；最后，焦山周遭布满了如定慧寺、海云庵等佛寺，但由于焦山的占地面积较大、林木较多，佛寺大多掩映在林荫之中，形成了独具特色的"山裹寺"建筑布局。在康乾二帝看来，金山绮丽精巧，焦山高大雄伟，金山以亭台楼阁取胜，焦山以林木茂盛取胜。

由上可知，康乾二帝所喜爱的江南名山景观比较分散，分布在苏州、杭州、镇江、常州等府，主要包括金山、云栖、焦山等。康乾二帝对这些名山景观的喜爱基本上集中于两点：优美的地理环境与迷人的历史传说。

综上所述，江南佛寺之所以能够成为康乾二帝在南巡中成为所有景观中的首选，可以从政治目的和个人喜好两个方面进行分析：二帝的帝王身份决定了保证清朝统治稳固、发挥佛教教化功能的政治目的，二帝的个人喜好决定了二人在思想情感上容易亲近佛寺、行为做派上也以谈禅为名士的标志。江南园林之所以能令二帝流连忘返，除了秀丽精致的景色之外，关键就是园主都有着很深的文化底蕴，园景融合了园主的文化修养和审美品位，所以富有文心和书卷气。江南名山之所以得到二帝的喜爱，首先是因为幽静的景观氛围、难以比拟的景观美感，其次是独具特色的建筑格局等。

选择和交融：康乾巡游与江南人文景观建构

第三节　康乾对江南景观的写仿

　　"写仿"一词最早出现在《史记·秦始皇本纪》中："秦每破诸侯，写放其宫室，作之咸阳北阪上。南临渭，自雍门以东至泾、渭。殿屋复道周阁相属，所得诸侯美人、钟鼓以充入之。"[①]"写放"即写仿，具有"摹写""模仿"的含义。自此，写仿成为后世皇家园林丰富景观内容和制造景观意境的重要手法之一。可以说，正是有了康乾南巡，清朝皇家园林才会出现大规模写仿江南景观的高潮，而对江南景观的写仿则促使清朝皇家园林发展为中国皇家园林的巅峰。康乾二帝对江南景观的大量写仿，不仅满足了二帝将天下著名景观归为己有的愿望，仿建的江南景观也成为二帝"大一统"的政治象征。

一、仿建景观

　　康乾二帝分别六下江南，遍阅江南山水名胜，江南景观的精巧、典雅引起了二帝的浓厚兴趣。因此，凡是康乾二帝情有独钟的江南景观，不仅吟诗作句，更命随行画师绘制下来，携图以归，仿建于皇家园林之中。晚清王闿运称为"谁道江南风景佳，移天缩地在君怀"[②]。尤其是乾隆帝，每次南巡之前，地方官员们就已将江南景观的图样呈供御览。

　　在康乾二帝南巡的江南九府之中，除了松江府，其他各府均有景观

---

　　① （汉）司马迁著，中华书局编纂，王麦巧整理：《史记精华》卷一，商务印书馆2013年版，第13页。

　　② （清）吴士鉴等：《清宫词》，北京古籍出版社1986年版，第173页。

在皇家园林中得到仿建。由于各府的景观数量与品质客观上不同，再加上二帝的主观审美选择，各府被仿建的景观数量也就存在着量的差异。

杭州共有19处景观得到康乾二帝的喜爱，名列九座江南名城之首。除了南巡诗中提到的西湖、苏堤、柳浪闻莺、云栖洗心亭、孤山放鹤亭、龙井一片云、海宁县（今海宁市）陈氏园在清漪园、圆明园、香山、避暑山庄中仿建之外，曲院风荷、西湖行宫八景之鹭香庭、万松岭、法云寺华严阁、六和塔、飞来峰、玉泉观鱼、蕉石鸣琴、孤山放鹤亭、龙井龙泓亭、西湖花神庙、海宁县（今海宁市）安国寺也都在这4处皇家园林中仿建。

扬州、镇江紧随其后，都有6处景观得到康乾二帝的喜爱。扬州的水竹居、趣园、净香园、四桥烟雨、冶春园、塔湾行宫罨画窗，在圆明园、清漪园、避暑山庄中仿建。镇江除了南巡诗中提到的长江（镇江段）、金山远帆楼、金山镜治斋在西苑中仿建之外，金山寺塔、金山"屋包山"、焦山"山包屋"的山水格局也都在清漪园、圆明园、香山、避暑山庄中仿建。

常州、苏州和江宁位居第三，各有3处景观得到康乾二帝的喜爱。无锡除了南巡诗中提到的竹炉山房、漪澜堂、寄畅园在玉泉山静明园、西苑琼岛、清漪园中仿建之外，竹炉山房还在盘山静寄山庄、香山静宜园、西苑北海中仿建。苏州除了南巡诗中提到的寒山千尺雪、狮子林在西苑、避暑山庄、盘山、圆明园中仿建，桃花坞也在圆明园中仿建。江宁除了南巡诗中提到的栖霞山万松山房在盘山仿建之外，报恩寺、江宁行宫勤政堂也在清漪园、避暑山庄中仿建。

嘉兴、绍兴都仅有1处景观得到康乾二帝的喜爱，除了南巡诗中提到的烟雨楼在避暑山庄中仿建之外，兰亭在紫禁城、清漪园、圆明园、西苑、避暑山庄等多处皇家园林中仿建。

二、写仿方式

清朝主要有9座皇家园林对江南42处景观进行了仿建，数量占康乾二帝所至江南景观总数的10.69%。其中，清漪园以20处名列第一；圆明园位居第二，写仿了17处江南景观；避暑山庄仿建了14处江南景观，位居第三；西苑仿建了6处江南景观；玉泉山静明园、紫禁城和盘山仿建了2处江南景观；潭柘寺、香山静宜园都仅仿建了1处江南景观。

表2-13　康乾时期皇家园林仿建江南景观一览

皇家园林	仿建景观	仿建原型
清漪园 （颐和园）	山水结构	杭州西湖
	六桥	杭州西湖苏堤春晓
		杭州西湖柳浪闻莺
	涵光洞	杭州飞来峰
	佛香阁	杭州六和塔、江宁报恩寺塔
	转轮藏	杭州法云寺藏经阁
	五百罗汉堂	杭州灵隐寺、净慈寺
	睇佳榭	杭州西湖蕉石鸣琴
	罗汉堂狮子窟	苏州狮子林
	玉澜堂	苏州狮子林
	万寿山清可轩	无锡竹炉山房
	惠山园	无锡寄畅园
	凤凰墩	无锡黄埠墩
	小西泠	扬州四桥烟雨
	万字河一带	扬州冶春园
	后山后湖	瘦西湖
	前山前湖	镇江金山
	万寿山后	镇江焦山
	兰亭	绍兴兰亭
	苏州街（后湖的买卖街）	江南水街
	耕织图	江南水乡

皇家园林	仿建景观	仿建原型
圆明园	安澜园	杭州海宁陈氏园
	长春园小有天园	杭州汪氏园
	坦坦荡荡	杭州玉泉观鱼
	夹镜鸣琴	杭州蕉石鸣琴
	安澜园飞睇亭	杭州龙井龙泓亭
	招鹤亭	杭州孤山放鹤亭
	别有洞天片云楼	杭州龙井一片云
	西湖十景	杭州西湖十景
	花神庙	杭州西湖花神庙
	钓鱼台	扬州钓鱼台
	鉴园	扬州趣园
	水木明瑟	扬州水竹居
	多稼如云	扬州荷浦薰风（净香园）
	长春园狮子林	苏州狮子林
	武陵春色桃花坞	苏州桃花坞
	坐石临流（流杯亭）	绍兴兰亭
	长春园如园	江宁瞻园
避暑山庄	芝径云堤	杭州西湖苏堤
	莺啭乔木	杭州西湖柳浪闻莺
	曲水荷香	杭州西湖曲院风荷、绍兴兰亭
	一片云	杭州龙井一片云
	万壑松风	杭州万松岭
	罗汉堂	杭州海宁安国寺
	放鹤亭	杭州孤山放鹤亭
	千尺雪	苏州寒山千尺雪
	文园狮子林	苏州狮子林
	舍利塔	江宁报恩寺塔、杭州六和塔
	勤政题额	江宁行宫勤政堂
	烟雨楼	嘉兴烟雨楼
	金山	镇江金山
	千尺雪茶舍	无锡竹炉山房

选择和交融：康乾巡游与江南人文景观建构

皇家园林	仿建景观	仿建原型
西苑	北海琼华岛	镇江金山
	北海琼岛北面的远帆阁	镇江金山远帆楼
	北海琼华岛北面的漪澜堂	镇江金山镜治斋
	北海镜治斋"焙茶坞"	无锡竹炉山房
	淑清院千尺雪	苏州寒山寺千尺雪
	琼岛春阴	无锡漪澜堂
	南海流水音(流杯亭)	绍兴兰亭
玉泉山静明园	定光塔	镇江金山寺塔
	竹炉山房	无锡惠山竹炉山房
紫禁城	禊赏亭	绍兴兰亭
	建福宫内玉壶冰、碧琳馆	无锡竹炉山房
盘山静寄山庄	千尺雪	苏州寒山寺千尺雪
	千尺雪茶舍	无锡惠山竹炉山房
潭柘寺	猗玕亭	绍兴兰亭
香山静宜园	竹炉精舍	无锡惠山竹炉山房
畅春园	买卖街	江南水街

清朝皇家园林对江南景观的写仿可以说是全方位、多层次的,既有对具体景观的仿建,也有对景观结构与布局的摹写,还有对景观要素的借鉴,以及对景观主题和意境的写仿。

(一)具体仿建单个景观

清朝皇家园林中具体仿建江南单个景观的,以园林为主,如清漪园的惠山园仿建无锡寄畅园,圆明园的小有天园、安澜园、鉴园分别仿建杭州汪氏园、海宁陈氏园、扬州趣园,长春园、避暑山庄仿建苏州狮子林,长春园的如园仿建江宁瞻园,等等。

惠山园仿自寄畅园:乾隆帝第一次南巡时便非常欣赏寄畅园,回京后即在万寿山东麓仿建,乾隆十九年建成,名惠山园。乾隆帝在《惠山园八景诗有序》中写道:"江南诸名墅,惟惠山秦园最古,我皇祖赐题曰寄畅。辛未春南巡，喜其幽致，携图以归，肖其意于万寿山之东麓，名曰惠山园。"①惠山园与寄畅园布局形似、风格神似，不过，乾隆帝认为惠山园虽然在叠山理水等方面"曲肖"寄畅园，但是寄畅园的古树却不可摹仿："一沼一亭皆曲肖，古柯终觉胜其间。"②

小有天园仿自汪氏园：乾隆帝第一次至杭州时，极为喜爱汪氏园，赐名"小有天园"③。回京后，乾隆帝在长春园思永斋东侧一个封闭的小院中仿建了"小有天园"，建成于乾隆二十三年。

安澜园仿自陈氏园：乾隆帝第三次至海宁时，以陈氏园作为行宫，赐名"安澜园"④，取"愿其澜之安"之意。回京后，乾隆帝以四宜书屋为基础，建成圆明园"安澜园"。乾隆帝在《安澜园记》中写道："安澜园者，壬午幸海宁所赐陈氏隅园之名也。陈氏之园何以名御园？盖喜其结构致佳，图以归。园既成，爰数典而仍其名也，然则创欤？曰非也，就四宜书屋左右前后，略经位置，即与陈园曲折如一无二也。"⑤

如园仿自瞻园：乾隆帝第二次至江宁时，被安徽布政使衙署瞻园的景致所吸引，亲题"瞻园"匾额。十年后，乾隆帝在长春园的东南角仿建如园，"取义如瞻园之意"⑥。如园不仅是长春园五座"园中园"中规模最大的，面积比原型还要大一倍以上，而且在保持原型气韵的同时，充分利用自身的地形条件，在全园总体布局和筑山理水等方面均有创新。

---

①（清）爱新觉罗·弘历：《惠山园八景》诗序，见于敏中等编纂：《日下旧闻考》（二）卷八十四《国朝苑囿》，北京古籍出版社1985年版，第1400页。

②（清）爱新觉罗·弘历：《寄畅园叠旧作韵》，（清）裴大中、倪咸生修，秦缃业等纂：《光绪无锡金匮县志》，《中国地方志集成·江苏府县志辑》第24册，江苏古籍出版社、上海书店、巴蜀书社1991年版，第25页。

③（清）陈璚修，王棻纂，屈映光续修，陆懋勋续纂，齐耀珊重修，吴庆坻重纂：《民国杭州府志》（一），《中国地方志集成·浙江府县志辑》第1册，江苏古籍出版社、上海书店、巴蜀书社1993年版，第145页。

④（清）陈璚修，王棻纂，屈映光续修，陆懋勋续纂，齐耀珊重修，吴庆坻重纂：《民国杭州府志》（一），《中国地方志集成·浙江府县志辑》第1册，江苏古籍出版社、上海书店、巴蜀书社1993年版，第149页。

⑤（清）爱新觉罗·弘历：《安澜园记》，见于敏中等编纂：《日下旧闻考》（二）卷八十二《国朝苑囿》，北京古籍出版社1985年版，第1366页。

⑥（清）颙琰：《重修如园记》，《清仁宗御制文二集》卷五，见故宫博物院编：《故宫珍本丛刊》第580册，海南出版社2000年版，第148—150页。

仿建狮子林：乾隆二十七年，乾隆帝携倪瓒《狮子林图》游狮子林园。乾隆三十六年至三十七年，乾隆帝在长春园东北角仿建狮子林，并仿倪瓒《狮子林图》绘有长卷，藏于园中清閟阁。乾隆帝自己说："展图静对，狮林景象宛然如觌！"①然而，乾隆帝嫌长春园"狮子林"不能尽同倪瓒《狮子林图》，于乾隆三十九年在避暑山庄再一次仿建，命名为"文园狮子林"。乾隆帝说："兹于避暑山庄清舒山馆之前度地复规仿之，其景一如御园之名，则又同御园之狮子林，而非吴中之狮子林。且塞苑山水天然，因其势以位置，并有非御园所能同者，若一经数典，则仍不外云林数尺卷中。"②在苏州、长春园、避暑山庄这3处狮子林园中，乾隆帝认为仍是苏州狮子林园景致最佳："山庄御苑虽图貌，黄氏倪家久系心。"

（二）摹写景观结构与布局

清朝皇家园林通过改造微地貌，摹写江南景观典型的山水结构和空间布局，发展出适合自身的结构与布局形式，如清漪园的前山前湖摹仿杭州西湖、皇宫至清漪园惠山园的水路路线摹仿无锡的西部景观，以及圆明园的北部景区和清漪园的后山后湖景区摹仿扬州的瘦西湖等。

模拟西湖山水结构：乾隆帝在圆明园的福海景区和清漪园的前山前湖景区都摹仿了杭州西湖，以清漪园的前山前湖摹仿最为典型。清漪园根据万寿山和昆明湖原有的山水结构，以西湖为蓝本因势利导地进行改造：万寿山前山设置有大型的建筑群和园中园，昆明湖修建西堤，湖中置岛。由此可见，清漪园山与湖的空间关系、昆明湖的水面划分、西堤的走向与六桥等，均与杭州西湖一一对应。

写仿无锡西部水上游览路线：乾隆帝从皇宫至清漪园惠山园的水路路线是对无锡西部自然景观和人文景观进行的全面和整体写仿。乾隆帝

---

① 郭黛姮：《乾隆御品圆明园》，浙江古籍出版社2007年版，第227页。
② （清）爱新觉罗·弘历：《题文园狮子林十六景有序甲午》，见张橙华：《狮子林》，古吴轩出版社1998年版，第151页。

从皇宫至清漪园惠山园，先后经过长河、凤凰墩、后溪河、万寿山。凤凰墩位于昆明湖南、绣漪桥北，仿无锡黄埠墩而建。乾隆帝南巡无锡时，由黄埠墩去寄畅园，走的便是水路路线。黄埠墩位于大运河中，乾隆帝乘船前往新开河，"埠墩西放一舟通"①，一路"轻棹沿寻曲水湾"②，至惠山东麓龙头下换轿入园。

（三）借鉴景观构景要素

清朝皇家园林在叠山、理水、建筑、植物等景观要素方面，也对江南景观进行了借鉴。

对叠山的借鉴：清朝皇家园林对江南景观叠山的借鉴，以摹仿镇江金山和焦山建筑与山的结构最有特色，乾隆帝命名为"屋包山"和"山包屋"。金山建筑与山的布局结构，民间称为"寺裹山"，乾隆帝则称为"屋包山"："金山岂无山，胜在包以屋。"③避暑山庄的金山岛、清漪园前山、北海的琼岛对金山的"屋包山"进行了写仿。焦山建筑与山的布局结构，民间称为"山裹寺"，乾隆帝则称为"山包屋"："山包屋处欠一到。"④清漪园万寿山后山对焦山的"山包屋"进行了写仿，以幽静深邃的山林野趣为主，散点布置建筑。

对理水的借鉴：清朝皇家园林对江南园林理水的借鉴，如圆明园摹仿扬州瘦西湖的钓鱼台，在北部若帆之阁水路入口深处的半岛上建了一座方亭；圆明园的水木明瑟仿建扬州的水竹居等。而在江南众多以"水"景见长的景观之中，乾隆帝最欣赏的是苏州寒山的千尺雪。乾隆帝第一

①（清）爱新觉罗·弘历：《游寄畅园再叠丁丑旧作韵》，（清）裴大中、倪咸生修，秦缃业等纂：《光绪无锡金匮县志》，《中国地方志集成·江苏府县志辑》第24册，江苏古籍出版社、上海书店、巴蜀书社1991年版，第32页。

②（清）爱新觉罗·弘历：《寄畅园》，（清）裴大中、倪咸生修，秦缃业等纂：《光绪无锡金匮县志》，《中国地方志集成·江苏府县志辑》第24册，江苏古籍出版社、上海书店、巴蜀书社1991年版，第22页。

③（清）爱新觉罗·弘历：《游焦山作歌叠旧作韵》，见（清）高晋：《南巡盛典》卷二十三，光绪壬午秋，上海点石斋缩印本，第19页。

④（清）爱新觉罗·弘历：《自金山放舟至焦山四叠苏轼韵》，见（清）高晋：《南巡盛典》卷三十一，光绪壬午秋，上海点石斋缩印本，第69页。

次南巡时，便被苏州寒山所特有的隽秀所陶醉，"其悦性灵而发藻思者所在多有，独爱吴之寒山千尺雪"①。1751—1752年，乾隆帝在北京西苑、热河避暑山庄、盘山静寄山庄3处皇家园林内依次仿建了"千尺雪"景观。乾隆四十五年，乾隆帝在《寒山千尺雪四叠旧作韵》诗中写道："西苑略葺胜朝迹，而皆视此鼻祖然。"②

对建筑的借鉴：无锡的竹炉山房位居41处被仿建的江南景观榜首，西苑北海北岸、香山静宜园、玉泉山静明园、盘山静寄山庄、清漪园、避暑山庄、紫禁城建福宫7座皇家园林对其进行了仿建。清漪园的清可轩、玉泉山静明园的竹炉山房、香山静宜园的竹炉精舍、热河千尺雪的茶舍均建于乾隆十六年，盘山静寄山庄千尺雪茶舍建于乾隆十七年春，或者于室内置有竹茶炉，或者名称源自竹炉山房。如乾隆二十二年，乾隆帝在《汲惠泉烹竹炉歌叠旧作韵》诗中写道："玉泉山房颇仿效，以彼近恒此远灌。"③

对植物的借鉴：清朝皇家园林通过植物的外形、色彩、季相变化和寓意等，摹仿江南情景。避暑山庄的万壑松风仿建杭州西湖的万松岭，盘山的万壑松风仿建南京栖霞山的万松山房。如乾隆二十二年，乾隆帝在《万松山房》诗中写道："由来无不可，仿佛在田盘。"④由于气候与地域等，对于难以移植的植物，如无锡寄畅园园内种植的山桃，清朝皇家园林通过种植形态相似的本土植物来摹拟。

第二章　康乾对江南景观的选择与写仿

①（清）爱新觉罗·弘历：《御制盘山千尺雪记》，见（清）于敏中等编纂：《日下旧闻考》（二）卷一百十五《京畿》，北京古籍出版社1985年版，第1903页。

②（清）爱新觉罗·弘历：《寒山千尺雪四叠旧作韵》，见（清）李铭皖、谭钧培修，冯桂芬纂：《（同治）苏州府志》，江苏古籍出版社1991年版，第405—406页。

③（清）爱新觉罗·弘历：《汲惠泉烹竹炉歌叠旧作韵》，（清）裴大中、倪咸生修，秦缃业等纂：《光绪无锡金匮县志》，《中国地方志集成·江苏府县志辑》第24册，江苏古籍出版社、上海书店、巴蜀书社1991年版，第26页。

④（清）爱新觉罗·弘历：《万松山房》，（清）吕燕昭修，姚鼐纂：《重刊江宁府志》（一），嘉庆十六年修，光绪六年刊本，《中国方志丛书·华中地方》（第128号），成文出版社1974年版，第50页。

（四）写仿景观主题与意境

清朝皇家园林还对江南景观的主题和意境进行摹仿，如圆明园的坐石临流、西湖十景、避暑山庄的烟雨楼，分别再现了绍兴兰亭、西湖十景、嘉兴烟雨楼的主题或意境。

写仿兰亭主题：绍兴的兰亭在清漪园、紫禁城、潭柘寺、西苑、圆明园、避暑山庄6处皇家园林中仿建，共同点是亭内以石铺地，砌成曲形或如意形水道，引水流入，上可浮杯。其中，圆明园的"坐石临流"最有特色。雍正帝在圆明园营建"流杯亭"，是一座重檐三开间敞亭，蜿蜒的溪流从中穿越，四周种植茂林修竹，完整地再现了东晋王羲之《兰亭序》的意境[1]。乾隆初年题额"坐石临流"，乾隆四十四年改建为重檐八方亭。巨型石柱的柱子上，分别刻上唐代虞世南、褚遂良、冯承素所临王羲之《兰亭序》，柳公权书《兰亭诗并后序帖》，明代戏鸿堂刻《柳书兰亭帖》，董其昌临《柳书兰亭帖》，大学士于敏中补柳帖一册，以及乾隆帝临董其昌所仿《柳书兰亭帖》，是为"兰亭八柱帖"。

写仿西湖十景主题：西湖十景在圆明园、清漪园、避暑山庄中都有部分或全部仿建，又以圆明园仿建数量最多。圆明园的平湖秋月是圆明园中第一个仿建西湖十景的景观，圆明园中的曲院风荷是圆明园模仿西湖十景面积最大的一处。综合而言，圆明园中的西湖十景，仅是对西湖十景进行主题化处理，真正的相似之处并没有多少。三潭印月是对原型的缩小处理，平湖秋月、曲院风荷、花港观鱼三景摹仿了湖月、荷花、花港、游鱼等主题，双峰插云、雷峰夕照、南屏晚钟三景环境风貌略有几分相似，苏堤春晓、断桥残雪二景仅有"堤""桥"之名，柳浪闻莺更是只有一题名牌坊。

写仿烟雨楼意境：乾隆四十五年，乾隆帝南巡返程时，带上了烟雨楼图，在热河仿建，次年完工。避暑山庄的烟雨楼位于如意洲北侧的青

---

① 贾珺：《清代皇家园林写仿现象探析》，《装饰》2010年第2期。

莲岛上，四面临水，东有"青阳书屋"，西有"对山斋"，北与"濠濮间想"隔湖相对。到了冬天，山庄外水温较高的热河从东北方向注入澄湖，形成湖面烟雾蒙蒙之美。整体环境和意境与嘉兴烟雨楼相似。乾隆四十九年，乾隆帝在《题烟雨楼》诗中写道："承德何妨摹画貌，嘉兴毕竟启诗材。"①

模仿江南田园与水街主题：除了具体景观，江南田园、江南水街也在清皇家园林中多次仿建。西苑的丰泽园前有数亩稻畦，玉泉山的静明园"自垂虹桥以西，濒河皆水田"②，畅春园"无逸斋北角门外近西垣一带，南为菜园数十亩，北侧稻田数顷"③，圆明园中的杏花春馆、澹泊宁静、映水兰香、多稼如云、北远山村等也都建有江南田园风景。畅春园和清漪园的买卖街摹仿江南水街模式，《日下旧闻考》中记载："（畅春园）二宫门外出西穿堂为买卖街，买卖街建于河之南岸，略仿市廛景物。"④清漪园的买卖街有两条，后山的一条俗称"苏州街"。

综上所述，康乾二帝尤其是乾隆帝在南巡时，将赏图与观景结合在一起，观景之后再题咏赋诗，仿建景观的基础也就此成形——原图+实景+题咏"三位一体"的仿景标本⑤。南巡回京后，康乾二帝在皇家园林中大量写仿江南景观，清朝皇家园林的规模得到扩大、内容得到丰富、艺术水平得到提高，南北文化尤其是造园技艺得到交流。从宏观角度来看，仿建的江南景观也成为康乾二帝"大一统"的政治象征。

第二章　康乾对江南景观的选择与写仿

---

① （清）爱新觉罗·弘历：《嘉兴道中作》，见（清）许瑶光修，吴仰贤等纂：《中国地方志集成·浙江府县志辑·光绪嘉兴府志》（一），江苏古籍出版社1996年版，第49页。

② （清）于敏中等编纂：《日下旧闻考》（二）卷八十五《国朝苑囿》，北京古籍出版社1985年版，第1417页。

③ （清）于敏中等编纂：《日下旧闻考》（二）卷七十六《国朝苑囿》，北京古籍出版社1985年版，第1281页。

④ （清）于敏中等编纂：《日下旧闻考》（二）卷七十六《国朝苑囿》，北京古籍出版社1985年版，第1279页。

⑤ 肖伊绯：《从残山剩水到九洲清晏：康乾南巡与江南园林》，《紫禁城》2014年第4期，第87页。

第四节　康乾巡游对江南景观的影响

　　康乾南巡具有极强的历史文化价值与意义，对江南景观产生了深远的影响。在北方，因南巡而促使清朝皇家园林对江南景观进行了大量仿建。在江南，为了迎接康乾二帝，许多江南景观经过重新装点，山水名胜呈现一时之盛。可以说，康乾南巡不仅推动了江南景观的建设、提高了江南景观的知名度、丰富了江南景观的文化内涵，还使江南景观融入了不少北方元素。如今，康乾二帝所至江南景观很多都已成为文化遗产，为今天的旅游业发展提供了大量的旅游资源。

一、推动了江南景观的建设

　　康乾南巡极大地推动了江南景观的建设，丰富了江南景观的面貌，以扬州瘦西湖最具代表性。瘦西湖在扬州市西北郊，古代又称炮山河、保障河、保障湖，原为扬州城的护城河，长4.5千米左右，从城北一路绵延至北郊蜀冈，宽度从13米至116米不等。

　　其实，康熙帝南巡时期并没有太多有关瘦西湖园林的描述，乾隆帝的六次南巡是瘦西湖园林发展到高潮的最大推动力。由于乾隆帝在扬州的游览主要在水上进行，保障河是从御马头至蜀冈的必经水上御道，于是在乾隆十五年、二十年、二十六年，三任两淮盐运使多次大规模疏浚拓宽河道。特别是高恒，对平山堂至天宁寺全线进行了整修，并凿通了莲花埂，保障河不仅水体连贯，还富于曲折变化。扬州盐商财力雄厚，为了求得乾隆帝的宠信，竞相在保障河两岸大肆造园以邀宸赏，园林数量一度超过苏州，"扬州园林之胜，甲于天下"①。

倚虹园，即洪征治之大洪园，三面临水，以水景取胜，园内主要有两大景致：园东为虹桥修禊，园西为柳湖春泛。乾隆帝第三次南巡时作诗《游倚虹园因题句》，题额"倚虹园"并书联"柳拖弱缕学垂手；梅展芳姿初试鬟""明月松间照；清泉石上流"；第四次南巡时作诗《游倚虹园》，题额"致佳楼"并书联"花木正佳二月景；人家疑近武陵源"；第五次南巡时作诗《题倚虹园》；第六次南巡时作诗《倚虹园》，题额"润竹庭"并书联"钧陶锦绣化工畅；山竹笙簧仙籁谐"。

净香园，即江春之"荷浦薰风"。乾隆帝第三次南巡时赐名"净香园"，作诗《题净香园》《青琅玕馆戏成口号》，书联"结念底须怀烂漫；洗心雅足契清凉""竹喧归浣女；莲动下渔舟"；第四次南巡时作诗《净香园》，题额"怡性堂"并书联"雨过净倚竹；夏前香想莲"；第五次南巡时作诗《青琅玕馆口号》《题净香园》；第六次南巡时作诗《琅玕丛》《题净香园》《怡性堂》等，书联"水以澄渟谋目静；山惟平远致心闲"。

趣园，即黄履暹之"四桥烟雨"。乾隆帝第三次南巡时赐名"趣园"，作《趣园》诗，书联"萦回水抱中和气；平远山如蕴藉人""目属高低石；步延曲折廊"；第四次南巡时作诗《趣园即景》，书联"何曾日涉原成趣；恰值云开亦觉欣"；第五次南巡时作诗《题趣园》，题额"半亩塘"；第六次南巡时作诗《趣园》《半亩塘》，书联"妙理静机都远俗；诗情画趣总怡神"。

筱园，原为程梦星别墅，后来汪廷璋等在此开辟芍药田，曰"筱园花瑞"。乾隆帝第六次至此时赏《赵令穰江南春图》，作诗《筱园咏芍药》《题赵令穰江南春图即书以赐筱园珍弄》。

水竹居，即徐士业之"石壁流淙"。乾隆帝第四次南巡时赐名"水竹

①（清）欧阳兆熊：《水窗春呓》卷下《维扬胜地》条，见陈从周：《中国园林》，广东旅游出版社1996年版，第108页。

居"，作诗《水竹居》，题额"静照轩"，书联"水色清依榻；竹声凉入窗"。

瘦西湖至今依然是扬州古典园林中保存最为完好、最能代表扬州园林文化的集大成者。2014年，大运河项目成功入选《世界遗产名录》，瘦西湖是扬州大运河10个遗产点之一[①]。

二、提高了江南景观的知名度

康乾二帝在巡游江南期间对一些景观反复游览，必然会提高这些景观的知名度，促使时人与后人产生浓厚的兴趣，寄畅园便是此类代表。寄畅园位于惠山东麓，倚山临水，毗邻惠山寺。明中叶正德年间，尚书秦金买来惠山僧舍，辟为花园并取名为凤谷行窝。之后，子孙秦耀、秦德藻等人不断增补，终成一代名园。康乾二帝分别六次南巡，次次必游此园，使寄畅园的知名度达到历史的巅峰。

康熙帝第一次南巡时在寄畅园卧云堂中小憩，清代陈康祺在《郎潜纪闻二笔》中记载："无锡惠山寄畅园有樟树一株，其大数抱，枝叶皆香，千年物也。圣祖南巡，每幸园，尝抚玩不置。第六次回銮后，犹忆及之，问无恙否？"[②]第二次南巡时书"品泉"[③]两字赏赐；第三次南巡时赐原任左春坊秦松龄御书"松风水月""山色溪光"[④]，"松风水月"匾现悬挂在凤谷行窝厅堂中，"山色溪光"制成石刻镶嵌在凤谷行窝庭院北墙上；第三次南巡时书联"明月松间照；清泉石上流"[⑤]；第四次南巡时安排秦氏子侄秦道然到九皇子府中教书。乾隆帝第一次南巡时赋诗《寄畅

---

① 《大运河申遗成功包括27段河道和58处遗产点》，《扬州日报》2014年6月23日。
② (清)钱泳撰，孟裴校点：《履园丛话》(上)，上海古籍出版社2012年版，第11页。
③ (清)裴大中、倪咸生修，秦缃业等纂：《光绪无锡金匮县志》，《中国地方志集成·江苏府县志辑》第24册，江苏古籍出版社、上海书店、巴蜀书社1991年版，第20页。
④ (清)裴大中、倪咸生修，秦缃业等纂：《光绪无锡金匮县志》，《中国地方志集成·江苏府县志辑》第24册，江苏古籍出版社、上海书店、巴蜀书社1991年版，第20页。
⑤ (清)裴大中、倪咸生修，秦缃业等纂：《光绪无锡金匮县志》，《中国地方志集成·江苏府县志辑》第24册，江苏古籍出版社、上海书店、巴蜀书社1991年版，第20页。

园》《再题寄畅园》；第二次南巡时赋诗《游寄畅园题句》《介如峰》《寄畅园叠旧作韵》，题匾"竹净梅芳""玉戛金枞（或作枞）"，书联"清泉白石自仙境；玉竹冰梅总化工"①；第三次南巡时作诗《雨中游惠山寄畅园》，题匾"竹净梅芬"②；第四次南巡时赋诗《寄畅园三叠旧作韵》《游寄畅园叠旧作韵》；第五次南巡时作诗《游寄畅园再叠丁丑旧作韵》；第六次南巡时赋诗《游寄畅园三叠丁丑旧作韵》。

　　根据康乾二帝与寄畅园有关的南巡诗可知，寄畅园最突出的景观意象集中于幽致的氛围和书史传家的园主。清幽是乾隆帝对寄畅园最深的感受，诗中有"清幽已擅毗陵境"③等句。寄畅园的清幽与其构景要素、借景手法密不可分。在四大构景要素之中，古木参天是寄畅园的最大特色，乾隆帝在第二次南巡时表示："古柯终觉胜其间。"借景方面，寄畅园东借锡山、西借惠山，以有限的空间创造出无限的意境，乾隆帝第二次南巡时于嘉树堂前远眺锡山龙光塔："今日锡山姑且置，闲闲塔影见高标。"至乾隆帝第二次南巡时，寄畅园已经在秦家传承了两百多年，所以乾隆帝说："异世一家能守业，犹传凤谷昔行窝。"④秦家以诗书传家，所以乾隆帝第三次南巡时表示："爱他书史传家学。"⑤

---

　　①（清）裴大中、倪咸生修，秦缃业等纂：《光绪无锡金匮县志》，《中国地方志集成·江苏府县志辑》第24册，江苏古籍出版社、上海书店、巴蜀书社1991年版，第27页。

　　②（清）裴大中、倪咸生修，秦缃业等纂：《光绪无锡金匮县志》，《中国地方志集成·江苏府县志辑》第24册，江苏古籍出版社、上海书店、巴蜀书社1991年版，第31页。

　　③（清）爱新觉罗·弘历：《寄畅园叠旧作韵》，（清）裴大中、倪咸生修，秦缃业等纂：《光绪无锡金匮县志》，《中国地方志集成·江苏府县志辑》第24册，江苏古籍出版社、上海书店、巴蜀书社1991年版，第25页。

　　④（清）爱新觉罗·弘历：《寄畅园杂咏》，（清）裴大中、倪咸生修，秦缃业等纂：《光绪无锡金匮县志》，《中国地方志集成·江苏府县志辑》第24册，江苏古籍出版社、上海书店、巴蜀书社1991年版，第27页。

　　⑤（清）爱新觉罗·弘历：《泛梁溪游寄畅园即目得句》，（清）裴大中、倪咸生修，秦缃业等纂：《光绪无锡金匮县志》，《中国地方志集成·江苏府县志辑》第24册，江苏古籍出版社、上海书店、巴蜀书社1991年版，第28页。

三、丰富了江南景观的文化内涵

康乾二帝在南巡过程中，"每逢佳景喜题句"[①]，江南景观因此留下了众多题额赐名。康乾二帝通过题额赐名而增加了景观内涵、深化了景观意境，以有限的文字表达出无限的意趣。这方面以西湖十景定名最为突出。"西湖十景"是指西湖十处最有魅力的景点，源自南宋画家马远、陈清波所作的宫廷绘画。康熙三十八年，康熙帝第二次南巡杭州，为西湖十景亲笔赐名。乾隆帝六次南巡，游赏西湖十景时，先后题诗60多首。西湖自白居易、苏轼之后，文化内涵又增色不少。

"苏堤春晓"名列西湖十景之首，位于西湖的西部水域。康熙帝第三次南巡时书"苏堤春晓"景名。乾隆帝六次南巡均驻足苏堤，每次都作《苏堤春晓》诗，乾隆十六年还作《苏堤》诗。由乾隆帝赋诗可知，苏堤上架有六桥，堤两旁遍植柳树和桃树，形成"花柳六桥皆入画"[②]的美景。

"柳浪闻莺"位于西湖东南，园中柳树众多。乾隆帝六次南巡，每次都作《柳浪闻莺》诗。由乾隆帝赋诗可知，"柳浪闻莺"最突出的景观意象便是柳，如"轻风万缕弱摇金"[③]。

"花港观鱼"位于小南湖与西里湖之间，以赏花、观鱼称胜。乾隆帝六次南巡，每次都作《花港观鱼》诗。由乾隆帝赋诗可知，"花港观鱼"最突出的景观意象是荷与鱼，如"花家山下流花港，花著鱼身鱼

---

①（清）爱新觉罗·弘历：《惠山寺叠前韵》，（清）裴大中、倪咸生修，秦缃业等纂：《光绪无锡金匮县志》，《中国地方志集成·江苏府县志辑》第24册，江苏古籍出版社、上海书店、巴蜀书社1991年版，第29页。

②（清）爱新觉罗·弘历：《西湖晴泛五首》（二），见（清）陈璚修，王棻纂，屈映光续修，陆懋勋续纂，齐耀珊重修，吴庆坻重纂：《民国杭州府志》（一），《中国地方志集成·浙江府县志辑》第1册，江苏古籍出版社、上海书店、巴蜀书社1993年版，第95页。

③（清）爱新觉罗·弘历：《柳浪闻莺》，见（清）陈璚修，王棻纂，屈映光续修，陆懋勋续纂，齐耀珊重修，吴庆坻重纂：《民国杭州府志》（一），《中国地方志集成·浙江府县志辑》第1册，江苏古籍出版社、上海书店、巴蜀书社1993年版，第93页。

嗑花"①。

"曲院风荷"位于西湖北岸，是南宋年间设在行春（即洪春桥）酿制官酒的作坊。康熙帝第三次南巡时书"曲院风荷"景名。乾隆帝六次南巡，每次都作《曲院风荷》诗。虽然乾隆帝因为季节原因并未看到怒放的荷花，但在《曲院风荷》诗中，还是将"曲院风荷"突出的景观意象归纳为满池红荷，如"荷花开处照波红"②。

"双峰插云"中的"双峰"是指西湖西部群山中的南高峰和北高峰。两峰峰顶在南宋时各有古塔一座，都是历史悠久的佛教名山。康熙帝第三次南巡时书"双峰插云"景名，改"两峰"为"双峰"。乾隆帝六次南巡，每次都作《双峰插云》诗，第一、二次南巡时还作《登北高峰极顶》《北高峰》诗。由乾隆帝赋诗可知，"双峰插云"最突出的景观意象是双峰和云。每逢春、秋晴朗之日，从洪春桥、苏堤望山桥及湖上一带遥望，双塔相峙并迥然高于群峰之上。每逢云雾之时，峰形隐晦而塔尖分明。

"雷峰夕照"中的雷峰塔位于西湖南岸夕照山的山脊中部，由于木构外檐毁于明代兵燹，仅存敦实的塔心。康熙帝第三次南巡时书"雷峰西照"景名。乾隆帝六次南巡，第一、二、四、六次作《雷峰西照》诗，第三、五次作《雷峰夕照》诗，最后两次还作《咏雷峰塔》诗。根据乾隆帝赋诗可知，除了以黄昏时的山峰古塔剪影为观赏特点，"雷峰夕照"突出的景观意象是钱王遗迹，乾隆帝第一次南巡时在诗中写道："钱王遗迹犹堪指。"③

"三潭印月"位于西湖外湖西南部水域，康熙帝第三次南巡时书"三

---

① （清）爱新觉罗·弘历：《花港观鱼》，见（清）陈璚修，王棻纂，屈映光续修，陆懋勋续纂，齐耀珊重修，吴庆坻重纂：《民国杭州府志》（一），《中国地方志集成·浙江府县志辑》第1册，江苏古籍出版社、上海书店、巴蜀书社1993年版，第46页。

② （清）爱新觉罗·弘历：《曲院风荷》，见（清）陈璚修，王棻纂，屈映光续修，陆懋勋续纂，齐耀珊重修，吴庆坻重纂：《民国杭州府志》（一），《中国地方志集成·浙江府县志辑》第1册，江苏古籍出版社、上海书店、巴蜀书社1993年版，第46页。

③ （清）爱新觉罗·弘历：《雷锋西照》，见（清）陈璚修，王棻纂，屈映光续修，陆懋勋续纂，齐耀珊重修，吴庆坻重纂：《民国杭州府志》（一），《中国地方志集成·浙江府县志辑》第1册，江苏古籍出版社、上海书店、巴蜀书社1993年版，第46页。

潭印月"景名。乾隆帝六次南巡，每次都作《三潭印月》诗。根据乾隆帝赋诗可知，"三潭印月"的标志性景观为湖中三塔，景观意象以赏月和水上园林著称，如"湛净空潭印满轮，分明三塔是三身"①。

"平湖秋月"起初并无固定位置，康熙帝南巡时定孤山东南角的临湖水院为该景观的景址所在，并书"平湖秋月"景名。乾隆帝六次南巡，每次都作《平湖秋月》诗。虽然乾隆帝南巡时并未欣赏到秋月，但是从乾隆帝赋诗可知，平湖秋月所在地是观赏西湖水域全景的最佳地点之一，尤其是皓月当空之际，如"新鹅泻影镜光柔"②。

"南屏晚钟"在西湖南岸的南屏山一带，康熙帝第三次南巡时书"南屏晚钟"景名。乾隆帝六次南巡，每次都作《南屏晚钟》诗。由诗可知，"南屏晚钟"以听觉欣赏为特征，如"净慈掩映对南屏，断续蒲牢入夜声"③。

"断桥残雪"位于西湖北部，康熙帝第三次南巡时书"断桥残雪"景名。乾隆帝每次南巡，都作《断桥残雪》诗。由乾隆帝赋诗可知，白堤东西横接孤山和西湖东北角岸线，可在此完整观赏西湖南、北水域景观，尤以冬天观赏西湖雪景为胜。

2011年6月，"杭州西湖文化景观"被收入《世界遗产名录》。世界遗产委员会认为："'杭州西湖文化景观'是文化景观的一个杰出典范，它极为清晰地展现了中国景观的美学思想，对中国乃至世界的园林设计影响深远。"④

---

①（清）爱新觉罗·弘历：《三潭印月》，见（清）陈璿修，王棻纂，屈映光续修，陆懋勋续纂，齐耀珊重修，吴庆坻重纂：《民国杭州府志》（一），《中国地方志集成·浙江府县志辑》第1册，江苏古籍出版社、上海书店、巴蜀书社1993年版，第46页。

②（清）爱新觉罗·弘历：《平湖秋月》，见（清）陈璿修，王棻纂，屈映光续修，陆懋勋续纂，齐耀珊重修，吴庆坻重纂：《民国杭州府志》（一），《中国地方志集成·浙江府县志辑》第1册，江苏古籍出版社、上海书店、巴蜀书社1993年版，第46页。

③（清）爱新觉罗·弘历：《南屏晚钟》，见（清）陈璿修，王棻纂，屈映光续修，陆懋勋续纂，齐耀珊重修，吴庆坻重纂：《民国杭州府志》（一），《中国地方志集成·浙江府县志辑》第1册，江苏古籍出版社、上海书店、巴蜀书社1993年版，第46页。

④《杭州西湖文化景观正式被列入〈世界遗产名录〉》，新华社2011年6月25日。

四、使江南景观融入北方元素

康乾南巡不仅将江南景观仿建至北方，也将北方的建筑风格、造园艺术等元素带到了南方。这一点尤以扬州的五亭桥、白塔最为突出。

五亭桥位于莲性寺北，横跨于瘦西湖之上。乾隆二十二年，巡盐御史高恒为了迎接乾隆帝南巡，在开通直达平山堂的莲花埂新河时，为了不影响陆路交通，便于河上建了此桥。据说，每当到了月圆之夜，天空一轮明月，桥下十五个桥洞每个洞都有一个月亮的倒影，此景可与杭州西湖的三潭映月相媲美。五亭桥位于莲花埂之上，形态从空中俯视状如莲花，又称"莲花桥"。五亭桥创造性地将桥、亭合二为一，被桥梁专家茅以升誉为"中国古代交通桥与观赏桥结合的典范"。不论五亭桥是否真的仿自北京金鳌玉桥和五龙亭，其黄瓦、红柱、厚实的桥墩，无不显示出北方建筑特色。

白塔位于莲性寺，白塔的建造在民间有各种各样的传说，尤以"江春一夜造白塔"为主。清张祖翼《清代野记》中说："乾隆间，帝南巡至扬州，其时盐商纲总为江姓，一切供应皆由江承办。一日，帝幸大虹园，至一处，顾左右曰：'此处颇似南海之琼岛春阴，惜无喇嘛塔耳。'纲总闻之，亟以万金贿帝左右，请图塔状，盖南人未曾见也。既得图，乃鸠工庀材，一夜而成。次日帝又幸园，见塔巍然，大异之，以为伪也。即之，果砖石成者，询知其故，叹曰：'盐商之财力伟哉！'"[1]不管事实是否如此，瘦西湖的白塔仿自北京北海的白塔却是不争的事实。清李斗的《扬州画舫录》中记载："后建白塔，仿京师万岁山塔式。"[2]

综上所述，康乾南巡从推动建设、提高知名度、增加文化内涵以及融入北方元素等方面对江南景观产生了广泛而深远的影响。推动江南景

---

① 张祖翼：《清代野记》，中华书局2007年版，第113页。
② （清）李斗著，王军评注：《扬州画舫录》，中华书局2013年版，第206页。

观建设以扬州瘦西湖最具代表性，在提高江南景观的知名度方面以寄畅园最为突出，增加江南景观的文化内涵以西湖十景定名最具代表性，江南景观融入北方元素以扬州的五亭桥、白塔最为突出。

本章小结

　　江南景观内涵丰富、传承持久，自然与人文完美结合，历来为人们所欣赏和称颂。悠游江南景观是康乾二帝在巡游江南期间的主要活动之一。根据康乾南巡诗的篇目、所题匾联的对象可以发现，康乾南巡所至江南景观共计394处，主要集中于扬州、镇江、常州（含无锡）、苏州、江宁、杭州等九府，构成了一个有主有次、有轻有重的"景观大观园"；这些景观的类型丰富多样，其中人文景观对二帝最有吸引力。在诸多江南景观之中，佛寺、园林、名山是康乾二帝所选择的主要游览类型。江南佛寺是自然与文化的高度复合物，优雅的环境、浓郁的氛围以及二帝的个人情结与政治目的，使其成为二帝的首选。二帝所至佛寺主要集中于扬州、杭州，其中以金山寺、灵隐寺、云栖寺最有吸引力。江南园林在明清时期甲于天下，而康乾南巡又进一步促进了江南造园风潮的兴盛。江南园林之所以能令二帝流连忘返，除了秀丽精致的景色，关键在于园景融合了园主的文化修养和审美品位，富有文心和书卷气。二帝所至园林主要集中于扬州、杭州、苏州，其中以圣因寺行宫、安澜园等最有吸引力。江南名山灵秀，优美的自然环境、清幽的景观特征、深邃的文化内涵以及迷人的历史传说，使其在二帝的选择中占据了重要的地位。二帝所至名山景观主要集中于杭州、江宁、苏州，其中以云栖、金山、焦山等最有吸引力。二帝在南巡的过程中对精巧、典雅的江南景观产生了浓厚的兴趣，回到北京后对42处江南景观进行了写仿。写仿不仅满足了二帝将天下名园胜景归为己有的愿望，还有巩固江南统治的需要，仿建的江南景观也成为二帝"大一统"的政治象征。康乾南巡具有极强的历史文化价值与意义，对江南景观产生了深远的影响：康乾南巡不仅推动了江南景观的建设、提高了江南景观的知名度、丰富了江南景观的文化内涵，还使江南景观融合了不少北方元素。

第三章　康乾巡游江南文艺活动考察

　　赋诗、题额、赏书、鉴画、品茗等文艺活动体现了东方特有的"雅"文化，是文人生活的重要内容，也是文人情趣的重要象征。康乾二帝在巡游江南期间不时有追和前人、题额赐名、赏书鉴画以及尝泉品茗等活动，在江南地区留下了不可磨灭的印记和文化遗产。本章对上述活动进行解析，从个人喜好与帝王身份两个角度探究其背后的目的与意义。一方面，康乾二帝自幼接受中国传统文化的教育，诗词歌赋、书法绘画、四书五经等无一不精，可谓身兼帝王与文人双重身份。乾隆帝便自称"实一书生也"①，黄仁宇甚至认为：清代的君主之符合中国传统，更超过于前朝本土出生的帝王②。上述活动被康乾二帝视为儒雅风范的象征，帮助他们进入文人领域、享受艺术生活。另一方面，这些活动还是康乾二帝修举文教、加强统治的举措之一。清朝为少数民族入主中原，当时"江南"堪称文人风雅生活的典范。因此，上述活动是康乾二帝针对江南士人的一种文化宣传手段，以显示自己的传统文化素养超出汉人鸿儒，从而将自己塑造成天下文人的精神领袖，进一步从文化上征服江南士人的心。

---

①　戴逸、李文海：《清通鉴》卷九十二，山西人民出版社1999年版，第3211页。
②　黄仁宇：《中国大历史》，生活·读书·新知三联书店2007年版，第175页。

第一节　追和前人，延续诗教

文人有触景生情继而吟咏抒怀的文化传统，历代文人墨客在游览江南景观之后吟咏诗文，极大地丰富了江南景观的文化意蕴。康乾二帝在游览江南人文景观期间喜欢吟诗作赋，使江南人文景观变得更加富有魅力，这其中又以乾隆最为明显。在乾隆帝的南巡诗中，追和历代文人的诗句数量较多，也比较有特色。唱和，在古文献中多作"倡和"，褚斌杰在《中国古代文体概论》中指出："古人用诗歌相互酬唱、赠答，称为唱和，或称倡和。"①追和是对前代诗人作品的一种唱和形式，大抵源于晚唐诗人皮日休和陆龟蒙。"追和前人"既表达了乾隆帝对前代诗人的仰慕和对其作品的喜爱，也是其表现文治武功的一种方式，具有政治象征意义。乾隆帝在游览江南人文景观的时候，通过"追和前人"延续诗教传统、归正江南人心。

一、追和诗分布

根据对乾隆帝南巡追和诗的同代或前代诗人的朝代进行统计，乾隆帝追和的唐诗共18首、宋诗共16首、明诗有2首、清诗1首，唐、宋诗明显是乾隆帝追和的主要对象。不过，进一步比较，乾隆帝追和的18首唐诗分布在13位作者身上，追和的16首宋诗则集中在3位作者身上，从乾隆帝追和诗作者的平均作品数量上来看，宋代高居榜首。

---

① 褚斌杰：《中国古代文体概论》，北京大学出版社1990年版，第260页。

表3-1 乾隆帝南巡追和诗的历代诗人朝代统计

作者朝代	作者数量（人）	原诗数量（首）	和诗数量（首）	作者朝代	作者数量（人）	原诗数量（首）	和诗数量（首）
唐	13	18	37	宋	3	16	47
明	2	3	10	清	1	1	1

根据乾隆帝南巡追和诗的前代诗人统计，不论是乾隆帝追和诗的原诗，还是乾隆帝本人的和诗，宋代的苏轼分别以14、42首遥遥领先，比第二名白居易的3倍还要多，明显位居第一；白居易则以4、12首位居第二；高启、张祜、刘长卿、韩淲均有2首诗被乾隆帝追和，名列第三；韬光禅师、赵嘏、李绅、杜牧、宋之问、皇甫冉和林逋虽然都只有1首诗被乾隆帝追和，但乾隆帝所作追和诗的数量都在2首以上（包括2首）。

表3-2 乾隆帝南巡追和诗的历代诗人统计

前代诗人	朝代	原诗数量（首）	和诗数量（首）	前代诗人	朝代	原诗数量（首）	和诗数量（首）
苏轼	宋	14	42	宋之问	唐	1	2
白居易	唐	4	12	皇甫冉	唐	1	2
高启	明	2	9	林逋	宋	1	2
张祜	唐	2	5	李白	唐	1	1
刘长卿	唐	2	3	杜甫	唐	1	1
韩淲	南宋	2	3	皮日休	唐	1	1
韬光禅师	唐	1	3	岑参	唐	1	1
赵嘏	唐	1	2	韩子祁	明	1	1
李绅	唐	1	2	沈德潜	清	1	1
杜牧	唐	1	2	—	—	—	—

由上可知，按照朝代统计，唐诗最受乾隆帝的喜爱；按照前代诗人统计，苏轼最得乾隆帝的欣赏。

乾隆帝追和前人的相关景观主要位于杭州、苏州、镇江、江宁、常州、嘉兴6府。其中，杭州的景观不论是一级还是二级都位于首位，苏州位居第二，镇江、江宁并列第三。

表3-3　乾隆帝追和前人的相关景观按府统计表

景观所在地	一级景观数量（处）	二级景观数量（处）	景观所在地	一级景观数量（处）	二级景观数量（处）
杭州	11	12	江宁	3	4
苏州	6	8	常州	1	2
镇江	3	4	嘉兴	1	1

　　具体到乾隆帝追和诗的原诗作者，苏轼以12处相关景观数量位居榜首，这些景观分布在杭州、镇江、苏州、江宁4府；白居易位居第二，4处相关景观分布在杭州、苏州、常州3府。

表3-4　乾隆帝追和他人的相关景观按历代诗人统计

作者	景观数量（处）	景观所在地（府）	作者	景观数量（处）	景观所在地（府）
苏轼	12	4	韩子祁	1	1
白居易	4	3	宋之问	1	1
张祜	2	2	皮日休	1	1
刘长卿	2	2	李绅	1	1
高启	3	1	林逋	1	1
韩滉	2	1	岑参	1	1
杜牧	1	1	皇甫冉	1	1
韬光禅师	1	1	李白	1	1
赵嘏	1	1	沈德潜	1	1
杜甫	1	1	—	—	—

　　由乾隆帝南巡诗可知，按府统计，杭州是历代文人吟咏江南最多的府；按照作者统计，苏轼游历江南的足迹最多，赋诗也最多。

二、追和诗人与作品

（一）追和苏轼江南景观诗

　　乾隆帝南巡追和苏轼的江南景观诗共42首。乾隆帝追和的苏轼诗有作于杭州的8首，即《饮湖上初晴后雨二首》《虎跑泉》《孤山二咏·柏堂》《孤山二咏·竹阁》《书林逋诗后》《寒碧轩》《东阳水乐亭（为东阳令王都官概作）》《辩才老师退居龙井，不复出入，轼往见之。尝出至风篁岭，左右惊曰："远公复过虎溪矣。"辩才笑曰："杜子美不云乎：与子成二老，来往亦风流。"因作亭岭上，名之曰"过溪"，亦曰"二老"，谨次辩才韵》；有作于镇江的4首，即《游金山寺》《金山妙高台》《自金山放船至焦山》《甘露寺》；有作于苏州的1首《虎丘寺》；有作于江宁的一首《莘老葺天庆观小园，有亭北向，道士山宗说乞名与诗》。由乾隆帝追和的苏轼诗可知，苏轼在江南一带的活动足迹主要集中在杭州、镇江、苏州、江宁等地，尤以杭州为主，并留下了大量的诗词。

1. 追和苏轼杭州景观诗

在乾隆帝追和的苏轼江南景观诗中，为何杭州高居榜首呢？这跟苏轼先后两次在杭州为官有关。苏轼于宋神宗熙宁四年（1071）至熙宁七年任杭州通判，于宋哲宗元祐四年（1089）至元祐六年任杭州知州，前后总共约五年时间。

（1）追和《孤山二咏》

乾隆帝第三次南巡时再题西湖行宫八景之领要阁，至竹阁时用苏轼韵；第四次南巡时至竹阁再叠苏轼韵；第五次南巡时至竹阁三叠东坡韵，题述古堂匾"述古堂""柏堂""竹阁"；最后一次南巡时至柏堂四叠苏东坡韵。由此可知，乾隆帝先后四次在述古堂、一次在西湖行宫领要阁追和苏轼的《孤山二咏》，讲述了白居易建竹阁、苏轼作诗纪念的典故。

白居易在孤山建有"竹阁"，阁多植竹，故名。柏堂与竹阁相连，为北宋僧人志诠所建，因位于陈文帝天嘉二年（561）所植桧树侧，故名。建好后，志诠嘱托苏轼作诗纪念，事见苏轼《孤山二咏》："孤山有陈时柏二株。其一为人所薪，山下老人自为儿时已见其枯矣，然坚悍如金石，愈于未枯者。僧志诠作堂于其侧，名之曰柏堂。堂与白公居易竹阁相连，属余作二诗以纪之。"①苏轼在《孤山二咏》诗中多处化用白居易诗，借竹阁缅怀白居易。乾隆帝追和苏轼的《孤山二咏》，则是借述古堂缅怀白居易和苏轼。

（2）追和苏轼其他杭州景观诗

乾隆三十、四十五、四十九年，乾隆帝三次追和苏轼《虎跑泉》诗，"玉局险韵一再赓"②。不过对于虎跑泉"二虎跑地涌泉"的传说，乾隆帝在诗中指出："试问此事信也无，不过奇谈供抵掌。"③

乾隆二十七、四十九年，乾隆帝先后追和《辩才老师，退居龙井，不复出入，轼往见之。尝出至风篁岭，左右惊曰："远公复过虎溪矣。"辩才笑曰："杜子美不云乎：与子成二老，来往亦风流。"因作亭岭上，名之曰"过溪"，亦曰"二老"，谨次辩才韵》两次、三首。乾隆帝在诗中指出，苏轼"性实乐林丘"④，与辩才两人之间的典故"佳话传千秋"⑤。由于二人身份不同，乾隆帝在诗中反复表明自己的帝王职责与忧民勤政，如"我先天下忧"⑥"归当勤吾政"⑦。

乾隆四十五、四十九年，乾隆帝两次追和寿星院《寒碧轩》。寿星院在杭州葛岭下，院中有寒碧轩、此君轩、观台等。苏轼在元祐五年作书

　①（宋）苏轼：《苏轼集》，中国戏剧出版社2002年版，第66页。

　②（清）爱新觉罗·弘历：《虎跑泉再叠东坡韵》，见（清）陈璚修，王棻纂，屈映光续修，陆懋勋续纂，齐耀珊重修，吴庆坻重纂：《民国杭州府志》（一），《中国地方志集成·浙江府县志辑》第1册，江苏古籍出版社、上海书店、巴蜀书社1993年版，第114页。

　③（清）爱新觉罗·弘历：《虎跑泉用苏轼韵》，见（清）陈璚修，王棻纂，屈映光续修，陆懋勋续纂，齐耀珊重修，吴庆坻重纂：《民国杭州府志》（一），《中国地方志集成·浙江府县志辑》第1册，江苏古籍出版社、上海书店、巴蜀书社1993年版，第90页。

　④（清）爱新觉罗·弘历：《甲辰暮春展龙井所弆临苏东坡书和过溪桥诗卷三叠前韵》，见（清）陈璚修，王棻纂，屈映光续修，陆懋勋续纂，齐耀珊重修，吴庆坻重纂：《民国杭州府志》（一），《中国地方志集成·浙江府县志辑》第1册，江苏古籍出版社、上海书店、巴蜀书社1993年版，第135页。

　⑤（清）爱新觉罗·弘历：《展癸未书和过溪桥诗卷再叠前韵卷中》，见（清）陈璚修，王棻纂，屈映光续修，陆懋勋续纂，齐耀珊重修，吴庆坻重纂：《民国杭州府志》（一），《中国地方志集成·浙江府县志辑》第1册，江苏古籍出版社、上海书店、巴蜀书社1993年版，第93页。

　⑥（清）爱新觉罗·弘历：《展癸未书和过溪桥诗卷再叠前韵卷中》，见（清）陈璚修，王棻纂，屈映光续修，陆懋勋续纂，齐耀珊重修，吴庆坻重纂：《民国杭州府志》（一），《中国地方志集成·浙江府县志辑》第1册，江苏古籍出版社、上海书店、巴蜀书社1993年版，第93页。

　⑦（清）爱新觉罗·弘历：《甲辰暮春展龙井所弆临苏东坡书和过溪桥诗卷三叠前韵》，见（清）陈璚修，王棻纂，屈映光续修，陆懋勋续纂，齐耀珊重修，吴庆坻重纂：《民国杭州府志》（一），《中国地方志集成·浙江府县志辑》第1册，江苏古籍出版社、上海书店、巴蜀书社1993年版，第135页。

说："仆在黄州，偶思寿星竹轩，作此诗"①，诗中描绘了寒碧轩绿竹森森的清幽景色。

乾隆十六年，乾隆帝追和《饮湖上初晴后雨二首》。在苏轼众多关于西湖景色的诗词里，《饮湖上初晴后雨二首》堪称千古绝唱。乾隆帝在诗中描绘了西湖美景："桃红柳绿纷匝岸，茁浪蒲风环绕洲"②，为自己的巡游寻找支撑："吾王不游何以休！"③但更多的是对苏轼一生坎坷的感叹："君不见，往来八州牧，或岭南，或冀北，昨年曾记吟浮休！"④

乾隆三十年，乾隆帝追和《书林逋诗后》。乾隆帝在诗中写道："不爱山青与水绿……新得先生遗墨妙，日观不厌继以烛。"⑤表明自己对诗帖的喜爱胜于对西湖山水秀色的喜爱。

乾隆十六年，乾隆帝追和《东阳水乐亭（为东阳令王都官概作）》。水乐亭位于东阳西岘诸峰之间。贾似道当权后，买下杭州水乐洞，将苏轼《东阳水乐亭》诗刻在洞边。

2. 追和苏轼镇江景观诗

苏轼于宋神宗熙宁四年赴杭州任通判，十一月三日途经镇江时游金山。金山引起苏轼关注的是幽深峭曲、超凡脱俗的山林佛寺景观。

乾隆十六、二十二、二十七、三十、四十五、四十九年，乾隆帝6次追和苏轼的《游金山寺》。苏轼的《游金山寺》主要描写了登高眺远之景，意境开阔，禅境空寂。乾隆帝在诗中指出自己再三叠苏韵，欲罢

选择和交融：康乾巡游与江南人文景观建构

---

① (宋)苏轼：《苏轼文集》，中华书局1986年版，第2669页。

② (清)爱新觉罗·弘历：《和苏轼游西湖三首韵(一)》，见(清)陈璚修，王棻纂，屈映光续修，陆懋勋续纂，齐耀珊重修，吴庆坻重纂：《民国杭州府志》(一)，《中国地方志集成·浙江府县志辑》第1册，江苏古籍出版社、上海书店、巴蜀书社1993年版，第47页。

③ (清)爱新觉罗·弘历：《和苏轼游西湖三首韵(一)》，见(清)陈璚修，王棻纂，屈映光续修，陆懋勋续纂，齐耀珊重修，吴庆坻重纂：《民国杭州府志》(一)，《中国地方志集成·浙江府县志辑》第1册，江苏古籍出版社、上海书店、巴蜀书社1993年版，第47页。

④ (清)爱新觉罗·弘历：《和苏轼游西湖三首韵(二)》，见(清)陈璚修，王棻纂，屈映光续修，陆懋勋续纂，齐耀珊重修，吴庆坻重纂：《民国杭州府志》(一)，《中国地方志集成·浙江府县志辑》第1册，江苏古籍出版社、上海书店、巴蜀书社1993年版，第47页。

⑤ (清)爱新觉罗·弘历：《题林逋诗帖真迹并卷中苏轼书和靖林处士诗后韵》，见(清)陈璚修，王棻纂，屈映光续修，陆懋勋续纂，齐耀珊重修，吴庆坻重纂：《民国杭州府志》(一)，《中国地方志集成·浙江府县志辑》第1册，江苏古籍出版社、上海书店、巴蜀书社1993年版，第61页。

不能。

乾隆十六、二十二、二十七、三十、四十五、四十九年，乾隆帝6次追和苏轼的《自金山放船至焦山》。苏轼的《自金山放船至焦山》以金山之壮丽，突出了焦山之幽静及老僧谈笑迎客的快乐，体现了苏轼的禅宗情结，篇末表露出想要辞官归隐的意愿。

乾隆三十、四十五年，乾隆帝两次追和《金山妙高台》。《金山妙高台》表达了苏轼对妙高台美景的极力赞颂和对金山长老佛印的无比崇敬，充满了高古脱俗的禅意。乾隆帝在诗中说明了妙高台的得名由来："义取华严经，名此台如砥。"①

乾隆十六年，乾隆帝追和苏轼的《甘露寺》。乾隆帝在诗中将苏轼称作"诗中仙"，多处化用苏轼诗句，并对与甘露寺有关的历史事件进行了评述。

3. 追和苏轼其他景观诗

宋神宗熙宁四年至熙宁七年，苏轼任杭州通判期间曾多次漫游苏州，《虎丘寺》就是在这一时期创作的一首五言古体诗，描写了苏轼游览虎丘时所见的景物和感受。乾隆十六、二十二、二十七、三十、四十五、四十九年，乾隆帝6次追和苏轼的《虎丘寺》。乾隆帝在诗中反复介绍了与虎丘有关的历史典故。另外，乾隆二十七、三十年，乾隆帝两次追和苏轼的《莘老葺天庆观小园，有亭北向，道士山宗说乞名与诗》。

由上可知，乾隆帝极为推崇苏轼的才华，因此在杭州的西湖、述古堂、虎跑泉、龙井、寿星院和孤山，镇江的金山寺、焦山和甘露寺，苏州的虎丘寺，以及江宁的天庆观等景观，对苏轼有关江南的景观诗反复追和，先后赞誉苏轼："惟喜苏子瞻，材雄气犹猛"② "试问谁应称巨擘，

---

① （清）爱新觉罗·弘历：《金山妙高台和苏轼韵》，见（清）高晋：《南巡盛典》卷三十一，光绪壬午秋，上海点石斋缩印本，第71页。

② （清）爱新觉罗·弘历：《虎丘寺三叠苏轼韵》，见（清）李铭皖、谭钧培修，冯桂芬纂：《(同治)苏州府志》，江苏古籍出版社1991年版，第336页。

要数玉局迥出群"①等。

（二）追和白居易江南景观诗

乾隆帝南巡追和白居易诗共12首。乾隆帝追和的白居易诗有作于杭州的2首，即《寄韬光禅师》《天竺寺七叶堂避暑》；有作于苏州的1首，即《白云泉》。

1. 追和白居易苏州景观诗

虽然白居易任苏州刺史不到17个月，但与苏州情谊深厚。在苏期间，白居易经常游天平山，发现了白云泉，刻字于山石之上，并赋七言绝句《白云泉》1首。自此，白云泉被誉为"吴中第一水"。

乾隆十六、二十二、二十七、三十、四十五、四十九年，乾隆帝6次追和白居易的《白云泉》。乾隆帝在诗中写道："聊步天平问泉脉，喜逢白傅话云间"②，表达了对白居易及白云泉典故的喜爱。但是，由于二者身份不同，乾隆帝在诗中反复阐明自己与白居易立场的区别，如"我却异香山所愿，原流膏泽遍田间"③。

2. 追和白居易杭州景观诗

乾隆二十二、四十九年，乾隆帝两次追和白居易《寄韬光禅师》。韬光，蜀地僧人，结庵居于灵隐山。白居易与韬光为诗友，《寄韬光禅师》诗乃白居易为请韬光吃饭而作。

乾隆四十五、四十九年，乾隆帝两次追和《天竺寺七叶堂避暑》。七叶堂为杭州避暑胜地。

白居易的诗继承了《诗经》的美学传统，取材于现实，反映了社会现状。同时，白居易又多闲适之作，借诗表达摆脱世俗、享受娴雅的渴

---

① （清）爱新觉罗·弘历：《汲惠泉烹竹炉歌三叠旧作韵》，（清）裴大中、倪咸生修，秦缃业等纂：《光绪无锡金匮县志》，《中国地方志集成·江苏府县志辑》第24册，江苏古籍出版社、上海书店、巴蜀书社1991年版，第30页。

② （清）爱新觉罗·弘历：《白云泉和居易韵》，见（清）李铭皖、谭钧培修，冯桂芬纂：《（同治）苏州府志》，江苏古籍出版社1991年版，第243页。

③ （清）爱新觉罗·弘历：《白云泉再叠白居易韵》，见（清）李铭皖、谭钧培修，冯桂芬纂：《（同治）苏州府志》，江苏古籍出版社1991年版，第279页。

望与情怀。因此，乾隆帝在御选《唐宋诗醇》中称："讽谕者，意激而言质；闲适者，思澹而辞迂。"①乾隆帝对白居易诗的喜爱，正如乾隆帝在诗中所指出的："白诗清我心，胜于听琴瑟。"②因此在苏州的天平山、杭州的天竺寺对白居易有关江南的景观诗反复追和。

（三）追和其他诗人的作品

乾隆帝追和高启的诗句，与苏州的天平山、虎丘有关，因为高启的诗以吟咏吴中风物较多。乾隆二十七、三十、四十五、四十九年，乾隆帝4次追和高启的《龙门》；乾隆二十七、三十、四十五年，乾隆帝3次追和高启的《三贤堂》；乾隆二十七年，乾隆帝追和高启的《虎丘次清远道士诗韵》。

张祜的作品以题咏山水为主，以题咏佛寺的作品最负盛名。乾隆三十、四十五、四十九年，乾隆帝3次追和张祜的《题润州甘露寺》；乾隆三十、四十五、四十九年，乾隆帝3次追和张祜的《题杭州孤山寺》。

综上所述，江南的诗性特征离不开历代文人的不断吟咏。清朝统治者从康熙帝开始，提倡儒家诗教，并以诗教辅助文治。乾隆帝在南巡期间走到哪写到哪，每一处景观都留下了有感而发的诗句。这一方面是他维护统治稳定的需要，因为诗的"宗唐宋"与清朝统治者在学术上"尊孔重儒"一样，具有政治象征意义。乾隆帝有目的地追和唐宋诗，既可以帮助他笼络江南知识分子，又是表现乾隆盛世的一种方式，表明自己的文治武功可以接轨唐朝。另一方面也是他抒发文人情结的心境体现。乾隆帝追和历代诗人的诗，是一种跨时空的交流，表达了乾隆帝对诗人的敬意，体现了乾隆帝对传统文化的仰慕和吸纳。

---

① （清）爱新觉罗·弘历：《唐宋诗醇》卷十九，中国文学出版社2000年版，第521页。
② （清）爱新觉罗·弘历：《再用白居易天竺寺七叶堂避暑诗韵》，见（清）陈璚修，王棻纂，屈映光续修，陆懋勋续纂，齐耀珊重修，吴庆坻重纂：《民国杭州府志》（一），《中国地方志集成·浙江府县志辑》第1册，江苏古籍出版社、上海书店、巴蜀社1993年版，第128页。

第二节 题额赐名，文以载道

景题是中国景观的一大文化特色，一般形式简练、内涵丰富，既具有审美意味，为观者带来多层次的审美体验，又能够凸显景观的意境，展现景观的诗情画意。康乾二帝在游览江南人文景观的过程中，"每逢佳景喜题句，率以镌崖纪岁年"①，在各景观题额赐名（此处主要指重新对江南景观命名）。康乾二帝的题额赐名，不仅高度概括了景观的历史信息、揭示了景观的蕴涵主题，丰富了景观的文化内涵、提升了景观的艺术水平，更重要的是延续了唐代中期以来所倡导的"文以载道"的作用。"题额赐名"在江南人文景观留下了康乾二帝的帝王痕迹，并显示了二帝的帝王权威。

一、题额赐名的景观分布与类型

在巡游江南期间，康熙帝命名的景观有扬州的大明寺、莲性寺和万佛寺，杭州的西湖十景、云栖寺和灵隐寺，镇江的金山寺、焦山定慧寺和绍隆寺（灵觉宝寺），以及苏州的华山寺，共19处。乾隆帝命名的景观有扬州的大明寺、平山堂、趣园、净香园、锦春园、水竹居、福缘寺、善因寺、宝筏寺和智珠寺，江宁的栖霞山玉冠峰和宝华山隆昌寺，杭州的西湖十景，苏州的狮子林，以及无锡的寄畅园，共24处。康乾二帝题

---

① （清）爱新觉罗·弘历：《惠山寺叠前韵》，（清）裴大中、倪咸生修，秦缃业等纂：《光绪无锡金匮县志》，《中国地方志集成·江苏府县志辑》第24册，江苏古籍出版社、上海书店、巴蜀书社1991年版，第29页。

额赐名相同的景观仅有扬州的大明寺和杭州的西湖十景。

康乾二帝在南巡途中先后在扬州、杭州、苏州、镇江、江宁、常州六府对33处景观进行了命名。杭州的景观有西湖十景、云栖寺和灵隐12处，扬州的景观有大明寺、莲性寺、智珠寺、万佛寺、平山堂、趣园、净香园、锦春园、水竹居、福缘寺、宝筏寺和善因寺12处，镇江的景观有金山寺、焦山定慧寺和绍隆寺（灵觉宝寺）3处，苏州的景观有华山寺、狮子林2处，江宁的景观有栖霞山玉冠峰、宝华山隆昌寺2处，无锡的景观有寄畅园1处。由此可知，康乾二帝题额赐名的景观以杭州、扬州两府为主。

在康乾二帝题额、赐名的33处景观中，景观类型仅有3种：寺庙、山水、园林景观。其中，寺庙景观有扬州的大明寺、莲性寺、智珠寺、万佛寺、福缘寺、善因寺，镇江的金山寺、焦山定慧寺和绍隆寺（灵觉宝寺），杭州的云栖寺和灵隐寺，苏州的华山寺，江宁的宝华山隆昌寺，共14处。山水景观有杭州的西湖十景，江宁的栖霞山玉冠峰，共11处。园林景观有扬州的平山堂、趣园、净香园、锦春园、水竹居，苏州的狮子林，无锡的寄畅园，共7处。由此可见，在康乾二帝题额赐名的景观中，寺庙景观位居榜首。

二、江南佛寺的题额赐名

康乾二帝在南巡途中，凡遇名寺古刹，除拈香礼佛之外，还为一些名寺古刹题额、赐名。康熙帝曾说："天下有名庙宇禅林，无一处无朕御书匾额，约计其数，亦有千余。"①这些名称隐含着佛教的典故、思想，使有限的佛寺空间延伸出无限的佛教意境。同时，留下了帝王的痕迹，显示了帝王的权威。康乾二帝题额、赐名的13处寺庙景观，扬州有大明

---

① （清）爱新觉罗·玄烨纂，陈生玺、贾乃谦注释：《庭训格言·几暇格物编》，浙江古籍出版社2013年版，第133页。

寺、莲性寺、智珠寺、万佛寺、福缘寺和善因寺6处，镇江有金山寺、焦山定慧寺和绍隆寺（灵觉宝寺）3处，杭州有云栖寺和灵隐寺2处，苏州仅有华山寺1处，江宁仅有宝华山隆昌寺1处。由此可知，康乾二帝题额、赐名的寺庙景观以扬州为主。

（一）扬州大明寺的题额赐名

大明寺名列扬州八大名刹之首，因建于南朝宋孝武帝大明年间（457—464），故名。隋文帝杨坚为庆贺其生日，于仁寿元年（601）下诏于全国三十州建宝塔，以供养佛舍利。大明寺建"栖灵塔"，所以大明寺又称"栖灵寺"。鉴真在唐天宝元年（742）东渡日本之前于此传经授戒，大明寺因此名闻天下。北宋诗人秦观游大明寺后作《次韵子由题平山堂》："栋宇高开古寺间，尽收佳处入雕栏。山浮海上青螺远，天转江南碧玉宽。雨槛幽花滋浅泪，风厄清酒涨微澜。游人若论登临美，须作淮东第一观。"①大明寺自此以"淮东第一观"著称。

康熙帝第一次南巡时游蜀冈大明寺，"大明"二字似乎让康熙帝想起刚刚灭亡的大明王朝，遂改称"栖灵寺"。乾隆帝第四次南巡时又改寺名为法净，并御笔亲书"法净寺"②匾额；还将法净寺的十亩梅园赐名为"小香雪"③。十亩梅园故址原本没有梅，为了迎接乾隆帝，扬州盐商捐资在大明寺东侧蜀冈中峰与东峰（今观音山）间的山势低伏处种梅万株。乾隆帝来时，十亩梅园万株白梅同时盛开，馥郁了整个山冈，就好似苏州的香雪海，但规模小于苏州香雪海，故名。乾隆帝在《题小香雪居》诗中写道："竹里寻幽径，梅间卜野居。画楼真觉逊，茅屋偶相与。比雪

---

① 周羲敢、程自信、周雷：《秦观集编年校注》（上册），人民文学出版社2001年版，第98页。
② （清）阿克当阿修，姚文田、江藩等纂：《嘉庆重修扬州府志》（一），《中国地方志集成·江苏府县志辑》第41册，江苏古籍出版社、上海书店、巴蜀书社1991年版，第72页。
③ （清）阿克当阿修，姚文田、江藩等纂：《嘉庆重修扬州府志》（一），《中国地方志集成·江苏府县志辑》第41册，江苏古籍出版社、上海书店、巴蜀书社1991年版，第72页。

雪昌若，曰香香澹如。浣花杜甫宅，闻说此同诸。"①

（二）镇江金山寺的题额赐名

康熙帝第一次南巡时，在大学士高士奇等人的陪同下，游览金山寺。康熙帝在其《南巡笔记》中这样描述其所见的景物："朕率扈从诸臣，一一探眺，纵目千里，题'江天一览'四字，并赋二诗。"②后赐金山寺名"江天寺"③。

关于"江天一览"题字，相传康熙帝游览金山寺时，寺僧们奏请皇上赐下一块墨宝。由于事发突然，康熙帝不知写什么好。这时，高士奇递了张纸条，康熙帝展开一看，是"江天一色"4字。于是，康熙帝挥毫泼墨，不过改动了一字，最终题写的是"江天一览"4字。其实，正如康熙帝在《金山江天寺》诗中所写："日暖浮双树，风微送午钟。遥看南北岸，春色淡春容。"④登金山远眺，大江东去，水天一色，景色雄壮。康熙二十六年，镇海将军杨凤翔等勒石"江天一览"4字于江天一览亭，立《金山江天寺》诗碑于奎章亭。

至于"江天寺"一名，后人多传康熙帝当年所赐寺名为"江天禅寺"。如《镇江市志》：江天寺"始建于东晋，唐朝起通称金山寺，清康熙二十二年改称江天禅寺……"⑤，《京口区志》："江天禅寺即金山寺，始建于东晋……清康熙南巡时，书'江天禅寺'匾额，寺名沿用至今。"⑥其实，康熙帝所赐寺名原本就是"江天寺"。康熙二十五年七月所

①（清）爱新觉罗·弘历：《题小香雪居》，见（清）阿克当阿修，姚文田、江藩等纂：《嘉庆重修扬州府志》（一），《中国地方志集成·江苏府县志辑》第41册，江苏古籍出版社、上海书店、巴蜀书社1991年版，第58页。

②（清）章梫纂，褚佳伟等校注：《康熙政要》，中共中央党校出版社1994年版，第440页。

③（清）高得贵修，张九征等纂，朱霖等增纂：《乾隆镇江府志（一）》，《中国地方志集成·江苏府县志辑》第27册，江苏古籍出版社、上海书店、巴蜀书社1991年版，第31页。

④（清）爱新觉罗·玄烨：《金山江天寺》，见（清）高得贵修，张九征等纂，朱霖等增纂：《乾隆镇江府志（一）》，《中国地方志集成·江苏府县志辑》第27册，江苏古籍出版社、上海书店、巴蜀书社1991年版，第28页。

⑤镇江市地方志编纂委员会：《镇江市志》，上海社会科学院出版社1993年版，第615页。

⑥镇江市京口区地方志编纂委员会：《京口区志》，上海社会科学院出版社1992年版，第473—474页。

立《金山江天寺碑》中这样写道："朕南巡过此，停憩山寺，抚长江之安流，见水天之相接，旷焉兴怀，书'江天一览'四字留之寺中，爰命葺而新之，不以劳吾民。事竣请额，其瑰壮巨丽，当益足以增江山之奇矣。因忆旧观浩淼澄泓，空阔无际，犹可心会，遂名之曰'江天寺'云。"[①]原来，康熙帝想到金山寺位于滔滔长江之上，周围环境空阔无际，观者无不胸襟开阔，于是命名为"江天寺"。

选择和交融：康乾巡游与江南人文景观建构

（三）杭州灵隐寺的题额赐名

康熙帝第二次南巡时至灵隐寺，住持谛晖慧辂禅师向康熙帝求书，康熙帝题额"云林"[②]。乾隆十六、二十二、四十五、四十九年，乾隆帝先后多次在诗中强调"云林"一名是由康熙帝赐额而来，如"相资殷故圣留额"[③]"皇祖题灵隐，奎文山并峨。云林实后易，岁月亦云多"[④]等。

相传，康熙帝赐名"云林"是因为一时笔误。"灵"的繁体字"靈"，上面为一"雨"字，中间横排三个"口"字，最下面一个"巫"字。康熙帝把雨字头写得太大，只好将错就错写成"雲（云）林禅寺"，即今天王殿前的"雲（云）林禅寺"匾。其实，根据乾隆帝第五次南巡诗中所说："名从工部借，诗忆考功吟"[⑤]，"工部"指杜甫，"云林"出自杜甫《题柏山大兄弟山居屋壁》中"江汉终吾老，云林得尔曹"诗意。康熙帝通过题"云林"一名，指出灵隐寺林木叠翠、云岚绕缭的周边环境，实

---

① （清）爱新觉罗·玄烨：《金山江天寺碑》，见范然：《名人与镇江》，南京大学出版社1992年版，第145页。

② （清）陈璚修，王棻纂，屈映光续修，陆懋勋续纂，齐耀珊重修，吴庆坻重纂：《民国杭州府志》（一），《中国地方志集成·浙江府县志辑》第1册，江苏古籍出版社、上海书店、巴蜀书社1993年版，第144页。

③ （清）爱新觉罗·弘历：《题灵隐寺》，见（清）陈璚修，王棻纂，屈映光续修，陆懋勋续纂，齐耀珊重修，吴庆坻重纂：《民国杭州府志》（一），《中国地方志集成·浙江府县志辑》第1册，江苏古籍出版社、上海书店、巴蜀书社1993年版，第132页。

④ （清）爱新觉罗·弘历：《五和皇祖灵隐寺诗韵》，见（清）陈璚修，王棻纂，屈映光续修，陆懋勋续纂，齐耀珊重修，吴庆坻重纂：《民国杭州府志》（一），《中国地方志集成·浙江府县志辑》第1册，江苏古籍出版社、上海书店、巴蜀书社1993年版，第132页。

⑤ （清）爱新觉罗·弘历：《题灵隐寺》，见（清）陈璚修，王棻纂，屈映光续修，陆懋勋续纂，齐耀珊重修，吴庆坻重纂：《民国杭州府志》（一），《中国地方志集成·浙江府县志辑》第1册，江苏古籍出版社、上海书店、巴蜀书社1993年版，第118页。

为佛家清静之地。

三、江南山水的题额赐名

在康乾二帝题额、赐名的11处山水景观中，杭州有西湖十景，江宁仅有栖霞山玉冠峰。

（一）杭州西湖十景的赐名

西湖十景的景名已有千余年的历史，高度概括了西湖景观的审美要素和文化内涵。南宋祝穆、祝洙在《方舆胜览》中记载："好事者尝命十题。有曰：平湖秋月、苏堤春晓、断桥残雪、雷峰落照、南屏晚钟、曲院风荷、花港观鱼、柳浪闻莺、三潭印月、两峰插云。"[1]宋末元初吴自牧在《梦粱录》中也有记载："近者画家称湖山四时景色最奇者有十，曰苏堤春晓，曲院荷风，平湖秋月，断桥残雪，柳浪闻莺，花港观鱼，雷峰夕照，两峰插云，南屏晚钟，三潭印月。"[2]由上可知，在十景之中，"雷峰落（夕）照""曲院风荷（荷风）""两（双）峰插云"3处景观古今景名不同。

康熙帝第二次南巡时为西湖十景亲笔赐名，其中，"平湖秋月""曲院荷风""苏堤春晓""花港观鱼""三潭印月"5处景点的所在位置与南宋时不同，"两峰插云""南屏晚钟""雷峰落照"分别改动一个字，改为"双峰插云""南屏晓钟""雷峰西照"。御书皆勒石立碑，建御碑亭，这些碑大部分保留到现在。乾隆帝第一次南巡时，书"雷峰夕照"[3]景名。不过，"雷峰夕照"一景在乾隆帝笔下名称不定，乾隆十六、二十二、三

---

[1]（清）翟灏等著，施奠东主编：《湖山便览（附西湖新志）》，上海古籍出版社1998年版，第27页。

[2]陆鉴三选注：《西湖笔丛》，浙江人民出版社1981年版，第26—27页。

[3]（清）陈璚修，王棻纂，屈映光续修，陆懋勋续纂，齐耀珊重修，吴庆坻重纂：《民国杭州府志》（一），《中国地方志集成·浙江府县志辑》第1册，江苏古籍出版社、上海书店、巴蜀书社1993年版，第26—27页。

十、四十九年4次赋诗时称"雷峰西照"，乾隆二十七、四十五年2次赋诗时称"雷峰夕照"。

（二）江宁栖霞山的赐名

纱帽峰位于千佛岩之巅，乾隆帝第二次南巡时赐名"玉冠峰"[①]。乾隆帝在《玉冠峰》诗中写道："旧名纱帽峰，嫌其近俚，适和沈德潜诗，得句云：'久闻摄山名，秀如玉而冠'，即以易之。……回峦沓嶂迭崚嶒，我欲易名难惬称。诗赓老沈得奇句，神传机栝真绝胜。僧绍有知应默肯，崔炎何人敢尔能。"[②]乾隆帝第四次南巡时作《再咏沈德潜游摄山十二首诗韵仍令沈德潜并钱陈群和之右玉冠峰》诗："徐铉曾有言，古者冠无帽。江左始著称，燕居便私好。题峰殊不称，有似缘木钓。我为易玉冠，俗名一以扫。老沈屡有咏，精神乃逼肖。何必定乌纱，吓彼宦途耀。"[③]乾隆帝的这些诗句说明，纱帽峰一名太俗，赐名"玉冠峰"是为了表示对明僧绍的敬重。不过，至今民间仍称之为纱帽峰。

四、江南园林的题额赐名

在康乾二帝题额、赐名的7处园林景观中，扬州有平山堂、趣园、净香园、锦春园、水竹居5处，苏州、无锡均仅有1处，即狮子林、寄畅园。

（一）扬州趣园、净香园的赐名

趣园位于虹桥东200米处、净香园北部临湖一带，因园林为盐商黄履

选择和交融：康乾巡游与江南人文景观建构

---

① （清）穆彰阿：《嘉庆重修一统志》，四部丛刊续编影旧钞本，页一千二百零三。

② （清）爱新觉罗·弘历：《玉冠峰》，（清）吕燕昭修，姚鼐纂：《重刊江宁府志》（一），嘉庆十六年修，光绪六年刊本，《中国方志丛书·华中地方》（第128号），成文出版社1974年版，第51—52页。

③ （清）爱新觉罗·弘历：《再咏沈德潜游摄山十二首诗韵仍令沈德潜并钱陈群和之右玉冠峰》，（清）吕燕昭修，姚鼐纂：《重刊江宁府志》（一），嘉庆十六年修，光绪六年刊本，《中国方志丛书·华中地方》（第128号），成文出版社1974年版，第89页。

遄的别业，故称黄园。乾隆帝第三次南巡时化用陶渊明《归去来兮辞》中"园日涉以成趣"之句，赐名"趣园"①。乾隆二十七、三十、四十五、四十九年，乾隆帝作《趣园》《趣园即景》《题趣园》《趣园》诗。那么，乾隆帝所说的"趣"指的是什么呢？原来，四桥烟雨是一个安静开阔的水湾，在此环望四桥，出没于碧波之间，极具缥缈之趣，让人心旷神怡，故名"四桥烟雨"。

净香园位于大虹桥北去东堤一带。因系盐商江春所建，故初名江园。又因此地前湖后浦，分别植有红白荷花，"柳占三春色，荷香四座风"，故又名荷浦薰风。乾隆帝第三次南巡时赐名为"净香园"②。乾隆二十七、四十五、四十九年，乾隆帝先后3次作《题净香园》诗。由诗可知，净香园取名典雅，点明此园以荷取胜，如"沼园得号本因莲，此际花迟春仲天。碧水中宁无藕在，心莲香净岂非然"③。

（二）苏州狮子林的赐名

狮子林始建于元代。清代钱泳在《履园丛话》中记载："狮子林在吴郡齐女门内潘树巷，今画禅寺法堂后墙外。元至正间，僧天如惟则延朱德润、赵善长、倪元镇、徐幼文共商叠成。"④惟则是江西吉安人，俗姓谭氏，二十岁后在浙江西天目山师事中峰明本禅师，晚年遁迹吴门。

乾隆帝第三次南巡时敕名"画禅寺"⑤。《吴门百咏》中有一首《狮子林诗》："御题真趣状元家，两度宸游驻翠华。狮石千年仍突兀，五松

①（清）阿克当阿修，姚文田、江藩等纂：《嘉庆重修扬州府志》（一），《中国地方志集成·江苏府县志辑》第41册，江苏古籍出版社、上海书店、巴蜀书社1991年版，第72页。

②（清）阿克当阿修，姚文田、江藩等纂：《嘉庆重修扬州府志》（一），《中国地方志集成·江苏府县志辑》第41册，江苏古籍出版社、上海书店、巴蜀书社1991年版，第72页。

③（清）爱新觉罗·弘历：《题净香园》，见（清）阿克当阿修，姚文田、江藩等纂：《嘉庆重修扬州府志》（一），《中国地方志集成·江苏府县志辑》第41册，江苏古籍出版社、上海书店、巴蜀书社1991年版，第65页。

④（清）钱泳撰，孟裴校点：《履园丛话》（下）卷二十《园林》，上海古籍出版社2012年版，第353页。

⑤（清）李铭皖、谭钧培修，冯桂芬纂：《（同治）苏州府志》，江苏古籍出版社1991年版，第350页。

无处觅槎枒。"①相传，乾隆帝第四次南巡时，十分喜爱狮子林的石趣花语，书"真有趣"以赐。当时，园主黄轩陪驾在旁，奏道："圣上御笔雍荣圆润，这个'有'字更是龙飞凤舞。望圣上将此字赐与小臣。""真趣"②2字后来制成匾额悬于石舫旁的亭中，故名真趣亭。

（三）无锡寄畅园的赐名

乾隆帝第二次南巡时，不满"美人石"的称号，将其改为"介如峰"。乾隆帝在《介如峰》诗中这样写道："寄畅园中一峰亭亭独立，旧名美人石，以其弗称，因易之而系以诗。一峰卓立殊昂藏，恰有古桧森其旁。视之颇具丈夫气，谁与号以巾帼行。设云妙喻方子美，徒观更匪修竹倚。亭亭戍削则不无，姗姗阎易非所拟。率与易名曰介如，长言不足因成图。正言辨物得竭揽，惠麓梁溪永静娱。"③乾隆帝认为"美人石"像一个头部大、下面小的"介"字，因此称它为"介如峰"。乾隆帝还亲自画下了这块石头，周围伴以藤萝缠绕，并作诗一首。地方官事后将诗、图镌碑筑亭，立于美人石前。

综上所述，康乾南巡共对江南33处景观进行了命名，这些景观主要位于杭州、扬州2府，具体包括寺庙、山水、园林3种景观类型，尤以寺庙为主。康乾二帝在巡游江南期间所作景题，是继南巡诗之外反映二帝精神、思想的重要媒介，不仅以有限的文字表达出无限的意趣，显示了他们对江南名胜的领会和理解，更是其"观民设教""以光文治"的举措之一。

---

① 曹林娣：《苏州园林匾额楹联鉴赏》，华夏出版社1999年版，第93页。

② （清）李铭皖、谭钧培修，冯桂芬纂：《（同治）苏州府志》，江苏古籍出版社1991年版，第394页。

③ （清）爱新觉罗·弘历：《介如峰》，（清）裴大中、倪咸生修，秦缃业等纂：《光绪无锡金匮县志》，《中国地方志集成·江苏府县志辑》第24册，江苏古籍出版社、上海书店、巴蜀书社1991年版，第25页。

第三节　赏书鉴画，追溯传统

　　赏书鉴画自中唐开始成为士大夫生活的重要象征，宋朝已成为士人文化体系中的重要组成要素。康乾二帝均偏好书画，而且技艺高超。康熙帝喜爱书画艺术，高士奇自康熙十五年起迁内阁中书，便常为康熙帝评析书画。乾隆帝爱好风雅，"赏鉴书画最精……可知勤政之余，其所以怡情悦性者皆不凡也"①。在南巡期间，鉴赏江南人文景观所藏、所刻书画是康乾二帝的重要文化活动之一。这些书画蕴含着中国传统人文精神、汉族传统文化精髓，以及士人的文化意识、价值观念。赏书鉴画不仅反映了康乾二帝崇雅的文人心理，展现出二帝对中国传统文化的景仰和追溯，还是二帝稳固江南的政治举措。通过赏书鉴画，康乾二帝获得了汉族士人文化心理上的认同感，进而奠定了清朝在传统文化传承中的正统地位。

一、鉴赏书法

　　康乾二帝爱好中国书法，书法成就出类拔萃。康熙帝崇尚董其昌的书法，乾隆帝偏重赵孟頫的书法，康有为曾经这样评价："国朝书法凡有四变：康、雍之世，专仿香光；乾隆之代，竞讲子昂。"②赵孟頫的书法端丽柔润，董其昌的书法高秀圆润，二者均以二王为宗，二人的书法作

---

① (清)昭梿：《啸亭杂录》，中华书局1980年版，第26页。
② 祝嘉：《艺舟双楫·广艺舟双楫疏证》，巴蜀书社1989年版，第195页。

品也被后世称为正统。康乾二帝端雅平稳的书法审美标准，体现了趋向正统的书法观念。康熙帝说："书法为六艺之一，而游艺为圣学之成功，以其为心体所寓也"①，明确将书法与圣学联系在了一起。在南巡期间，康乾二帝鉴赏书法明显表现出"宗董尚晋"的特点。

（一）鉴赏作品的分布

根据康乾二帝南巡诗统计，二帝在南巡途中鉴赏的书法作品共14项，这14项书法作品分布在扬州、镇江、苏州、杭州、嘉兴五府的8处景观内。

表3-5　康乾南巡鉴赏书法一览

作　品	作　者	相关景观	赋诗数量	作　品	作　者	相关景观	赋诗数量
瘗鹤铭	—	焦山	6	城市山林	米芾	康山园	1
林逋诗贴	林逋	孤山	5	李阳冰书法	李阳冰	虎丘寺	1
金刚经	董其昌	云栖寺	5	剑池	颜真卿	虎丘	1
琴台	米芾	小有天园	4	方圆庵记	米芾	龙井	1
过溪桥诗	苏轼	龙井	3	赵孟頫耕织图诗屏	钱陈群	烟雨楼	1
康山草堂	董其昌	康山园	2	对山楼	董其昌	康山园	1
老子西升经	褚遂良	—	1	鱼乐园	董其昌	烟雨楼	1

按照书法作品所在相关府统计，杭州以《林逋诗贴》《金刚经》《琴台》《过溪桥诗》《方圆庵记》《老子西升经》6项书法作品名列榜首，扬州以《康山草堂》《城市山林》《对山楼》3项书法作品位居第二，苏州以《李阳冰书法》《剑池》2项书法作品，与嘉兴的《赵孟頫耕织图诗屏》《鱼乐园》2项书法作品并列第三，镇江仅《瘗鹤铭》1项书法作品。

按照书法作品相关景观统计，康山园以《康山草堂》《城市山林》《对山楼》3项书法作品位居第一，龙井以《过溪桥诗》《方圆庵记》2项

---

①（清）爱新觉罗·玄烨纂，陈生玺、贾乃谦注释：《庭训格言·几暇格物编》，浙江古籍出版社2013年版，第133页。

书法作品，与虎丘的《李阳冰书法》《剑池》、烟雨楼的《赵孟頫耕织图诗屏》《鱼乐园》并列第二，孤山、云栖寺、小有天园、焦山都仅有1项书法作品，即《林逋诗贴》《金刚经》《琴台》《瘗鹤铭》。

按照康乾二帝的赋诗数量统计，《瘗鹤铭》得到二帝赋诗6首，《林逋诗贴》《金刚经》得到乾隆帝赋诗5首，《琴台》得到乾隆帝赋诗4首，《过溪桥诗》得到乾隆帝赋诗3首，《康山草堂》得到乾隆帝赋诗2首，《方圆庵记》《城市山林》《对山楼》《李阳冰书法》《剑池》《赵孟頫耕织图诗屏》《鱼乐园》各得到乾隆帝赋诗1首。

按照书法作品的作者统计，14项书法作品共有作者8人，其中，董其昌以《金刚经》《康山草堂》《对山楼》《鱼乐园》4项作品名列第一，米芾以《琴台》《城市山林》《方圆庵记》3项作品位居第二，林逋、苏轼、褚遂良、李阳冰、颜真卿、钱陈群都仅有1项作品。

（二）重点鉴赏作品与作者

1.《瘗鹤铭》

《瘗鹤铭》是一篇纪念文章，乃古人为哀悼家鹤而写，书法艺术绝妙。因为雷击，镌刻在焦山西麓岩壁上的《瘗鹤铭》崩落于长江之中。在北宋淳熙年间（1174—1189）露出水面之后，《瘗鹤铭》因为被人凿石取字而成为残碑。断碑残碣在康熙五十一年由苏州知府陈鹏年募人打捞出来，在焦山定慧寺伽蓝殿南面建亭加以保护。

历代书法大家对《瘗鹤铭》都特别推崇，宋代黄庭坚称赞："《瘗鹤铭》，大字之祖也。"①明代王世祯评价："此铭古拙奇峭，雄伟飞逸，固书家之雄。"②因此，《瘗鹤铭》与汉中《石门铭》并称为"南北二铭"。在游览焦山期间，康乾二帝对《瘗鹤铭》多次作诗题咏，表达出对残碑

①（宋）黄庭坚著，郑永晓整理：《黄庭坚全集辑校编年》（下），江西人民出版社2008年版，第1560页。
②刘正成：《中国书法全集》卷十，《三国两晋南北朝碑刻摩崖》卷一，荣宝斋出版社2007年版，第21页。

的惋惜之意，如康熙帝的"遗铭剥蚀存华阳"①、乾隆帝的"瘗鹤碑侧寻残文"②等。乾隆帝还对《瘗鹤铭》的书法进行了评价，认为中锋用笔厚重，风雨剥蚀还增强了笔势韵味："重书瘗鹤碑宛在，旧碑仍弃屋漏痕"③，并于第二次南巡时为保存、整理《瘗鹤铭》做了一项有益的工作："摩挲古刻，惜其刓泐过多，因拟书一通，勒之碑。而原刻移置寺中壁间，以存其旧云。"④

2. 董其昌书法

康乾二帝对董其昌的书法都推崇备至，视其为书法正宗。董其昌是晚明具有代表性、影响极大的书画家，《明史·董其昌传》中说："其昌后出，超越诸家，始以宋米芾为宗。后自成一家，名闻外国。其画集宋、元诸家之长，行以意，潇洒生动，非人力所及也。四方金石之刻，得其制作手书，以为二绝。造请无虚日，尺素短札，流布人间，争购宝之。精于品题，收藏家得片语只字以为重。"⑤在南巡过程中，董其昌的《金刚经》《康山草堂》《对山楼》《鱼乐园》4项书法作品均得到乾隆帝的关注。

董其昌所书《金刚经》为云栖镇寺之宝。《金刚经》书于万历二十年（1592），是董其昌为荐亡父母而捐给云栖寺莲池和尚的，属于早期作品，字迹工整隽秀。乾隆帝六到云栖，6次索览此经书，而且每次阅览后，必题诗篇赞颂。乾隆帝第一次南巡时，在云栖寺看到董其昌所题碑额，便询问有无真迹，寺僧于是进呈《云栖碑记》一册、《金刚经》一卷。乾隆帝即景吟咏："净土香光慧业薰，弆藏法宝玩颜筋。兰亭昨过相衡较，真

①（清）爱新觉罗·玄烨：《望焦山念己巳曾登其上》见（清）高得贵修，张九征等纂，朱霖等增纂：《乾隆镇江府志（一）》，《中国地方志集成·江苏府县志辑》第27册，江苏古籍出版社、上海书店、巴蜀书社1991年版，第33页。

②（清）爱新觉罗·弘历：《游焦山作歌四叠旧作韵》，见《清代诗文集汇编》编纂委员会：《清代诗文集汇编》第327册，上海古籍出版社2010年版，第274页。

③（清）爱新觉罗·弘历：《焦山古鼎歌复用沉德潜韵》，见（清）何绍章等修，（清）杨履泰等纂：《中国方志丛书·华中地方·丹徒县志》，成文出版社1970年版，第18页。

④刘建国、潘美云：《瘗鹤铭石刻考证》，江苏人民出版社2006年版，第204页。

⑤（清）张廷玉：《明史》卷二百八十八，第6册，岳麓出版社1996年版，第4197页。

迹犹赢王右军。"①在乾隆帝看来，董其昌的书法胜过王羲之。之后，乾隆帝每次至云栖寺都要赏鉴董其昌所书金刚经，"金刚最喜香光迹，识我分明六度临"②，并于最后一次南巡时书金刚经卷首："香光法宝，永镇云栖。"③

康山位于扬州新城南门内，由陈瑄于明永乐年间疏浚运河时积土所成，高三丈多。如前所述，康山在乾隆时期为盐商江春的家园。乾隆帝第五次南巡时，在江园看到董其昌所书"康山草堂"匾。但是，乾隆帝认为"康山草堂"并不像董其昌的笔法，便仿董其昌的笔法重书"康山草堂"。乾隆帝最后一次南巡时，在康园回忆了上次来此为江园所书"康山草堂"匾额的事，"曾是驻舆忆庚子，遂教题额仿香光"④。这一次南巡至康山，乾隆帝"兹重游康山，见有对山楼，亦署董书，而伪更甚，因复仿董法书额以赐"⑤。

康乾二帝对董其昌书法的喜爱既有个人因素，也是出于政治需要。从个人喜好的角度来看，董其昌的书法雅淡、闲适，符合二帝的书法审美标准。比如，康熙帝认为董其昌书法"天姿迥异，其高秀圆润之致，流行于楮墨间，非诸家所能及也"⑥。康熙四十四年，康熙帝在南巡途中临《董其昌书滕王阁序》时说："朕最喜董，其字画秀润，特临《滕王

---

① (清)爱新觉罗·弘历：《重访云栖即景杂咏(四)》，见(清)陈璚修、王棻纂，屈映光续修，陆懋勋续纂，齐耀珊重修，吴庆坻重纂：《民国杭州府志》(一)，《中国地方志集成·浙江府县志辑》第1册，江苏古籍出版社、上海书店、巴蜀书社1993年版，第52页。

② (清)爱新觉罗·弘历：《雨中游云栖得四首(四)》，见(清)陈璚修、王棻纂，屈映光续修，陆懋勋续纂，齐耀珊重修，吴庆坻重纂：《民国杭州府志》(一)，《中国地方志集成·浙江府县志辑》第1册，江苏古籍出版社、上海书店、巴蜀书社1993年版，第131页。

③ 王国平：《西湖寺观志专辑》，《西湖文献集成》第24册，杭州出版社2004年版，第399页。

④ (清)爱新觉罗·弘历：《游康山》，见(清)阿克当阿修、姚文田、江藩等纂：《嘉庆重修扬州府志》(一)，《中国地方志集成·江苏府县志辑》第41册，江苏古籍出版社、上海书店、巴蜀书社1991年版，第65页。

⑤ (清)爱新觉罗·弘历：《仿董其昌书对山楼因成口号》，见(清)阿克当阿修、姚文田、江藩等纂：《嘉庆重修扬州府志》(一)，《中国地方志集成·江苏府县志辑》第41册，江苏古籍出版社、上海书店、巴蜀书社1991年版，第65页。

⑥ (清)爱新觉罗·玄烨：《跋赵孟頫墨迹后》卷六七，中国书店1984年影印版，第3页。

阁》。"①从政治角度来看，清朝统治者选择曾任明朝南京礼部尚书的董其昌作为艺术家代言人，能起到维护清朝统治正统地位的作用。

3. 米芾书法

米芾，世称"米南宫"，书法名列宋四家，绘画人称"米点山水"。康熙帝对米芾的书法"尤珍爱，不忍释手"②，临摹米芾的书法数量仅次于董其昌、赵孟頫。在南巡途中，米芾的《琴台》《城市山林》《方圆庵记》得到乾隆帝的关注。

小有天园在净慈寺西慧日峰下，为北宋兴教寺所在，后为汪之萼别业。别业有丹崖、琴台等胜景，被游人称为"赛西湖"。乾隆帝第一次南巡时寄题小有天园琴台："慧日峰西秀石堆，传闻海岳旧琴台"③；第二次南巡时在《琴台》中写道："琴台非子贱，传是米襄阳"④；第四次南巡时游小有天园登绝顶，诗中有"易诠借用还司马，琴趣那能效米颠"⑤之句。海岳、襄阳是米芾的号，米颠是米芾的绰号，这3首诗皆提到"琴台"二字相传为北宋大书法家米芾所书。

米芾晚年定居镇江南郊招隐山鹤林寺旁，自题"城市山林"横额。乾隆帝最后一次南巡时，发现扬州康园草堂内有石刻米芾款"城市山林"四字，鉴定后认为："笔法无奇，亦似伪作。"⑥

杭州南山僧官守一于宋神宗元丰六年（1083）四月九日至龙井拜会

① （清）爱新觉罗·玄烨：《跋董其昌墨迹后》，见（清）张照、梁诗正等：《佩文斋书画谱秘殿珠林（四）》，上海古籍出版社1991年版，第822—823页。

② （清）爱新觉罗·玄烨：《跋赵孟頫墨迹后》卷六七，中国书店1984年影印版，第3页。

③ （清）爱新觉罗·弘历：《寄题琴台》，见（清）陈璇修，王棻纂，屈映光续修，陆懋勋续纂，齐耀珊重修，吴庆坻重纂：《民国杭州府志》（一），《中国地方志集成·浙江府县志辑》第1册，江苏古籍出版社、上海书店、巴蜀书社1993年版，第51页。

④ （清）爱新觉罗·弘历：《琴台》，见（清）陈璇修，王棻纂，屈映光续修，陆懋勋续纂，齐耀珊重修，吴庆坻重纂：《民国杭州府志》（一），《中国地方志集成·浙江府县志辑》第1册，江苏古籍出版社、上海书店、巴蜀书社1993年版，第63页。

⑤ （清）爱新觉罗·弘历：《游小有天园登绝顶》，见（清）陈璇修，王棻纂，屈映光续修，陆懋勋续纂，齐耀珊重修，吴庆坻重纂：《民国杭州府志》（一），《中国地方志集成·浙江府县志辑》第1册，江苏古籍出版社、上海书店、巴蜀书社1993年版，第92页。

⑥ （清）爱新觉罗·弘历：《游康山》，见（清）阿克当阿修，姚文田、江藩等纂：《嘉庆重修扬州府志》（一），《中国地方志集成·江苏府县志辑》第41册，江苏古籍出版社、上海书店、巴蜀书社1991年版，第65页。

辩才法师，事后写有《杭州龙井山方圆庵记》以示纪念。米芾书写《杭州龙井山方圆庵记》后刊石立碑于龙井，书法腴润秀逸，贴近王羲之。乾隆帝第三次南巡时，在《龙井八咏方圆庵》诗中写道："方圆庵，其建筑上圆下方，书法家米芾有法帖《方圆庵记》。"①

由上可知，康乾二帝推崇的书法家有颜真卿、褚遂良、李阳冰、米芾、林逋、苏轼、董其昌等，反映了清朝前期书法作品的发展轴线："二王—唐碑—赵、董"②。实际上，康熙帝曾这样评述："颜真卿、苏轼、米芾以雄奇、峭拔擅能，而根柢则皆出于晋人。赵孟頫犹规模'二王'，其昌渊源合一。"③也就是说，颜真卿、苏轼、米芾的书法艺术以晋人为法，赵孟頫的书法艺术以二王为宗，董其昌则渊源合一，与他们一脉相承。康乾二帝借助书法统一审美标准，通过科举考试、颁赐御书等行为规范社会审美，"由书法认同到文化认同，最终达到政治认同"④。

二、鉴赏绘画

康乾二帝尤其是乾隆帝在游览江南人文景观期间，鉴赏了一系列与所游景观相关的绘画作品，并促成诞生了不少以江南景观为主题的画作，其中包括乾隆帝本人的创作。徐扬、金廷标、张宗苍等人也是通过南巡献画得以入京供奉于内廷。乾隆帝南巡鉴赏绘画体现了其对江南文人写意画的喜爱。

（一）鉴赏作品的作者与朝代

乾隆帝对江南的绘画艺术评价颇高，称"吴中爱看吴人画，况是吴

① （清）爱新觉罗·弘历：《龙井八咏方圆庵》，见（清）陈璚修，王棻纂，屈映光续修，陆懋勋续纂，齐耀珊重修，吴庆坻重纂：《民国杭州府志》（一），《中国地方志集成·浙江府县志辑》第1册，江苏古籍出版社、上海书店、巴蜀书社1993年版，第75页。
② 姜寿田：《中国书法批评史》，中国美术学院出版社1997年版，第270页。
③ （清）爱新觉罗·玄烨：《跋赵孟頫墨迹后》卷六七，中国书店1984年影印版，第3页。
④ 梁骥：《康熙对古代书家的学习及其宗王喜董的书法观》，《中国国家博物馆馆刊》2015年第2期，第112页。

第三章　康乾巡游江南文艺活动考察

人画最高。"①在南巡途中，乾隆帝鉴赏的绘画作品共有65项，这些绘画作品的作者有38位，唐朝画家有4位，分别是贯休、吴道子、韩干、张南本；宋朝画家有6位，分别是米芾、李公麟、扬补之、赵令穰、夏珪、李嵩；元朝画家有3位，分别是黄公望、王冕、王渊；元末明初画家有1位，即王蒙；明朝画家有14位，分别是王绂、倪瓒、孙杕（蓝瑛）、周臣、刘珏、沈周、唐寅、文征明、陈淳、张宏、姚绶、莫景行、崔子忠、文博仁；明末清初画家有1位，是项圣谟；清朝画家有9位，分别是张宗苍、弘旿、董诰、董邦达、陈书、关槐、吴历、金廷标、钱维城。由此可见，在南巡途中，得到乾隆帝关注的主要是明清两代绘画作品。

表3-6　乾隆帝南巡鉴赏绘画统计

序列	作品	作者	相关景观	赋诗数量	序列	作品	作者	相关景观	赋诗数量
1	竹炉图第四卷	张宗苍	惠山	8	7	烟树溪亭图	黄公望	—	1
2	竹炉图	王绂	惠山	6		浮岚暖翠	黄公望	—	1
3	竹炉图二三四卷	皇六子弘旿董诰	惠山	5		山水	王蒙	—	1
	狮子林图	倪瓒	狮子林	5		竹树孤亭	王蒙	—	1
4	德寿宫梅石碑	孙杕蓝瑛	德寿宫	4		西山草堂图	唐寅	—	1
5	王宠题周臣画篷头韵	周臣	石湖	3		桃花庵图	唐寅	—	1
	会昌九老图	—	栖霞山	3		姑苏名胜四景	张宏	支硎山虎丘石湖灵岩山	1

①（清）爱新觉罗·弘历：《唐寅〈桃花庵图〉》，见（清）李铭皖、谭钧培修，冯桂芬纂：《（同治）苏州府志》，江苏古籍出版社1991年版，第337页。

序列	作品	作者	相关景观	赋诗数量	序列	作品	作者	相关景观	赋诗数量
6	溪山渔隐图	王绂	惠山	2	7	春雨晚烟图	文征明	—	1
	明人西山胜景册	刘珏 沈周 唐寅 文征明 陈淳	—	2		仿黄公望山水	文征明	—	1
	十六罗汉图	贯休	圣因寺行宫	2		孤山放鹤图	项圣谟	—	1
	西湖柳艇图	夏珪	—	2		松荫焙茶图	项圣谟	—	1
	栖霞山图	张宏	栖霞山	2		关槐山水	关槐	—	1
7	吴山十六景	张宗苍	—	1		关槐洋菊	关槐	—	1
	江潮图	张宗苍	—	1		宝志和尚像	吴道子	上方寺	1
	湖山霁色卷	张宗苍	—	1		人马图	韩干	—	1
	寒山千尺雪图	张宗苍	寒山	1		华封三祝图	张南本	—	1
	寒山图	张宗苍	寒山	1		烟雨楼	米芾	烟雨楼	1
	云栖图	张宗苍	—	1		吴中三贤图	李公麟	三高祠	1
	董邦达山水册	董邦达	—	1		梅花三叠图	扬补之	—	1
	董邦达山水画	董邦达	—	1		江南春图	赵令穰	筱园	1
	董邦达山水册	董邦达	—	1		宋院本金陵图	—	—	1
	董邦达画	董邦达	—	1		梅	王冕	邓尉山	1
	西湖图	董邦达	—	1					

序列	作品	作者	相关景观	赋诗数量	序列	作品	作者	相关景观	赋诗数量
7	虎丘图	沈周	虎丘	1	7	鱼	王渊	清涟寺	1
	支硎遇友图	沈周	支硎山	1		江南春雨图	姚绶	—	1
	山水长卷	沈周	—	1		天池石壁图	吴历	—	1
	冷泉亭图	沈周	灵隐	1		西湖草堂图	莫景行	—	1
	长松图	陈书	—	1		苏轼留带图	崔子忠	金山	1
	画扇	陈书	—	1		金陵十八景	文博仁	—	1
	画册	陈书	—	1		虎丘图	陈淳	虎丘	1
	山窗读易图	陈书	—	1		留带图	金廷标	金山	1
	月夜看潮图	李嵩	钱塘江	1		借山斋图	钱维城	虎丘	1
	西湖图卷	李嵩	西湖	1		—	—	—	—

注：

①乾隆帝在南巡启跸之前、启跸回銮之后也都作有大量与江南景观有关的鉴赏画作之诗，但笔者探讨主题时间范畴在康乾二帝巡游江南期间之内，故不在统计范畴之内。

②绘画作品数量统计按照诗题统计，比如《明人西山胜景册》，虽然内容包括多项绘画作品，但统计数量时计为一项绘画作品。

在乾隆帝鉴赏的65项绘画作品中，《竹炉图》最受乾隆帝的喜爱，前后赋诗共19次，具体包括张宗苍所绘《竹炉图第四卷》8次，王绂所绘《竹炉图》6次，皇六子、弘昳、董诰所绘的《竹炉图第二卷》《竹炉图第三卷》《竹炉图第四卷》共5次。此外，便是倪瓒所绘《狮子林图》5次，《德寿宫梅石碑》4次，《王宠题周臣画箬头韵》《会昌九老图》3次，《溪山渔隐图》《明人西山胜景册》《十六罗汉图》《西湖柳艇图》《栖霞山图》2次。

在38位绘画作品的作者中，张宗苍有7件作品得到乾隆帝的关注，沈周、董邦达有5件作品，陈书有4件作品，唐寅、文征明有3件作品，王绂、李嵩、黄公望、王蒙、张宏、项圣谟、关槐有2件作品，吴道子、韩干、张南本、米芾、李公麟、扬补之、赵令穰、王冕、王渊、姚绶、吴历、莫景行、崔子忠、文博仁、陈淳、金廷标和钱维城各有1件作品。可见，张宗苍、沈周、董邦达、陈书的绘画作品深受乾隆帝的喜爱。

（二）重点鉴赏作品与作者

1. 鉴赏、补绘《竹炉图卷》

乾隆帝每次南巡至惠山泉时，一般均在听松庵的竹炉山房品茶、观赏竹炉图轴，并赋咏叠韵。乾隆帝第一次南巡时，在扬州便命人将《竹炉图卷》送来欣赏，到苏州时送还给惠山寺。返程至无锡时，乾隆帝又取卷观赏，至扬州时还给惠山寺。黄印《乾隆南巡秘记》载有此事："竹炉诗（图）卷，上在扬州，即传旨取观，卷凡四轴，既临幸泉上，抵苏，始将原卷发还。上和明人韵七律二首，题第一轴；无锡惠山之作又七律一首，题第二轴，皆有小序，沈德潜、汪由敦皆和；又七言古（诗）一首，题第三轴。至回銮时，又取观，至扬州发还，又题第四轴七律一首，皆御笔。"[1]

明初，有湖州竹工为惠山寺高僧性海、大画家王绂编制竹茶炉一具，王绂画《竹炉煮茶图》，名士王达作《竹炉记》，当时其他的文人雅士竞相唱和，汇集而成《竹炉图咏》。乾隆帝在第一轴题《惠山听松庵用竹炉煎茶，因和明人题者韵，即书王绂画卷中》诗序中写道："惠山名重天下，而听松庵竹炉为明初高僧性海所制，一时名流传咏甚盛。中间失去，好事者仿为之，已而复得。其仿其复胥见诸题咏，联为横卷者四。我朝巡抚宋荦识以官印，俾寺僧世藏之。自是而竹炉与第二泉并千古矣！乾隆辛未春二月，南巡过锡山……坐山房煨炉、酌泉、啜茗、小憩，并用

---

① （清）黄印:《乾隆南巡秘记》，1939年版，第47页。

前人原韵成二律题王绂画卷，仍归寺僧永垂世宝而纪其缘起如此。”[①]

《竹炉图咏》共四卷，王绂所绘并题诗为第一卷，履斋所作为第二卷，吴珵于成化十三年所写为第三卷，第四卷遗失。于是，乾隆帝第一次南巡返程经过无锡时，命张宗苍补作第四卷，“又补画于卷端者，张宗苍笔也”[②]。由于《竹炉图咏》图卷有所破损，乾隆四十四年，无锡知县邱涟将图卷带回县署，谁知还未来得及重新装裱便毁于火灾。事后，乾隆帝罚邱涟银二百两给寺僧用以偿之。乾隆帝第五次南巡时，诗中有云：“古寺竹炉四卷图，惜哉重潢遇伧夫。祝融尤物妒诚有，六甲神威护则无。降谪权教宽吏议，施檀应得偿僧雏。”[③]

《竹炉图》原卷既然被毁，乾隆帝不忍名流韵事就此失传，于是在乾隆四十五年八月，与皇六子永瑢、贝勒弘旿、董诰四人分别补首卷、第二卷、第三卷、第四卷，并于卷首题跋：“顿还旧观”“生面重开”“味回寄兴”“清风再挹”。[④]乾隆帝还将内府所藏王绂《溪山渔隐图》赐予听松庵，并题“顿还旧观”于卷首。乾隆帝第六次南巡时，多次对补绘一事题咏，如“何事郁攸毁旧图，补装四卷宛成夫”[⑤]。

由上可见，乾隆帝对《竹炉图卷》极为喜爱，而其追求风雅的热情与认真态度，让人感叹。《清朝通志》对乾隆帝与《竹炉图卷》之间的这段韵事如此评价：“俾名流韵事重结一番翰墨缘，洵为山寺佳话云！”[⑥]

---

①（清）爱新觉罗·弘历：《惠山听松庵用竹炉煎茶，因和明人题者韵，即书王绂画卷中》，（清）裴大中、倪咸生修，秦缃业等纂：《光绪无锡金匮县志》，《中国地方志集成·江苏府县志辑》第24册，江苏古籍出版社、上海书店、巴蜀书社1991年版，第22—23页。

②（清）黄印：《乾隆南巡秘记》，1939年版，第47页。

③（清）爱新觉罗·弘历：《补写惠山寺听松庵竹炉图并成是什纪事》，（清）裴大中、倪咸生修，秦缃业等纂：《光绪无锡金匮县志》，《中国地方志集成·江苏府县志辑》第24册，江苏古籍出版社、上海书店、巴蜀书社1991年版，第32页。

④（清）裴大中、倪咸生修，秦缃业等纂：《光绪无锡金匮县志》，《中国地方志集成·江苏府县志辑》第24册，江苏古籍出版社、上海书店、巴蜀书社1991年版，第34页。

⑤（清）爱新觉罗·弘历：《题补写竹炉图叠庚子诗韵》，（清）裴大中、倪咸生修，秦缃业等纂：《光绪无锡金匮县志》，《中国地方志集成·江苏府县志辑》第24册，江苏古籍出版社、上海书店、巴蜀书社1991年版，第35页。

⑥《清朝通志》卷一百十九“金石略”，文渊阁四库全书本，第1038页。

2. 鉴赏张宗苍绘画作品

在南巡途中，张宗苍所绘的《竹炉图第四卷》《吴中十六景》《江潮图》《湖山霁色卷》《寒山图》《寒山千尺雪图》《云栖图》得到乾隆帝的关注。张宗苍（1686—1756），字默存、墨岑，号篁村，吴县黄村人，师承娄东画派传人黄鼎，擅长山水画，其画意境深远、气韵深厚。乾隆帝第一次南巡时，张宗苍时任里河主簿，献《吴中十六景》画册，乾隆帝命其补绘《竹炉图第四卷》，备受青睐而为宫廷画家。除了前述《竹炉图第四卷》，乾隆帝第一次南巡时鉴赏了张宗苍所画《吴中十六景》《云栖图》《江潮图》，乾隆帝第四次南巡时鉴赏了《湖山霁色卷》。

在上述诸绘画作品中，深受乾隆帝喜爱的是《寒山图》《寒山千尺雪图》。寒山千尺雪坐落于苏州寒山岭寒山别墅内，其地有飞瀑、流泉、奇石、古松等，为吴中名胜之所在。乾隆帝第一次至此，便被寒山所吸引，"独爱吴之寒山千尺雪"[1]，不仅两度游览，还题额曰"听雪"，并赋诗纪念；第二次南巡时游寒山别墅，坐听雪阁，观千尺雪，展阁中所藏《盘山千尺雪》画卷，叠旧作韵纪事；第五次南巡时在寒山千尺雪四叠旧作韵："西苑略葺胜朝迹，而皆视此鼻祖然。四图分弄于四处，兴存得一函三间"[2]，说的是《千尺雪图》"一经数典"的典故。

乾隆十六、十七年，乾隆帝依次在热河避暑山庄、盘山静寄山庄、北京西苑3处皇家园林内仿建了3处"千尺雪"景观，并与寒山千尺雪一起绘成图画，共4套16卷。乾隆帝亲绘《盘山千尺雪图》，董邦达、钱维城、张宗苍分别绘制《西苑千尺雪图》《热河千尺雪图》《寒山千尺雪图》。这4套《千尺雪图》分别存放于盘山行宫、西苑、热河行宫、寒山4处。借此，乾隆帝用绘画作品实现了"移天缩地"的妙举，每到一处千尺雪景观，通过展卷把玩《千尺雪图》，可欣赏到4处千尺雪美景。乾隆

---

① （清）爱新觉罗·弘历：《御制盘山千尺雪记》，见（清）于敏中等编纂：《日下旧闻考（二）》卷一百十五《京畿》，第1903页。

② （清）爱新觉罗·弘历：《寒山千尺雪四叠旧作韵》，见（清）李铭皖、谭钧培修，冯桂芬纂：《（同治）苏州府志》，江苏古籍出版社1991年版，第405—406页。

帝一边欣赏美景，一边品茗赋诗，达到人景相融的愉悦境界。

由此可见，乾隆帝对张宗苍绘画作品的喜爱，主要集中于张宗苍所绘的江南景观作品，这些作品既符合乾隆帝的宫廷审美情趣，又有明显的江南绘画的韵味。

通过对乾隆帝南巡鉴赏绘画的对象进行分析，可以发现，江南文人画明显居于当时画坛的正统地位，反映了乾隆帝对江南文人画传统的喜爱与尊重。

综上所述，康乾二帝对书画艺术的关注，主要包括个人和政治两个方面的因素。从个人角度来看，是因为二帝具有较高的传统文化素养，对书画艺术有着浓厚的兴趣，书画满足了二帝崇雅的文人心理；从政治角度来看，二帝将创作、鉴赏书画艺术作为笼络人心的工具，奠定了清朝在传统文化传承中的地位。

第四节　尝泉品茗，文人生活

尝泉、品茗是士人独有的一种文化生活，蕴涵着生活情趣，反映了审美追求。康乾二帝雅好江南文人品位，在巡游期间尝江南名泉、品江南名茶。尤其是乾隆帝，在历代帝王中最重视饮茶，在京城以及各处行宫中建构茶舍，于茶舍中品茗、鉴水、赏画、赋诗，将茶文化融入自己的生活方式，形成了独特的品茗艺术风格。尝泉、品茗不仅体现出康乾二帝嗜茶品茗的生活方式，更反映了他们高洁幽雅的帝王生活情趣。

一、品龙井茶

江南地区自唐以后生产了大量名茶，清朝有洞庭碧螺春和西湖龙井。康熙帝南巡时在苏州洞庭山品尝了碧螺春茶，乾隆帝南巡时在杭州龙井品尝了龙井茶。龙井茶产于杭州龙井一带，茶以地名，地以寺名，寺以井名，井以泉名。除了龙井，狮峰、云栖、虎跑、梅坞也产龙井茶，史称"狮""龙""云""虎""梅"五品。龙井茶以"色绿、香郁、味醇、形美"四绝著称，乾隆帝对其喜爱有加，南巡时先后四次游览龙井，并于镇江中泠泉、无锡惠山泉用天下第一泉、第二泉的泉水烹龙井茶。

康熙帝时，龙井茶便已被列为贡品。乾隆帝时，浙江每年要向清朝宫廷多次进贡。"每龙井新茶贡到内侍，即烹试三清以备尝新"[1]，乾隆帝在每年正月初二到初十都要举办"三清茶宴"，以贡茶佐以梅花、佛手、松仁等。梅花幽香，象征五福；佛手芳香，谐意福寿；松子清醇，寓意长寿。三者不仅有滋补药效，同时又有吉祥内涵。

龙井雨前茶，即龙井新茶，因采于谷雨节之前，故名。乾隆帝在第一次南巡返京时，经过惠山，特意至听松庵竹炉山房，用竹茶炉、二泉水烹龙井雨前茶："竹炉小试仍松下，龙井携来正雨前"[2]；第二次南巡时至龙井，作《观采茶作歌》："嫩荚新芽细拨挑，趁忙谷雨临明朝"[3]；第四次南巡时再游龙井，在《雨前茶》诗序中写道："龙井茶以谷雨前摘取者为佳，今年正月廿九日雨水。兹甫二月下旬之，初浙江已进到新茶，

①（清）爱新觉罗·弘历：《雨前茶》，见（清）陈璚修，王棻纂，屈映光续修，陆懋勋续纂，齐耀珊重修，吴庆坻重纂：《民国杭州府志》（一），《中国地方志集成·浙江府县志辑》第1册，江苏古籍出版社、上海书店、巴蜀书社1993年版，第97页。

②（清）爱新觉罗·弘历：《题竹炉第四卷张宗苍补图上》，（清）裴大中、倪咸生修，秦缃业等纂：《光绪无锡金匮县志》，《中国地方志集成·江苏府县志辑》第24册，江苏古籍出版社、上海书店、巴蜀书社1991年版，第23页。

③（清）爱新觉罗·弘历：《观采茶作歌（二月初二日）》，见（清）陈璚修，王棻纂，屈映光续修，陆懋勋续纂，齐耀珊重修，吴庆坻重纂：《民国杭州府志》（一），《中国地方志集成·浙江府县志辑》第1册，江苏古籍出版社、上海书店、巴蜀书社1993年版，第64页。

其采焙当在雨水后数日，距谷雨尚早月余也"①，并再一次品尝了龙井新茶："汲水烹茶正雨前。"②龙井雨前茶为中国绿茶中的极品，得到乾隆帝的喜爱。

乾隆帝第三次南巡时至龙井，坐龙井上，用龙井泉水烹龙井新茶："龙井新茶龙井泉，一家风味独烹煎。寸芽生自烂石上，时节焙成谷雨前。何必凤团夸御茗，聊因雀舌润心莲。"③乾隆帝认为，他所品饮的龙井茶"出自烂石上"，采制于"谷雨"前，由于保证了茶树生长的土质和采制茶叶的节令，品质超过皇宫中的"御茗"。"烂石"是指经过风化、养分良好的土壤，出自唐陆羽《茶经》中"上者生烂石"之句。"凤团"是指宋真宗时宰相丁谓创制的龙团凤饼，北宋庆历年间由蔡襄改制小龙团凤饼。"雀舌"是明前龙井茶的一种，两叶一芽，形状小巧似雀舌，成品扁平挺直。

乾隆帝第五次南巡时于金山烹尝龙井雨前茶："中泠第一泉犹近，便试新旗子细烹。贡茶只为太求先，品以新称味未全。……稍怜鹰爪未舒全，绝胜江山绝胜泉。……龙井还余廿日期，到时应是味全时。"④诗中的"新旗""雨前""鹰爪"是指龙井茶不同采摘时期的称呼，显示了乾隆帝对龙井茶品鉴的专业知识。按照采摘的时间不同，龙井茶可分为四个档次："明前茶"采摘于清明前，嫩芽初绽，形如莲芯，故又称"莲心"，是龙井的最上品；"雨前茶"采摘于清明之后、谷雨之前，茶柄上长出的小叶形状似旗，茶芽形状似枪，故称"旗枪"，是龙井的上品；当

---

①（清）爱新觉罗·弘历：《雨前茶》，见（清）陈璚修，王棻纂，屈映光续修，陆懋勋续纂，齐耀珊重修，吴庆坻重纂：《民国杭州府志》（一），《中国地方志集成·浙江府县志辑》第1册，江苏古籍出版社、上海书店、巴蜀书社1993年版，第97页。

②（清）爱新觉罗·弘历：《再游龙井作》，见（清）陈璚修，王棻纂，屈映光续修，陆懋勋续纂，齐耀珊重修，吴庆坻重纂：《民国杭州府志》（一），《中国地方志集成·浙江府县志辑》第1册，江苏古籍出版社、上海书店、巴蜀书社1993年版，第97页。

③（清）爱新觉罗·弘历：《坐龙井上煮茶偶成》，见（清）陈璚修，王棻纂，屈映光续修，陆懋勋续纂，齐耀珊重修，吴庆坻重纂：《民国杭州府志》（一），《中国地方志集成·浙江府县志辑》第1册，江苏古籍出版社、上海书店、巴蜀书社1993年版，第82页。

④（清）爱新觉罗·弘历：《于金山烹龙井雨前茶得句》，见陈文华：《中国茶文化学》，中国农业出版社2006年版，第664页。

第二片茶叶也已经抽出时，两片叶如鸟雀之喙，中间伸出的小芽如舌，这就是"雀舌"；当三到四片叶长出时，就是"鹰爪"。清明和谷雨都是采摘好茶的绝佳时节。

乾隆帝第一次南巡时作《观采茶作歌》："火前嫩，火后老，惟有骑火品最好。"[①]所谓"骑火"，清代沈涛在《交翠轩笔记》中记载："不在火前，不在火后故也。清明改火，故曰骑火茶。"[②]由此可知，"骑火"是指"清明"节前一日或两日。贡茶由于要送到京师，采摘时间必然提前。"不在火前"是因为火前所采之茶太嫩，"不在火后"是因为火后所采之茶太老，中间时间点采的茶品质才最好，老嫩适度，味道最佳。

乾隆帝第四次南巡时再游龙井，在《雨前茶》诗中写道："第一泉花活火烹，越瓯湘鼎伴高清。"[③]"越瓯"，即越窑所产的茶瓯。越窑烧造地主要集中于浙江省上虞、余姚、宁波等地，古代属于越州，故名。作为中国古代南方著名的青瓷窑，越窑与河北邢窑的白瓷并称为"南青北白"。陆羽《茶经》中记载："碗，越州上……若邢瓷类银，越瓷类玉，邢不如越一也；若邢瓷类雪，则越瓷类冰，邢不如越二也；邢瓷白而茶色丹，越瓷青而茶色绿，邢不如越三也。"[④]

二、鉴惠山泉

用好水冲泡方能显示出茶的特有风韵，所以古代品茗专家非常注重泡茶之水。陆羽《茶经》中这样写道："其水，用山水上，江水中，井水

---

　①（清）爱新觉罗·弘历：《观采茶作歌》，见（清）陈璚修，王棻纂，屈映光续修，陆懋勋续纂，齐耀珊重修，吴庆坻重纂：《民国杭州府志》（一），《中国地方志集成·浙江府县志辑》第1册，江苏古籍出版社、上海书店、巴蜀书社1993年版，第51页。

　②（唐）陆羽撰，（清）陆廷灿、曹海英著：《茶经·续茶经》，北方文艺出版社2014年版，第202页。

　③（清）爱新觉罗·弘历：《雨前茶》，见（清）陈璚修，王棻纂，屈映光续修，陆懋勋续纂，齐耀珊重修，吴庆坻重纂：《民国杭州府志》（一），《中国地方志集成·浙江府县志辑》第1册，江苏古籍出版社、上海书店、巴蜀书社1993年版，第97页。

　④（唐）陆羽撰，（清）陆廷灿、曹海英著：《茶经·续茶经》，北方文艺出版社2014年版，第10页。

下。其山水，拣乳泉、石池漫流者上。"①山水即指泉水，由于泉水流动，又有山石自然过滤，所以既比较洁净又所含悬浮杂质少。清朝宫廷饮茶注重水质可谓前所未有，清梁章钜在《归田琐记》中说："按品泉始于陆鸿渐，然不及我朝之精。"②

根据康乾南巡景观类型名单表统计，康乾二帝在巡游江南期间，主要在杭州、苏州、江宁、扬州、镇江、常州六府品鉴了11处泉水，其中，杭州有4处：虎跑泉、六一泉、参廖泉和璎珞泉；苏州、江宁各有2处：白云泉和芙蓉泉、白乳泉和功德泉；扬州、镇江、无锡都仅有1处：第五泉、中泠泉、惠山泉。乾隆帝在南巡途中，通过水的轻重来品鉴江南各地泉水的优劣，"笑我每品泉，锱铢较重轻"③。乾隆帝品鉴江南各地泉水的工具很独特，"尝制银斗较量诸泉，扬子金山泉斗重一两三厘，惠山泉重一两四厘"④。

在康乾二帝品鉴的11处泉水之中，惠山泉以22首赋诗数量遥遥领先，高居榜首。顾名思义，惠山泉出自无锡惠山白石坞。惠山一带，松树和竹林等植被丰茂，二泉水经过松针、茯苓、植被根系等的过滤，水质甘美。经过唐代刘伯刍、陆羽等品著专家评定后，惠山泉就直接被称为"天下第二泉"了。

康熙帝第一次南巡时，"朝游惠山寺，闲饮惠山泉"⑤；第二次南巡时，"再品山泉到此亭"⑥；第三次南巡时又至惠山泉，"堪挹山泉烹雀

① (唐)陆羽撰，(清)陆廷灿、曹海英著：《茶经·续茶经》，北方文艺出版社2014年版，第15页。

② (清)梁章钜：《归田琐记》卷七，中华书局1981年版，第147页。

③ (清)爱新觉罗·弘历：《参廖泉再用宋韩滉韵》，见(清)陈璲修，王棻纂，屈映光续修，陆懋勋续纂，齐耀珊重修，吴庆坻重纂：《民国杭州府志》(一)，《中国地方志集成·浙江府县志辑》第1册，江苏古籍出版社、上海书店、巴蜀书社1993年版，第134页。

④ (清)爱新觉罗·弘历：《汲惠泉烹竹炉歌五叠旧作韵》，(清)裴大中、倪咸生修，秦缃业等纂：《光绪无锡金匮县志》，《中国地方志集成·江苏府县志辑》第24册，江苏古籍出版社、上海书店、巴蜀书社1991年版，第35页。

⑤ (清)爱新觉罗·玄烨：《锡山》，(清)裴大中、倪咸生修，秦缃业等纂：《光绪无锡金匮县志》，《中国地方志集成·江苏府县志辑》第24册，江苏古籍出版社、上海书店、巴蜀书社1991年版，第20页。

⑥ (清)爱新觉罗·玄烨：《惠泉》，(清)裴大中、倪咸生修，秦缃业等纂：《光绪无锡金匮县志》，《中国地方志集成·江苏府县志辑》第24册，江苏古籍出版社、上海书店、巴蜀书社1991年版，第20页。

蕊，并添新黛入瓯浓。"①乾隆帝第一次南巡时在听松庵用竹炉煎茶："才
酌中泠第一泉，惠山聊复事烹煎"②；第二次南巡时，二月十七日、三月
十二日两次游惠山，汲惠山泉水用竹炉烹茶；第三次南巡时，二月二十
日、三月十九日两次到惠山泉，在听松庵用竹炉煎茶；第四次南巡时，
二月二十四日、闰二月二十九日两次到惠山泉；第五次南巡时，二月二
十二日、三月二十日两次到惠山泉；第六次南巡时，三月初五到惠山泉，
在听松庵用竹炉煎茶。

　　根据康乾二帝有关惠山泉的南巡诗可知，惠山泉上、中池的水质区
别、若冰洞以及漪澜堂引起了二帝尤其是乾隆帝的注意。首先，乾隆帝
对上、中池口感不同进行了研究。二泉亭内有方、圆二池，其中相通，
圆池水佳。乾隆帝第二次南巡时对二泉上、中两池泉水口感不同产生了
困惑："凿为方圆池，虽二实相通。方劣圆者甘，其理殊难穷。"③第四次
南巡时似乎找到了上池比中池甘甜的原因："圆池方之上，堪舆含至理。
得气擅清轻，应较下为美。"④虽然中池没有上池的口感好，但是"虽然
甘不逮，犹自胜梁溪。"⑤第六次南巡时终于找到二泉上池与中池存有差
异的原因："圆池圆象天，泉源清泠然"⑥"方池方象地，折旋产玉

---

　　①（清）爱新觉罗·玄烨：《雨过锡山》，（清）裴大中、倪咸生修，秦缃业等纂：《光绪无锡金匮县
志》，《中国地方志集成·江苏府县志辑》第24册，江苏古籍出版社、上海书店、巴蜀书社1991年版，
第20页。

　　②（清）爱新觉罗·弘历：《惠山听松庵用竹炉煎茶，因和明人题者韵，即书王绂画卷中》，（清）裴
大中、倪咸生修，秦缃业等纂：《光绪无锡金匮县志》，《中国地方志集成·江苏府县志辑》第24册，江
苏古籍出版社、上海书店、巴蜀书社1991年版，第22—23页。

　　③（清）爱新觉罗·弘历：《咏惠泉》，（清）裴大中、倪咸生修，秦缃业等纂：《光绪无锡金匮县志》，
《中国地方志集成·江苏府县志辑》第24册，江苏古籍出版社、上海书店、巴蜀书社1991年版，第
25页。

　　④（清）爱新觉罗·弘历：《圆池》，（清）裴大中、倪咸生修，秦缃业等纂：《光绪无锡金匮县志》，
《中国地方志集成·江苏府县志辑》第24册，江苏古籍出版社、上海书店、巴蜀书社1991年版，第
30页。

　　⑤（清）爱新觉罗·弘历：《方池》，（清）裴大中、倪咸生修，秦缃业等纂：《光绪无锡金匮县志》，
《中国地方志集成·江苏府县志辑》第24册，江苏古籍出版社、上海书店、巴蜀书社1991年版，第
30页。

　　⑥（清）爱新觉罗·弘历：《圆池》，（清）裴大中、倪咸生修，秦缃业等纂：《光绪无锡金匮县志》，
《中国地方志集成·江苏府县志辑》第24册，江苏古籍出版社、上海书店、巴蜀书社1991年版，第
35页。

粹"①。其次，乾隆帝对二泉的泉源——若冰洞进行了考察。若冰洞在二泉之上，据说为二泉之源，乾隆帝第五次南巡时在诗中写道："流出为池方与圆，溯源冰洞得淙泉。"②第三，乾隆帝对漪澜堂也表达了自己的喜爱之情。漪澜堂位于二泉亭下，乾隆帝第六次南巡时在诗中写道："山中喜有水围堂，滉漾楣栏上下光。"③

明清时期，惠山泉为江南文人名士品茗、赋诗、作画之胜地，文人雅会风韵长流。康乾南巡至惠山泉，表面上是品茗，精神层面更是对文人雅会的神往。

选择和交融：康乾巡游与江南人文景观建构

三、竹茶炉烹茶

水为茶之母，壶为茶之父。乾隆帝对品茶的工具非常讲究，既要求实用，又要求精美，提出了高雅的艺术审美要求。乾隆帝对无锡惠山寺的烧水器物"竹茶炉"情有独钟，后来成为他各地饮茶处的标准配备。

乾隆帝第一次南巡时至无锡惠山竹炉山房，于《竹炉图卷》第三卷上题诗；第五次南巡时在听松庵用竹炉烹茶，效白居易体："竹炉烹苦茗，本是山僧事。性海为清供，不涉人间世。"④竹炉既有实用价值，又有较高的艺术观赏价值。在乾隆帝看来，汲惠山泉水，拾松实堕枝，用竹炉烹茶，于张宗苍所补《竹炉图卷》第四卷图上赋诗："此日真成四美

① (清)爱新觉罗·弘历：《方池》，(清)裴大中、倪咸生修，秦缃业等纂：《光绪无锡金匮县志》，《中国地方志集成·江苏府县志辑》第24册，江苏古籍出版社、上海书店、巴蜀书社1991年版，第35页。

② (清)爱新觉罗·弘历：《若冰洞》，(清)裴大中、倪咸生修，秦缃业等纂：《光绪无锡金匮县志》，《中国地方志集成·江苏府县志辑》第24册，江苏古籍出版社、上海书店、巴蜀书社1991年版，第33页。

③ (清)爱新觉罗·弘历：《漪澜堂三叠前韵》，(清)裴大中、倪咸生修，秦缃业等纂：《光绪无锡金匮县志》，《中国地方志集成·江苏府县志辑》第24册，江苏古籍出版社、上海书店、巴蜀书社1991年版，第34页。

④ (清)爱新觉罗·弘历：《听松庵竹炉烹茶戏成，效白居易体》，(清)裴大中、倪咸生修，秦缃业等纂：《光绪无锡金匮县志》，《中国地方志集成·江苏府县志辑》第24册，江苏古籍出版社、上海书店、巴蜀书社1991年版，第33页。

具，当年漫说八禅诠。"①

乾隆帝特别喜爱听松庵竹茶炉的古朴典雅，第一次南巡时便加以仿制。其实，乾隆帝所仿制的竹茶炉样器，并非性海所制竹茶炉的原件。竹茶炉后为潘克诚收藏，经过一百多年的时间已坏，便由盛舜臣仿制。清康熙二十三年，顾宪成四世孙顾贞观又进行了仿制，这才是乾隆帝命人仿制竹茶炉的原件。乾隆帝第二次南巡时又至惠山听松庵，汲二泉水用竹茶炉烹茶："听松庵静竹炉洁，便与烹云池汲圆"②；乾隆帝第三次南巡时至惠山听松庵，用竹炉煎茶再叠旧韵，并感叹："如此好山不试茗，更当何处佳期敦"③；第四次南巡时至惠山听松庵，再叠旧作韵："画卷重教神晤会，竹炉一为手摩挲"④；第五次南巡时在听松庵用竹炉烹茶，效白居易体："听松庵好在，竹炉亦妥置"⑤；第六次南巡时汲惠山泉水，用竹炉烹茶，五叠旧作韵："在惠惟宜言此惠，筠炉茗碗况具陈。地幽春静更值暇，听松速客意殊敦。"⑥

乾隆帝对惠山"竹茶炉"的精雅情有独钟，回京后仍念念不忘。乾隆十六年至二十三年间，乾隆帝陆续向苏州及江宁织造订制了20多件竹炉，并分别设置于各处茶舍。于是，竹茶炉成为乾隆帝各地茶社的标准

①（清）爱新觉罗·弘历：《题竹炉第四卷张宗苍补图上》，（清）裴大中、倪咸生修，秦缃业等纂：《光绪无锡金匮县志》，《中国地方志集成·江苏府县志辑》第24册，江苏古籍出版社、上海书店、巴蜀书社1991年版，第23页。

②（清）爱新觉罗·弘历：《惠山寺》，（清）裴大中、倪咸生修，秦缃业等纂：《光绪无锡金匮县志》，《中国地方志集成·江苏府县志辑》第24册，江苏古籍出版社、上海书店、巴蜀书社1991年版，第25页。

③（清）爱新觉罗·弘历：《汲惠泉烹竹炉歌再叠旧作韵》，（清）裴大中、倪咸生修，秦缃业等纂：《光绪无锡金匮县志》，《中国地方志集成·江苏府县志辑》第24册，江苏古籍出版社、上海书店、巴蜀书社1991年版，第29页。

④（清）爱新觉罗·弘历：《惠山寺再叠旧作韵》，（清）裴大中、倪咸生修，秦缃业等纂：《光绪金匮县志》，《中国地方志集成·江苏府县志辑》第24册，江苏古籍出版社、上海书店、巴蜀书社1991年版，第30页。

⑤（清）爱新觉罗·弘历：《听松庵竹炉烹茶戏成，效白居易体》，（清）裴大中、倪咸生修，秦缃业等纂：《光绪无锡金匮县志》，《中国地方志集成·江苏府县志辑》第24册，江苏古籍出版社、上海书店、巴蜀书社1991年版，第33页。

⑥（清）爱新觉罗·弘历：《汲惠泉烹竹炉歌五叠旧作韵》，（清）裴大中、倪咸生修，秦缃业等纂：《光绪无锡金匮县志》，《中国地方志集成·江苏府县志辑》第24册，江苏古籍出版社、上海书店、巴蜀书社1991年版，第35页。

配备。乾隆帝用竹茶炉品茗并加以仿制，体现了他享受天然闲淡情趣、抒发高雅幽思之情。

综上所述，乾隆帝对龙井茶喜爱有加，南巡时4次游览龙井，并于镇江中泠泉、无锡惠山泉用天下第一泉、第二泉的泉水烹龙井茶。康乾南巡品鉴了11处泉水，惠山泉最受喜爱。根据康乾二帝的南巡诗可知，惠山泉上池与中池的水质区别、若冰洞以及漪澜堂引起了二帝尤其是乾隆帝的注意。乾隆帝对"竹茶炉"情有独钟，每次南巡至惠山时都要在竹炉山房品茶，后来成为他各地饮茶处的标准配备。泉茶文化是文人闲情雅致的一种代表，康乾二帝"尝泉品茗"的行为体现出嗜茶品茗的生活方式和高洁幽雅的帝王生活情趣，对中国茶文化的繁荣发展也作出了重要贡献。

本章小结

康乾二帝既是皇帝，又是文人雅士，追求高雅情趣、崇尚风雅基调，具有很高的士人文化素养。江南人文景观充满文化气息，吸引着二帝的反复游览，帮助二帝进入文人领域、体验文人雅趣。康乾二帝通过一系列活动，尽情挥洒自己所长，极大地丰富了江南景观的文化意蕴，使之更具魅力。康乾二帝在游览江南人文景观时吟诗作联，尤以乾隆帝为主，通过"追和前人"表达了对唱和诗人的钦慕与对唱和作品的喜爱。康乾二帝在各景观"题额赐名"，点明了景观的主题，深化了景观的意境，丰富了景观的内涵，也是继南巡诗之外反映二帝思想的又一重要媒介，还是其"观民设教""以光文治"的举措之一。鉴赏名山胜景中所藏书画是康乾南巡的另一主要活动，二帝对书画艺术的关注，既有对书画艺术兴趣浓厚的个人原因，也有将书画艺术作为笼络汉族知识分子工具的政治原因。康乾二帝在巡游江南期间还品茶、尝泉，体现出他们高洁幽雅的生活方式与帝王情趣，客观上促进了中国茶文化的繁荣发展。康乾二帝通过与江南人文景观有关的活动，不仅增加了江南景观的文化内涵，还获得了江南士人的认同。尤其是乾隆帝，自负天资聪颖、学问也的确不错，成功地将自己塑造为一位儒家统治者的完美形象，作为清朝政治领袖的同时，成为天下文人的精神领袖。

第四章　康乾巡游江南文教活动分析

　　康乾二帝身为清朝的最高统治者，都是励精图治、颇有作为的一代君主，南巡不可避免带有浓郁的政治、文化意味。康熙时期，朝代更替的痕迹仍未消减；乾隆时期，异族征服的冲击依然存在。所以，康熙帝南巡希望赢得江南士绅发自内心的支持，而进一步加强对江南思想文化的全面控制则是乾隆帝南巡的真实追求。也就是说，如何消除民族隔阂、强化意识形态掌控，始终是康乾南巡关注的焦点问题。那么，康乾二帝南巡期间是如何有针对性地进行文教的呢？本章对祠庙、陵墓、书院等二帝所至的代表性人文景观进行分析，力求作出回答。康乾二帝以江南人文景观为载体，注重祭祀、推崇文教，不仅体现了二帝对江南文化传统的认可与尊重，还赋予了江南人文景观"教化"的内涵，为我们理解二帝如何在江南实施文教提供了一个有益的视角。可以说，二帝"以'礼仪'消弭'诸夏—夷狄'构造中的传统种族差异"①，为清朝争得了正统的合法性，笼络了人心，加强了控制，稳定了江南，巩固了统治。

---

　　① 杨念群：《何处是江南：清朝正统观的确立与士林阶层精神世界的变异》，生活·读书·新知三联书店2010年版，第10页。

第一节　观民设教，倡朴抑奢

儒家教化起源于西周，孕育于春秋，产生于战国，清朝达到顶峰。在儒家理念中，教化是古代帝王统治的最佳策略与手段。"教，上所施，下所效也。化，教行也。"①帝王们希望通过教化，形成统一的思想，以达到其所希望的社会秩序。奢靡似乎是康乾二帝对江南形成的刻板印象，崇尚质朴、抑制奢靡被二帝视为南巡的重要职责。康乾二帝注重道德教化，以正人心、厚风俗，潜移默化地培养民风民俗；进而维持风化、辨别等威，建立统治所需要的社会环境。但是，康乾南巡的口头谈"质"与表现趋"文"形成鲜明的反差。由此可知，倡导质朴、抑制奢靡不仅是康乾二帝对江南社会风气的衡量标准，更是对自己南巡游玩的一种掩饰。

一、观民设教

教化是文治的重要组成部分，观察民风、倡导质朴是康乾南巡的主要目的之一，也是二帝对江南人情风俗的期盼。比如，康熙帝第一次南巡返京时，便对江南大小官吏提出了祛华崇朴的要求："朕向闻江南财赋之地，今观民风土俗、通衢市镇，似觉充盈，至于乡村之饶、民情之朴，不及北方，皆因粉饰奢华所致。尔等身为大小有司，当洁己爱民，奉公

---

① （东汉）许慎：《说文解字》，中国社会科学出版社2005年版，第860页。

守法，激浊扬清，体恤民隐，务令敦本尚实、家给人足，以副朕望。"①回到北京后，康熙帝还作有《示江南大小诸吏》诗，诗中写道："风俗贵淳庞，纷奢讵能久。"②

在康乾南巡诗中，多次提到"观风问俗"的问题，观民、省方、设教、展义四组词出现的频率最多，共计有79首，反映了二帝试图通过舆论导向对江南进行教化的思想。

观民，即观察民风、检阅民力以及显示于民。康乾二帝在巡游江南期间，观民为先，共有35首南巡诗提到观民事宜。《清史稿·礼志八》中也有"皇帝省方观民，特举时巡盛典"③的记载。乾隆帝通过南巡诗指出观民是正务、游玩乃余事，观民主要包括为文教、恤民情以及课吏等，并反复强调南巡不是为了赏烟景、事春游、玩景、寻胜、偷闲和游山玩水等。

教化，即政教风化，《诗序》中说："先王以是厚人伦，美教化，移风俗。"④康熙帝平时就注重对臣子的教化："帝王致治，首在维持风化，辨别等威，崇尚节俭，禁止奢侈，故能使人心淳朴，治化休隆"⑤，并带入南巡途中。康乾南巡诗中有16首包含教化内容，二帝希望通过教化而沐化淳、崇孝友、敦诗书以及修文教，最终"移风易俗"、转移世道人心。

省方，即巡视四方。《易·观》中说："先王以省方观民设教"⑥，孔颖达疏曰："省视万方，观看民之风俗。"⑦康乾南巡诗中有16首包含省方内容，其省方的内容包罗万象，具体有耕织、奉慈宁、殷鉴、吏治、民生疾苦等，目的是安民、设教、还淳。

选择和交融：康乾巡游与江南人文景观建构

①《清圣祖实录》（三）卷一一七，《清实录》第5册，中华书局1986年影印本，第227页。

②（清）爱新觉罗·玄烨：《示江南大小诸吏》，见（清）何绍基《（光绪）重修安徽通志》卷二，光绪四年刻本，第14—15页。

③赵尔巽：《清史稿》（3），中华书局1998年版，第1810页。

④萧统：《昭明文选》，吉林人民出版社1998年版，第866页。

⑤赵之恒等：《大清十朝圣训》，北京燕山出版社1998年版，第210页。

⑥陈戊国点校：《四书五经（上）》，岳麓书社2014年版，第159页。

⑦（魏）王弼等疏，余培德校注：《周易正义（上）》卷三，九州出版社2004年版，第135页。

展义，即宣示德义。《左传》中说："天子非展义不巡守，诸侯非民事不举。"杜预注曰："天子巡守，所以宣布德义。"①南巡诗中关于展义的诗句共有11首。

二、倡朴抑奢

我国早有"北朴南奢"的说法。有学者曾经指出："江南地区的奢侈风气源于著名的工商业都市苏州。……奢侈风气自苏州产生以后，通过频繁往返于各地的商人为媒介，很快向全国各地散播开去。……宋、元之后，江南地区竞尚奢华，靡然成风，淳朴者反遭耻笑。"②康乾南巡对江南的奢靡之风，似乎形成了难以改变的刻板成见，并予以反复指责。身为帝王，崇尚质朴、抑制奢靡对康乾二帝来说，是对江南世情风俗的引导。

（一）具体表现

康乾南巡诗中共有21首包含"返朴还淳"的内容。康乾二帝反复表明自己对风俗、民风的评判标准是贵淳庞、爱淳朴，多次指出南巡的要务、职责是还淳、返朴，对江南地区提出了返华以朴、瘅邪敦朴、靡丽风应换、厚俗止纷华等要求。康乾二帝"返朴还淳"的思想，是针对南巡途中的歌舞、烟花、管弦、彩棚鼓乐以及河里龙舟等迎驾现象提出的，有安民养民的政治目的，对奢侈成风的形势有一定的远见和政治意义。

由于长期接受中国传统文化的熏陶，康乾二帝养成了宁静致远、幽逸素雅的生活品位。乾隆帝的南巡诗中共有20首表达了"尚朴厌闹"之意。在乾隆帝的笔下，丝管、笙歌、鼓吹声、艳舞新歌、歌台画舫、火

---

① （战国）左丘明撰，（西晋）杜预集解：《左传（上）》，上海古籍出版社2015年版，第123—124页。

② 王卫平：《明清时期江南地区的奢侈风气及其评价》，见《中日地方志与江南区域史研究》，苏州大学出版社2014年版，第174—176页。

树银花、夹岸排档等字眼处处可见，闹、稠、沸、聒、繁是乾隆帝对江南迎驾喧哗热闹场景的主观印象，反感之情溢于言表。与之相对，乾隆帝表明自己向往的是山鸟、林泉、湖山、孤月、松风、梅竹、梵唱等恬淡之趣。

康乾南巡诗中共有15首包含"尚俭戒奢"的内容。康乾二帝深知为迎接南巡，江南官员、盐商无不花费众多。因此，二帝反复通过南巡诗表达了恐其奢、虑费多的担忧，提醒自己警惕恣欲、增华，尽量做到戒鸟花、惩奢侈，二帝的奢俭思想不仅反映了二帝的个人好尚，更说明了居安思危的帝王心态。

（二）原因分析

康乾南巡倡朴抑奢是有二帝主观因素与客观历史背景的。比如康熙帝自幼熟读四书五经等儒家经典，深受"节俭"思想的影响，因此主观意愿上能够崇尚节俭。同时，康熙帝继位之后，先后经历三藩之乱、收复台湾、平定准噶尔等战争，漕运、治河、盐政等问题也未解决，政治、经济、社会背景从客观上限制了他的奢靡生活。此外，帝王奢俭不仅是个人问题，更事关国家兴衰，这方面的历史殷鉴比比皆是。因此，康乾二帝将君主好尚奢靡看作历朝覆亡的主要原因，并从这个角度对前代君王进行了评述。

康熙帝虽然是清朝的最高统治者，但能以身作则、崇尚节俭，时人对此多有记载。在法国传教士白晋的描述中，康熙帝的住所"只有几幅字画，几件描金饰物和一些相当简朴的绸缎……简单朴素几乎是那里的全部装饰了"，康熙帝的衣着"除了几种宫廷里极为常见的过冬的黑貂、银鼠皮袄外，还有一些在中国算是最普通、最常见、只有小百姓才穿不起的丝绸服装。逢到雨天，人们有时看到他穿一件毡制外套，这在中国被视为一种粗制的衣服。夏天，我们看见他穿一件普通的麻布短褂，这也是一般人家常穿的衣服"，康熙帝身上的华丽物品"除了节日大典的日子，我们从他身上发现的华丽物品就是一颗大珠子，那珠子在夏天便照满族人的风俗佩在他的帽檐上"①。康熙帝不仅自己身先示范，还以节俭教育皇子。他曾经这样训谕子孙："世之财物，天地所生，以养人者有限。人若节用，自可有余；奢用则顷刻尽耳，何处得增益耶？朕为帝王，何等物不可用？然而朕之衣食毫无过费，所以然者，特为天地所生有限之财而惜之也。"②这段言论表明了康熙帝的惜物观。

  康乾二帝对历史的经验教训是很重视的。二帝自奉俭约，也常常教育群臣节俭。康熙四十二年，江南织造曹寅主持在高旻寺西修建"塔湾行宫"。《扬州画舫录》中记载："行宫在寺旁，初为垂花门，门内建前中后三殿、后照房。左宫门前为茶膳房，茶膳房前为左朝房，门内为垂花门、西配房、正殿、后照殿。右宫门入书房、西套房、桥亭、戏台、看戏厅。厅前为闸口亭，亭旁廊房十余间，入歇山楼。厅后石版房、箭厅、万字亭、卧碑亭，歇山楼外为右朝房，前空地数十弓，乃放烟火处。郡中行宫以塔湾为先，系康熙间旧制。"③由此可知，塔湾行宫奢华铺张。塔湾行宫的这种情况，不仅受到时人张符骧的批评："三汊河干筑帝家，金钱滥用比泥沙"④，连康熙帝自己也感到不安。康熙帝最后一次南巡时，自知行宫的建造耗费巨大，联想到宋徽宗建艮岳、隋炀帝下扬州而江山易主，作《述怀近体诗并序》以自警："作鉴道君开艮岳，长嘘炀帝溺琼花。浇胸经史安邦用，莫遗争能纵欲奢"⑤，并贴在高旻寺行宫的墙上。乾隆帝6次南巡，作《塔湾行宫恭依皇祖诗韵》《塔湾行宫四依皇祖诗韵》《塔湾行宫五依皇祖诗韵》《塔湾行宫六依皇祖诗韵》等多首诗，强调戒奢的重要性。至于巡游造成的铺张浪费，前人多有叙述，笔者亦赞同；但是，笔者还是认为，康乾二帝在宣扬俭约方面做了大量工作。

---

① 白晋：《康熙帝传》，中华书局1980年版，第212页。

② （清）胤禛：《康熙皇帝告万民书康熙皇帝教子格言》，湖南人民出版社1999年版，第245页。

③ （清）李斗著，王军评注：《扬州画舫录》卷七《城南录》，中华书局2013年版，第98页。

④ 冯其庸：《解梦集（上）》，青岛出版社2014年版，第330页。

⑤ （清）爱新觉罗·玄烨：《述怀近体诗并序》，见（清）阿克当阿修、姚文田、江藩等纂《嘉庆重修扬州府志》（一），《中国地方志集成·江苏府县志辑》第41册，江苏古籍出版社、上海书店、巴蜀书社1991年版，第45页。

综上所述，康乾二帝很重视教化，巡游江南期间的观民设教、倡朴抑奢带有强烈的政治色彩，是为二帝巩固江南统治服务的。观察民风、倡导教化是康乾南巡的主要目的之一，二帝在巡游期间观民设教、省方展义，以期引导江南世情风俗达到人心淳朴、治化休隆的境界。倡导淳朴、禁抑奢靡是康乾南巡的主要内容。

第二节　致祭祠庙，强化权威

祠庙是祭祀的载体，是中国古代祭祀神祇、祖宗或先贤的庙堂。对中国古代帝王和社会来说，祭祀属于头等大事，《左传》中说："国之大事，在祀与戎。"[①]祠庙既有祭祀功能，又有教化功能。康乾南巡重视祠庙的教化功能，如乾隆帝对南巡沿途所经三十里以内地区的著名祠庙都会遣官致祭。在《周礼》中，祭祀的对象主要分为天神、地祇、人鬼三大类。根据祠庙的功能和用途，康乾南巡的祭祀对象大致包括自然和人文两类神祇，建构了一个由各类虚幻与真实的祭祀对象组成的精神世界。通过"致祭祠庙"，康乾二帝实现了强化权威、树立典范的目的。

一、祭自然类祠庙

《礼记》中云："有天下者祭百神"[②]，可见，对自然类神进行祭祀是中国古代帝王的重要活动，是政治权力的象征。康乾南巡所祭自然类祠

---

①《四书五经》，中华书局2009年版，第715页。
②《四书五经》，中华书局2009年版，第404页。

庙共17处，同时，康乾二帝为龙神庙题额，乾隆帝为杭州城隍庙、吴山文昌祠题额，为海神庙、燕子矶和金龙四大王庙题额书联。康乾二帝致祭自然类祠庙，最终目的是"事神治人"。

表4-1 康乾南巡祭自然类祠庙一览

序次	祭祀对象	祭祀时间	祭祀方式	祭祀次数
1	江神	乾隆二十二年二月十三日	祭	8
		乾隆二十七年二月十六日		
		乾隆二十七年三月二十九日		
		乾隆三十年二月二十日		
		乾隆四十五年二月十八日		
		乾隆四十五年二月十九日		
		乾隆四十五年四月初一		
		乾隆四十九年闰三月十三日		
2	海神庙	乾隆十六年二月二十日	遣官祭	7
		乾隆二十二年二月二十一日		
		乾隆二十七年二月二十五日		
		乾隆三十年闰二月初二		
		乾隆四十五年三月初二		
		乾隆四十九年三月十三日		
		乾隆四十九年三月十四日	诣海神庙行礼	
3	南镇会稽山神	乾隆十六年三月初四	遣官祭	6
		乾隆二十二年二月二十一日		
		乾隆二十七年二月二十五日		
		乾隆三十年闰二月初一		
		乾隆四十五年三月初四		
		乾隆四十九年三月十六日		
4	江渎之神	乾隆十六年二月十二日	遣官祭	6
		乾隆二十二年二月初九		
		乾隆二十七年二月十四日		
		乾隆三十年二月十七日		
		乾隆四十五年二月十七日		
		乾隆四十九年三月初一	命皇十一子永瑆祭	

序次	祭祀对象	祭祀时间	祭祀方式	祭祀次数
5	江海潮神	乾隆三十年闰二月初一 乾隆四十五年三月初四 乾隆四十九年三月十六日	遣官祭	3
6	黑龙潭 昭灵沛泽 龙王之神	乾隆十六年三月初七 乾隆二十七年二月十六日	遣官祭	2
7	金龙 四大王庙	康熙帝第一次南巡 乾隆二十二年二月初九	遣翰林院掌院学士 孙在丰致祭 遣官祭	2
8	江海	乾隆二十七年二月二十五日 乾隆三十年闰二月初一	遣官祭	2
9	真武东岳 城隍之神	康熙四十四年三月十八日 康熙四十六年三月十八日	遣官祭	2
10	潮神	乾隆二十七年二月二十五日	遣官祭	1
11	河渎之神	乾隆二十二年二月初九	遣官祭	1
12	淮渎之神	乾隆二十二年二月初九	遣官祭	1
13	金山之神	乾隆四十九年三月初一	命皇十五子颙琰祭	1
14	钱塘江	乾隆十六年三月初六	祭	1
15	钱塘江神庙	乾隆十六年三月初四	遣官祭	1
16	关帝庙	乾隆十六年二月二十五	遣官祭	1
17	燕子矶 关帝庙	乾隆二十二年三月十八日	拈香	1

康乾二帝在巡游江南期间致祭的17处自然类祠庙，主要涉及天神、地祇、历史人物演变之神，尤以水神为主。

（一）祭天神祠

康乾二帝巡游江南期间致祭的天神祠仅有2处，即吴山龙王庙、吴山文昌祠。

在古代江南，农业是根本，为了祈求风调雨顺，江河湖海等水神便成了江南地区祭祀的主要对象。但是，自从龙王信仰兴起后，这些水神的地位逐渐为龙王所取代。历代统治者都重视龙神信仰，祈雨活动被列入国家祀典。康熙帝第五次至杭州时，题"恬波利济"①额，令悬钱塘江岸龙王庙。乾隆帝第三次南巡时题龙神庙"灵祐安澜"②匾。乾隆帝第一、三次南巡至绍兴、镇江时，遣官祭黑龙潭昭灵沛泽龙王之神。康乾二帝之所以为龙神庙题额，皆因传说龙王是天晴天雨、江湖河海的主宰，因而每逢风雨失调、久旱不雨或久雨不止等自然灾害时，到龙王庙烧香祈愿成为人们抵御灾害所采取的普遍措施。其中，黑龙潭龙王庙乃皇家敕建庙宇，为明清皇室祈雨之处。

文昌帝君，又称为梓潼神、梓潼帝君、梓潼真君，是道教尊奉的司禄主文运之神。文昌帝君本为梓潼地方小神，经唐、宋两代皇帝推崇，成为全国道教的大神。"宋代开始在蜀中流传'梓潼梦'的传说，认为得梓潼神托梦，可以预知科场胜算。"③文昌是古人认为主持文运功名的星宿，也称文曲星、文星。"因文昌星和梓潼神同被道教尊为主管功名利禄之神，所以二神又逐渐合而为一"④，定型为科举之神。南宋都城临安的梓潼神，吴自牧《梦粱录》中记载："梓潼帝君庙，在吴山承天观，此蜀中神，专掌注禄籍，凡四方士子求名赴选者悉祷之。"⑤文昌帝君是士人功名利禄的主宰，因此每逢科举考试便被士人祈祷膜拜。乾隆帝第三次南巡时赐吴山文昌祠匾"斗匡司化"⑥。

（二）祭地神

在"中国古代国家祭祀中，地祇类的神灵体系包括大地、社稷、山

---

① 项文惠：《明清实录：杭州史料辑录》，杭州出版社2012年版，第454页。
② （清）丁丙：《武林坊巷志》第2册，浙江人民出版社1986年版，第728页。
③ 张泽洪：《论道教的文昌帝君》，《中国文化研究》2005年秋之卷，第4页。
④ 刘明：《浅谈文昌帝君与文昌文化》，《天府新论》2012年第5期，第140页。
⑤ （宋）吴自牧等撰，刘坤、赵宗乙主编：《梦粱录（外四种）》，黑龙江人民出版社2003年版，第134页。
⑥ 王国平：《西湖文献集成》第25册，《西湖祠庙志专辑》，杭州出版社2004年版，第814页。

川以及五祀等神灵"①。康乾南巡致祭的地祇有江神、浙江海神、南镇之神、江渎之神、钱塘江神、河渎之神、淮渎之神、金山之神等,属于岳镇海渎的范畴。古人认为岳镇海渎均为神仙居所,又能泽被一方,故感恩报德进行祭祀。

1. 祭水神

江南地区为水乡泽国,河流纵横,临江靠海,为了祈求江河湖海平和、免受水害之灾,自古以来,人们便在沿江沿海等要冲建庙敬奉江神、海神等水神。在康乾二帝致祭的山川神灵之祠中,与水有关的占80%。其中,尤以江神庙和浙江海神庙得到乾隆帝的关注最多。

江渎之神为我国古代祭祀的重要水神之一,《尔雅·释水》中记载:"江河淮济为四渎。四渎者,发源注海者也。"②秦朝统一六国以后,江神被列入国家祀典。唐代开始,长江被称为南渎。明洪武三年,江渎仅以其本名称其神,即南渎大江之神。乾隆帝六次南巡,先后十一次在镇江祭江、祭江神。乾隆帝前五次南巡至扬州时,先后五次遣官祭江渎之神。乾隆帝第五次南巡返程渡江时,虽然江面有风浪,但御舟渡江平稳,乾隆帝认为,"实赖神佑,不可不崇昭秩祀,以答灵庥",于是令礼部载入祀典,成为官方定期的祭祀活动:"着该部载入祀典,嗣后每遇致祭之期,着该部封香帛、祝文送往,交该督抚亲诣金山寺行礼"③。乾隆帝第六次至镇江时,命皇十一子永瑆祭江渎之神。乾隆四十七年,乾隆帝敕封金山"灵区安澜恒佑宏仁广济至德尊神",供奉神祠,题额曰"德佑安澜"。④

海宁海神庙位于浙江省海宁市盐官镇。海宁因位于钱塘江河口北岸而形成壮观天下的钱江大潮,潮涨潮落对农业生产的影响相当大。在生产力低下的传统社会,面对潮水的肆意妄为,人们只能求助于神灵的佑

选择和交融:康乾巡游与江南人文景观建构

---

① 曹建墩:《中国的祭礼》,南京大学出版社2014年版,第61页。

② (东汉)许慎撰,(清)段玉裁注:《说文解字(3)》,中国戏剧出版社2008年版,第1446页。

③ 杨健:《清王朝佛教事务管理》,社会科学文献出版社2008年版,第320页。

④ (清)何绍章等修,杨履泰等纂:《丹徒县志》,成文出版社1970年版,第91页。

护，海神于是应运而生。海宁海神庙建造于雍正年间。雍正七年（1729）秋的潮汛非常大，海宁海塘在危难之际却忽然风平浪静，堤防安然无恙。雍正帝以为是海神佑护，为亿万生灵谋久远平安之计[1]，特拨府银十万两，命浙江总督李卫奉敕督造。海神庙正殿所祀之神，雍正特加封号："敕封浙江海宁县海神为宁民显佑浙海之神"[2]。

乾隆帝6次南巡至常州、苏州、嘉兴、杭州时，分别6次遣官祭海神庙，并于第六次南巡时诣海神庙行礼。乾隆帝第二次南巡时题海神庙匾"保障东南"，书联"神祐安澜，曲折三江潮有信，人占利涉，澄清万里海无波"[3]；第三次南巡时先行拜谒，作诗《谒海神庙瞻礼有作》，题匾"澄澜保障"，书联"百谷归墟，泽汇江湖资利济；三瀜循轨，潮平凫赭庆安恬"[4]；第四次南巡时临海神庙行九叩瞻礼，作诗《谒海神庙瞻礼叠旧作韵》；第五次南巡时作诗《谒海神庙瞻礼三叠旧作韵》。根据乾隆帝的南巡诗可知，乾隆帝祭祀海神庙的真正原因，乃是"警觉众庶""事神治人"，以求得海塘海潮平稳，满足乾隆帝精神上的寄托和安慰。

此外，乾隆帝第四、五、六次南巡时，先后3次遣官祭江海潮神。乾隆帝第一次至杭州时，祭钱塘江；第二次至扬州时，遣官祭河渎之神、渎之神。

2. 祭南镇庙

南镇是指会稽山，原名茅山，亦称苗山，在绍兴城外。中国古代的名山祭祀包括五岳和四镇，《周礼》所载的四镇为东镇沂山（在今山东临朐县内）、南镇会稽山、西镇霍山（即霍泰山，在今山西霍州市内）和北镇医巫闾山（在今辽宁北镇县内）。越王勾践是历史上最早祭祀会稽山神的，隋朝正式在会稽山敕建祠庙。《隋书·礼仪志》（二）中记载："开皇

---

① 闫彦、李续德、王秀芝：《浙江海塘宸翰》，中国水利水电出版社2015年版，第27页。
② 《海宁市志》编纂委员会：《海宁市志》，汉语大辞典出版社1995年版，第287页。
③ （清）翟均廉：《海塘录》卷十一，清文渊阁四库全书本，页一百五十六。
④ （清）陈璚修，王棻纂，屈映光续修，陆懋勋续纂，齐耀珊重修，吴庆坻重纂：《民国杭州府志》（一），《中国地方志集成·浙江府县志辑》第1册，江苏古籍出版社、上海书店、巴蜀书社1993年版，第148页。

十四年闰十月，诏东镇沂山，南镇会稽山，北镇医巫闾山，冀州镇霍山，并就山立祠。"①明洪武三年，南镇称会稽山之神。

康熙帝第五次南巡时题南镇庙匾"秀带岩壑"②，奉悬庙中，复建亭立石。乾隆帝6次南巡至杭州、苏州时，先后6次遣官祭南镇会稽山神，并于第一次南巡时御题南镇庙匾"表甸南疆"③。

（三）祭历史人物演变之神庙

在中国历史上，有许多建功立业或关爱百姓的名臣，深受人民的爱戴，死后被尊为神，显示出百姓对他们的敬仰。康乾南巡致祭的历史人物演变之神主要有潮神、城隍神、关帝庙等，体现了以人为神的教化用意。其中，影响深、有特点的要数城隍、关公，与江南地区关系最密切的当属潮神。

1. 祭潮神庙

潮神，又名涛神，自唐以来被认为是主宰钱塘江潮水之神，杭人为其立庙建祠，春秋祭拜，尊崇有加。春秋时的伍子胥、文种被后人视为"潮神"，明清时期被供奉于江南各地。

吴山英卫公庙，又叫伍公庙、伍相庙、忠清庙、子胥祠，供奉的是春秋末期吴国大夫伍子胥，始建于春秋战国时期，素有"吴山第一庙"之称。伍子胥自宋朝起便被视作潮神，唐朝立祠。南宋嘉熙三年（1239），钱塘江海潮泛滥并将杭城围住，京兆尹赵与懽祈祷于潮神，水患顿息，于是奏请朝廷建"英卫阁"于庙前，宋理宗亲书"英卫"匾额。清雍正三年，敕封"英卫公"，并对伍公庙进行重修。乾隆帝南巡至杭州、苏州，先后五次遣官致祭钱塘江神庙。第一次至杭州时，乾隆帝还题钱塘江神庙匾"云依素练"④。

---

① （唐）魏征：《隋书（1）》，中华书局2000年版，第97页。
② 王云五：《清朝通志》卷一百二十"金石略六"，商务印书馆1935年版。
③ 李永鑫：《绍兴通史》卷四，浙江人民出版社2012年版，第292页。
④ 《清高宗实录》（六）卷三八四，《清实录》第14册，中华书局1986年影印本，第46页。

海宁黄湾镇尖山位于杭州湾北岸、海宁市东南约20公里，是钱塘江涌潮的起潮之地。康熙五十九年时，浙江巡抚朱轼在黄湾小尖山修建潮神庙。乾隆帝第三次南巡时题尖山潮神庙匾"恬波孚信"、书联"地通潮汐安江裔；川障东南护海门"。[1]

乾隆帝对伍子胥的祭祀，除了借由冤死伍子胥搅潮报复之传说警示世人多行忠义，在江南地区更是出于对水患平息的美好祝愿。

2. 祭城隍庙

"城隍庙，是中国古代唯一只有在城市中才设立的神庙，也是中国唯一由皇帝颁布命令每一座县级以上城市必须建造的庙宇。"[2]城隍原本是守护城池的自然神，从隋唐开始世俗化，逐渐形成正人直臣死后为城隍神的观念。896年，唐昭宗册封华州城隍为济安侯，开启了册封城隍的先河。明太祖朱元璋登基之初，极力利用民间信仰以巩固自己的统治，下诏"封京都及天下城隍神"。

康熙帝第五、六次南巡时，遣官祭真武东岳城隍之神。杭州吴山城隍庙是南宋绍兴九年迁移而来，明朝永乐年间开始祭祀周新。周新是明朝永乐时的浙江按察使，他嫉恶如仇、执法如山，因得罪高官而被明成祖杀害。后来，明成祖后悔杀了忠臣，便封周新做了杭州的城隍。乾隆帝第三次南巡时题杭州城隍庙匾"福庇南黎"[3]。

康乾二帝将城隍庙作为道德教化的场所，通过祭祀宣扬因果报应思想，利用鬼神震慑臣民，对负面行为进行劝诫。

3. 祭关帝庙

在中国，"关帝文化"可谓传统文化中一个比较独特的符号。关帝即三国时的关羽，也被称为关圣帝君、关圣帝、关帝君、关帝等。关羽在

---

① (清)陈璚修，王棻纂，屈映光续修，陆懋勋续纂，齐耀珊重修，吴庆坻重修：《民国杭州府志》(一)，《中国地方志集成·浙江府县志辑》第1册，江苏古籍出版社、上海书店、巴蜀书社1993年版，第149页。

② 曹建墩：《中国的祭礼》，南京大学出版社2014年版，第86页。

③ (清)陈璚修，王棻纂，屈映光续修，陆懋勋续纂，齐耀珊重修，吴庆坻重修：《民国杭州府志》(一)，《中国地方志集成·浙江府县志辑》第1册，江苏古籍出版社、上海书店、巴蜀书社1993年版，第148页。

历史上只是蜀国的一位将领，其人其事，西晋史学家陈寿在《三国志》卷三十六中有较为集中的描写。之后，大多数作品在《三国志》基础上不断附会。其实，关羽死后只是作为武将受人称道，在隋唐时开始被神化，清朝成为民间最受欢迎的神祇。清朝处处供奉关帝[1]，关帝崇拜达到高峰。如果说民间信奉关公是迷信，统治者推崇关公则是为了教化。

关帝庙是"关帝文化"最重要的物质载体。雍正时，朝廷诏令全国关帝庙为武庙，关庙和孔庙并列，一为武圣，一为文圣。乾隆帝第一次南巡遣官祭关帝庙，题燕子矶关帝庙额"气摄怒涛"[2]；第二次南巡时至燕子矶关帝庙拈香，题上方山关帝殿匾"神佛贤豪"，书联"丹心自比午日炯；浩气常存寰宇间"。[3]

康乾二帝对关帝的祭祀，看重的是封建正统的伦理道德——忠义，将关帝树立为忠义的典型，对以关帝为代表的礼法进行正面宣扬，进而推行教化、培养顺民。

二、祭人文类祠庙

康乾南巡遣官致祭的人文类祠庙共有33处，主要祭祀对象为人鬼类神灵，具体包括前朝圣贤、清朝名臣、先农、先蚕、历代帝王、贤良祠、昭忠祠等。祭祀江南人文类祠庙是康乾二帝教化江南的有机组成部分，有利于加强对江南的思想文化控制。由于先农、先蚕、历代帝王、贤良祠、昭忠祠等不在江南，因此本部分内容主要探讨的是前朝圣贤与清朝名臣祠。

① 葛兆光：《想象异域：读李朝朝鲜汉文燕行文献札记》，中华书局2014年版，第46页。
② （清）吕燕昭修，姚鼐纂：《重刊江宁府志》（一），嘉庆十六年修，光绪六年刊本，《中国方志丛书·华中地方》（第128号），成文出版社1974年版，第114页。
③ 朱诚如：《清朝通史·乾隆朝分卷》（上），紫禁城出版社2003年版，第405页。

选择和交融：康乾巡游与江南人文景观建构

表4-2　康乾南巡祭人文类祠庙一览

序次	祭祀对象	祭祀时间	祭祀方式	祭祀次数
1	宋臣 范仲淹祠	乾隆十六年二月十九日	遣官祭	7
		乾隆十六年三月十八日	幸	
		乾隆二十二年二月十七日	遣官祭	
		乾隆二十七年二月十四日	遣官至，拈香奠酒	
		乾隆三十年二月二十六日		
		乾隆四十五年二月二十二日	遣官祭	
		乾隆四十九年三月初六		
2	先农之神	康熙四十二年二月十八日	遣官祭	7
		乾隆十六年三月十四日		
		乾隆二十七年三月初七		
		乾隆三十年三月十二日		
		乾隆四十五年三月初八		
		乾隆四十九年三月初二		
		乾隆二十二年三月初八	遣诚亲王允秘祭	
3	泰伯	乾隆十六年二月十九日	遣官祭	6
		乾隆二十二年二月十七日		
		乾隆二十七年二月十四日	遣官至，拈香奠酒	
		乾隆三十年二月二十六日		
		乾隆四十五年二月二十二日	遣官祭	
		乾隆四十九年三月初六		
4	季札	乾隆十六年二月十二日	遣官祭	6
		乾隆二十二年二月初九		
		乾隆二十七年二月十四日	遣官至，拈香奠酒	
		乾隆三十年二月十七日		
		乾隆四十五年二月十七日	遣官祭	
		乾隆四十九年三月初一		
5	言子	乾隆十六年二月十九日	遣官祭	6
		乾隆二十二年二月十七日		
		乾隆二十七年二月十四日	遣官至，拈香奠酒	
		乾隆三十年二月二十六日		
		乾隆四十五年二月二十二日	遣官祭	
		乾隆四十九年三月初六		

序次	祭祀对象	祭祀时间	祭祀方式	祭祀次数
6	吴越王钱镠祠	乾隆十六年二月二十日	遣官	6
		乾隆二十二年二月二十三日		
		乾隆二十七年二月二十五日		
		乾隆三十年闰二月初一	遣官至，拈香奠酒	
		乾隆四十五年三月初四	遣官祭	
		乾隆四十九年三月十六日		
7	宋臣韩世忠祠	乾隆十六年二月十九日	遣官祭	6
		乾隆二十二年二月十七日		
		乾隆二十七年二月十四日	遣官至，拈香奠酒	
		乾隆三十年二月二十六日		
		乾隆四十五年二月二十二日	遣官祭	
		乾隆四十九年三月初六		
8	唐臣陆贽祠	乾隆十六年二月二十日	遣官	6
		乾隆二十二年二月二十三日		
		乾隆二十七年二月二十五日	遣官至，拈香奠酒	
		乾隆三十年闰二月初一		
		乾隆四十五年三月初一	遣官祭	
		乾隆四十九年三月十六日		
9	故巡抚汤斌祠	乾隆十六年二月十九日	遣官祭	6
		乾隆二十二年二月十七日		
		乾隆二十七年二月十四日	遣官至，拈香奠酒	
		乾隆三十年二月二十六日		
		乾隆四十五年二月二十二日	遣官祭	
		乾隆四十九年三月初六		
10	故巡抚张伯行祠	乾隆十六年二月十九日	遣官祭	6
		乾隆二十二年二月十七日		
		乾隆二十七年二月十四日	遣官至，拈香奠酒	
		乾隆三十年二月二十六日		
		乾隆四十五年二月二十二日	遣官祭	
		乾隆四十九年三月初六		

选择和交融：康乾巡游与江南人文景观建构

序次	祭祀对象	祭祀时间	祭祀方式	祭祀次数
11	故总河陈鹏年祠	乾隆十六年二月十九日	遣官祭	6
		乾隆二十二年二月十七日		
		乾隆二十七年二月十四日	遣官至，拈香奠酒	
		乾隆三十年二月二十六日		
		乾隆四十五年二月二十二日	遣官祭	
		乾隆四十九年三月初六		
12	先蚕之神	乾隆十六年三月二十日	遣官祭	6
		乾隆三十年三月初六		
		乾隆四十九年三月初八		
		乾隆二十二年三月初二	祭，遣妃恭代皇后	
		乾隆二十七年三月二十三日		
		乾隆四十五年三月初五		
13	宋臣宗泽祠	乾隆十六年二月十二日	遣官祭	6
		乾隆二十二年二月初九		
		乾隆二十七年二月十四日	遣官至，拈香奠酒	
		乾隆三十年二月十七日		
		乾隆四十五年二月十七日	遣官祭	
		乾隆四十九年三月初一		
14	故大学士张玉书祠	乾隆十六年二月十二日	遣官祭	6
		乾隆二十二年二月初九		
		乾隆二十七年二月十四日	遣官至，拈香奠酒	
		乾隆三十年二月十七日		
		乾隆四十五年二月十七日	遣官祭	
		乾隆四十九年三月初一		
15	晋臣卞壶祠	乾隆二十二年三月十七日	遣官祭	5
		乾隆二十七年三月十六日	遣官至，拈香奠酒	
		乾隆三十年闰二月二十六日		
		乾隆四十五年三月二十五日	遣官祭	
		乾隆四十九年闰三月初七		

序次	祭祀对象	祭祀时间	祭祀方式	祭祀次数
16	宋臣曹彬祠	乾隆二十二年三月十七日	遣官祭	5
		乾隆二十七年三月十六日	遣官至，拈香奠酒	
		乾隆三十年闰二月二十六日		
		乾隆四十五年三月二十五日	遣官祭	
		乾隆四十九年闰三月初七		
17	故尚书赵申乔祠	乾隆十六年二月十二日	遣官祭	6
		乾隆二十二年二月初九		
		乾隆二十七年二月十四日	遣官至，拈香奠酒	
		乾隆三十年二月十七日		
		乾隆四十五年二月十七日	遣官祭	
		乾隆四十九年三月初一		
18	故巡抚潘思榘祠	乾隆二十二年二月初九	遣官祭	5
		乾隆二十七年二月十四日	遣官至，拈香奠酒	
		乾隆三十年二月十七日		
		乾隆四十五年二月十七日	遣官祭	
		乾隆四十九年三月初一		
19	明臣于谦祠	乾隆十六年二月二十日	遣官	4
		乾隆二十七年二月二十五日	遣官至，拈香奠酒	
		乾隆三十年闰二月初一		
		乾隆四十九年三月十六日	遣官祭	
20	明臣方孝孺祠	乾隆二十二年三月十七日	遣官祭	4
		乾隆二十七年三月十六日	遣官至，拈香奠酒	
		乾隆四十五年三月二十五日	遣官祭	
		乾隆四十九年闰三月初七		
21	故两江总督于成龙祠	乾隆二十二年三月十七日	遣官祭	4
		乾隆三十年闰二月二十六日	遣官至，拈香奠酒	
		乾隆四十五年三月二十五日	遣官祭	
		乾隆四十九年闰三月初七		

选择和交融：康乾巡游与江南人文景观建构

序次	祭祀对象	祭祀时间	祭祀方式	祭祀次数
22	傅腊塔祠	乾隆二十二年三月十七日	遣官祭	4
		乾隆三十年闰二月二十六日	遣官至，拈香奠酒	
		乾隆四十五年三月二十五日	遣官祭	
		乾隆四十九年闰三月初七		
23	宋臣岳飞祠	乾隆十六年二月二十日	遣官	3
		乾隆二十七年二月二十五日	遣官至，拈香奠酒	
		乾隆三十年闰二月初一		
24	唐臣张巡祠	乾隆二十七年二月二十五日	遣官至，拈香奠酒	3
		乾隆三十年闰二月初二		
		乾隆四十五年三月初一	遣官祭	
25	唐臣许远祠	乾隆二十七年二月二十五日	遣官至，拈香奠酒	3
		乾隆三十年闰二月初二		
		乾隆四十五年三月初一	遣官祭	
26	明臣王守仁祠	乾隆十六年三月初四	遣官祭	
27	靳辅祠	乾隆二十二年二月初九	遣官祭	1
28	齐苏勒祠	乾隆二十二年二月初九	遣官祭	
29	嵇曾筠祠	乾隆二十二年二月初九	遣官祭	
30	明臣李文忠祠	乾隆二十七年三月十六日	遣官至，拈香奠酒	
31	历代帝王	康熙二十八年三月初四	遣官祭	6
		康熙四十二年二月十六日		
		康熙四十六年二月二十九日		
		乾隆十六年二月二十七日		
		乾隆二十二年二月十五日		
		乾隆二十七年二月二十九日		
32	贤良祠	乾隆十六年三月初四	遣官祭	5
		乾隆二十二年二月二十七日		
		乾隆三十年二月十九日		
		乾隆四十五年二月二十四日		
		乾隆四十九年二月二十八日		
33	昭忠祠	乾隆十六年二月二十八日	遣官祭	1

（一）遣官致祭

由前表可知，康熙帝南巡遣官致祭的人文类祠庙仅有2处，即历代帝王、先农之神。乾隆帝南巡遣官致祭的人文类祠庙则有33处，尤其是前朝圣贤与清朝名臣的祠庙，南巡御道三十里以内的，乾隆帝一般都会派人致祭。按照乾隆帝派遣官员祭奠（包括亲至）的次数进行统计，范仲淹以7次名列第一，泰伯、季札、言子、钱镠、韩世忠、陆贽、汤斌、张伯行、陈鹏年以6次位居第二，卞壶、曹彬、宗泽、张玉书、赵申乔、潘思矩以5次紧随其后，此外，于谦、方孝孺、于成龙、傅腊塔为4次，岳飞、张巡、许远为3次，王守仁、靳辅、齐苏勒、嵇曾筠、李文忠各有1次。按照祭奠对象的所属朝代进行划分，清朝以11位高居榜首，宋朝以6位名列第二，明朝以4位位居第三，唐朝和春秋各以2位并列第四，五代、东晋、商则仅有1位。

1. 祭前朝圣贤祠

前朝圣贤祠是指专为祭祀清朝以前某一个具备杰出道德才智的圣人或贤人的祠堂。祭祀圣贤是历代王朝教化百姓的方式之一，欧立德在《乾隆传》中曾指出："传统社会的皇帝多是依天意行事，直接或隐喻地向祖先致敬，而在生活中遵循的则是古代贤哲之例。"①

在乾隆帝遣官致祭的祠庙中，宋臣祠数量最多，有范仲淹、韩世忠、曹彬、宗泽、岳飞祠5处。范公祠位于苏州天平山。范仲淹为北宋政治家、文学家和军事家，官至参知政事，乾隆帝南巡至扬州、常州、苏州时，6次遣官祭范仲淹祠。韩世忠为南宋抗金名将，乾隆帝南巡至扬州、常州、苏州时，6次遣官祭韩世忠祠。乾隆帝第四次南巡返程至苏州时，大学士傅恒等奏："至韩世忠祠庙，乾隆十六年已恩赐匾额。惟丘垄尚虞薪采，请交地方官修理。"得旨："应修理者修理。"②曹彬为北宋开国名

选择和交融：康乾巡游与江南人文景观建构

---

① 欧立德：《乾隆帝》（青石译），社会科学文献出版社2014年版，第49页。
② 《清高宗实录》（十）卷七三一，《清实录》第18册，中华书局1986年影印本，第50页。

将，官至宰相、枢密使，元至正《金陵新志》中云："曹王庙，旧在江宁社坛之前。王讳彬，谥武惠，开宝间统兵平江南，不杀一人，邦人感之，故祠焉。岁久祠废，后人但以土地祀之。"①乾隆帝后5次南巡至江宁、苏州时，5次遣官祭宋臣曹彬祠。宗泽为北宋末、南宋初抗金名臣，接连24次上疏请求夺二圣、还旧都，乾隆帝南巡至扬州、镇江时5次遣官祭宋臣宗泽祠。岳飞为南宋抗金名将，岳王庙始建于南宋隆兴元年（1163），乾隆帝第一、三、四次南巡至常州、苏州时先后三次遣官至宋臣岳飞祠，拈香奠酒。

在乾隆帝遣官致祭的祠庙中，明臣祠数量紧随宋臣祠之后，包括于谦、方孝孺、王守仁、李文忠祠4处。于谦为明代著名军事家、政治家，乾隆帝南巡至常州、苏州、杭州时先后4次遣官祭于谦祠。方孝孺为建文帝朱允炆时侍讲学士，乾隆帝南巡至江宁、苏州时先后4次遣官祭方孝孺祠。王守仁是明代著名哲学家、教育家、文学家和军事家，其学说在明代中叶以后一度成为统治思想的主流，乾隆帝第一次至杭州时遣官祭明臣王守仁祠。

在乾隆帝遣官致祭的祠庙中，唐臣祠数量位居第三，具体有陆贽、张巡、许远祠3处。陆贽为唐代十大名相之一，被后人称为"救时内相"，乾隆帝南巡至常州、苏州、嘉兴、杭州时先后六次遣官祭陆贽祠。张巡、许远在安史之乱时，带领6800名将士与尹子奇率领的13万叛军进行了殊死拼杀，最后由于众寡悬殊、粮尽援绝而失败，乾隆帝第三、四、五次南巡至苏州、嘉兴时先后3次遣官祭唐臣张巡、许远祠，拈香奠酒。

在乾隆帝遣官致祭的祠庙中，春秋时期的祠庙数量仅有2处，即季札、言子祠。季札为吴国公子，主要事迹综合先秦古籍记载为仁让王位、受封于延陵、州来，礼巡中原诸国、听乐观政，讲诚信、徐墓挂剑，退楚兵、义救弱陈等，乾隆帝南巡至扬州、镇江时先后六次遣官祭吴季札祠。言子是孔子弟子中唯一的南方人，后人尊其为"南方夫子""先贤言

---

① （宋）周应合：《景定建康志》(4)，南京出版社2009年版，第1095页。

子",乾隆帝南巡至扬州、常州、苏州时,6次遣官致祭言子祠。

乾隆帝遣官致祭的祠庙,还有泰伯、卞壸和钱镠祠3处。泰伯是吴文化的奠基人,冯桂芬在《同治苏州府志》中记载:"至德庙在阊门内东行半里余,卢志在长洲县西北一里半,祀吴泰伯。初,东汉永兴二年,太守麋豹建于阊门外,或云韩整守吴所创。……朱梁乾化四年,吴越钱镠徙庙今所。宋元祐七年,诏庙号为至德。元符三年,诏封号为至德侯。崇宁初,进为王。"①乾隆帝6次南巡至扬州、常州、苏州时,6次遣官祭泰伯祠。

卞壸为东晋初期著名政治家、军事家,苏峻之乱时与子卞眕、卞盱力战殉国,乾隆帝后5次南巡至江宁、苏州时,5次遣官祭卞壸祠。钱镠是吴越国的创始人,在位期间以"保境安民"为国策,对吴越境内的经济发展做出重大贡献,乾隆帝6次南巡至常州、苏州、杭州时,6次遣官祭吴越王钱镠祠。

2. 清朝名臣祠

乾隆帝南巡遣官致祭的清朝名臣祠共有11处,其中,既有故巡抚,又有故总河、河道总督,既有故大学士,又有故两江总督以及尚书等,这些已故大臣对大清朝的统治功不可没。因此,11人中有8人入祀贤良祠。

在11处乾隆帝遣官致祭的清朝名臣祠中,故巡抚祠有3处,即汤斌、张伯行、潘思榘祠。汤斌历任江苏巡抚、礼部和工部尚书、内阁学士等职,雍正中入贤良祠,乾隆元年被追封谥号"文正",乾隆帝南巡至扬州、常州、苏州时先后6次遣官祭故巡抚汤斌祠。张伯行历任江苏巡抚、代理总督和礼部尚书等职,乾隆帝南巡至扬州、常州、苏州时先后6次遣官祭张伯行祠。潘思榘历官广东按察使、浙江布政使和福建巡抚等职,乾隆时入祀贤良祠,乾隆帝后5次南巡至扬州、镇江时,5次遣官祭巡抚潘思榘祠。

---

① (清)冯桂芬:《同治苏州府志》卷六,光绪九年刊本,第1344页。

在11处乾隆帝遣官致祭的清朝名臣祠中，故总河、河道总督祠共3处，包括陈鹏年、靳辅、齐苏勒祠。陈鹏年晚年官至河道总督，被康熙帝称为天下"第一能臣"①，雍正帝在他死后下诏褒奖："此真鞠躬尽瘁、死而后已之臣"②，乾隆帝南巡至扬州、常州、苏州时先后六次遣官祭总河陈鹏年祠。靳辅为清康熙时治河名臣，康熙四十六年追赠为太子太保，雍正时入祀贤良祠，乾隆帝第二次至扬州时遣官祭故河道总督靳辅祠。齐苏勒是清代继靳辅、陈潢之后治理河漕的"佼佼者"，雍正时入祀贤良祠，乾隆帝第二次至扬州时遣官祭齐苏勒祠。

在11处乾隆帝遣官致祭的清朝名臣祠中，故大学士、两江总督祠分别有2处，为张玉书和嵇曾筠祠、于成龙和傅腊塔祠。张玉书历任翰林院掌院学士、刑部尚书和礼部尚书等职，康熙三十年晋升为文华殿大学士兼户部尚书，卒后加赠太子太保，乾隆帝先后5次遣官祭故大学士张玉书。嵇曾筠是清朝官员、水利专家，历官巡抚、副总河和总督等职，卒赠少保，准祀于浙江省贤良祠，乾隆帝第二次至扬州时遣官祭大学士嵇曾筠祠。于成龙历任知州、巡抚和总督等职，康熙帝南巡时"延访吏治，博采舆评，咸称居官清正，实天下廉吏第一"③，逝后赠太子太保，雍正时入祀贤良祠，乾隆帝第二、四、五、六次南巡至江宁时先后4次遣官祭故两江总督于成龙祠。傅腊塔，康熙帝谕廷臣曰："两江总督居官善者，于成龙而后，惟傅腊塔"④，逝后获赠太子太保，雍正中入祀贤良祠，乾隆帝第二、四、五、六次南巡至江宁时先后4次遣官祭傅腊塔祠。

乾隆帝遣官致祭的清朝名臣祠，还有故尚书赵申乔祠。赵申乔，康熙二十五年被举为"贤能"，康熙帝谕道："申乔甚清廉，但有性气，人皆畏其直。朕察其无私，是以护惜之。"⑤卒后入祀贤良祠，乾隆帝先后

---

　　①政协淮安市淮安区委员会、淮安市淮安区文史资料办公室、淮安市淮安区文广新局：《明清漕运总督传略》，中国文史出版社2013年版，第111页。

　　②(清)陈鹏年撰，李鸿渊校点：《陈鹏年集》，岳麓书社2013年版，第708页。

　　③赵尔巽：《清史稿》卷二七五，中华书局1995年版，第7932页。

　　④赵尔巽：《清史稿》卷二七五，中华书局1995年版，第7932页。

　　⑤赵尔巽：《清史稿》卷二六三，中华书局1995年版，第7831页。

六次遣官祭故尚书赵申乔祠。

（二）题额赋诗

除了遣官致祭，康乾二帝还为一些祠庙题额书联、赐名赋诗。

康熙帝题额的祠庙有方孝孺、陆秀夫祠。康熙帝为方孝孺祠题了"忠烈名臣"①匾，靖难之役后，方孝孺宁死不屈、以身殉道的壮烈堪称士人宗师，因此得到康熙帝的关注。康熙帝第五次至镇江时题"忠节不磨"②匾，康熙帝题匾陆秀夫祠是因其坚贞的民族气节，陆秀夫在谢太后和宋恭帝降元后出任左丞相，苦撑危局，南宋亡时"度不得脱，乃仗剑驱妻、子入海，即负帝赴海死"③。

乾隆帝为陆贽、于谦、王守仁、韩世忠祠题匾。乾隆帝第一次南巡时题陆贽祠匾"内相经纶"④，赞美陆贽才干卓越、学识渊博，在乱世中忠于君主、报效恩遇，最终成为一代名相。乾隆帝第一次南巡时题于谦祠匾"丹心抗节"⑤，赞美于谦在明正统十四年（1449）"土木堡之变"后临危受命从兵部侍郎升任尚书，率军民击退蒙古瓦剌军队。乾隆帝第一次至杭州时题王守仁祠匾"名世真才"⑥，王守仁是陆王心学之集大成者、中国历史上罕见的大儒，提出"致良知""心即理""知行合一"说。乾隆帝第一次南巡时题韩世忠祠匾"中兴伟略"⑦，意思是说韩世忠在抗击西夏和金的战争中立下了汗马功劳，与刘（光世）、张（俊）、岳（飞）并称南宋初年的中兴名将。

---

① 汪康年：《振绮堂丛书初集》，文海出版社1970年版，第38页。

② 朱诚如：《清朝通史·乾隆朝分卷》（上），紫禁城出版社2003年版，第307页。

③ （清）仇巨川：《羊城古钞》卷五，广东人民出版社2011年版，第347页。

④ （清）陈璚修，王棻纂，屈映光续修，陆懋勋续纂，齐耀珊重修，吴庆坻重纂：《民国杭州府志》（一），《中国地方志集成·浙江府县志辑》第1册，江苏古籍出版社、上海书店、巴蜀书社1993年版，第149页。

⑤ （清）陈璚修，王棻纂，屈映光续修，陆懋勋续纂，齐耀珊重修，吴庆坻重纂：《民国杭州府志》（一），《中国地方志集成·浙江府县志辑》第1册，江苏古籍出版社、上海书店、巴蜀书社1993年版，第145页。

⑥ 《清高宗实录》（六）卷三八四，《清实录》第14册，中华书局1986年影印本，第46页。

⑦ 子告解译：《英雄王朝 康熙、雍正、乾隆治政韬略》，中国华侨出版社2004年版，第284页。

康乾二帝均题匾的有范仲淹祠、季札祠、言子祠、宗泽祠、吴泰伯庙和钱镠祠。康熙帝第五次至苏州时题天平山忠烈庙"济时良相"①匾，高度评价范仲淹的改革举措；乾隆帝第一次南巡返程至苏州时题范仲淹祠匾"学醇业广"②，赞美范仲淹一生宗经师儒、学道醇厚。康熙帝第五次至苏州时题季札祠"让德光前"③匾，乾隆帝第一次南巡时题季札祠匾"清徽绳武"④，季札得到二帝关注的原因是其让国的美德。康熙帝南巡时题言子祠"文开吴会"⑤额，乾隆帝第一次南巡时题言子祠匾"道启东南"⑥，康乾二帝称颂言子回到家乡后传授文化，对开启吴地的学风起了重要作用。康熙帝第五次至镇江时题"忠荩永昭"⑦匾额，乾隆帝第一次南巡时题宗泽祠匾"丹忱贯日"⑧，宗泽得到二帝的关注主要是因为其在国家、民族危难之际挺身而出，危身奉上、正直无邪。康熙帝第五次至苏州时题"至德无名"⑨匾，乾隆帝第一次南巡时题泰伯祠匾"三让高踪"⑩，"至德""三让"均出自孔子《论语·泰伯》篇中"泰伯，其可谓至德也已矣，三以天下让，民无得而称焉"⑪。康熙帝第五次至杭州时在表忠观题"保障江山"⑫额，乾隆帝第一次南巡时题钱镠祠匾"忠顺贻

---

① (清)沈德潜：《清诗别裁集》(下)卷二十七，上海古籍出版社2013版，第1247页。

② 《平江区志》编纂委员会：《平江区志》，上海社会科学院出版社2006年版，第1061页。

③ 铁玉钦：《清实录教育科学文化史料辑要》，辽沈书社1991年版，第484页。

④ 沈建钢：《略论季子文化及其积极影响》，《常州工学院学报(社会科学版)》，第3页。

⑤ 常熟市地方志编纂委员会办公室：《重修常昭合志》(上)，上海社会科学院出版社2002年版，第233页。

⑥ 常熟市地方志编纂委员会办公室：《重修常昭合志》(上)，上海社会科学院出版社2002年版，第233页。

⑦ 镇江市历史文化名城研究会编：《镇江历史文化大辞典》(上)，江苏大学出版社2013年版，第417页。

⑧ 镇江市历史文化名城研究会编：《镇江历史文化大辞典》(上)，江苏大学出版社2013年版，第418页。

⑨ (清)李铭皖、谭钧培修，冯桂芬纂：《(同治)苏州府志》，江苏古籍出版社1991年版，第48页。

⑩ (清)吴鼎科等纂辑，吴恩培标点：《至德志(外2种)》，上海古籍出版社2013年版，第11页。

⑪ 周远斌：《论语校释辨正》，人民出版社2014年版，第147页。

⑫ (清)陈璚修，王棻纂，屈映光续修，陆懋勋续纂，齐耀珊重修，吴庆坻重纂：《民国杭州府志》(一)，《中国地方志集成·浙江府县志辑》第1册，江苏古籍出版社、上海书店、巴蜀书社1993年版，第28页。

麻"①、第三次南巡时书联"勋勒金书,纳土当年资保障;业基石镜,筑塘奕祀庆安澜"②,钱镠一生的主要历史功绩为保境安民及修筑海塘,尤其是纳土归宋,既避免了战争,又造福了子孙。

乾隆帝多次赋诗的祠庙包括3处,即范仲淹、岳飞、钱镠祠。乾隆帝在诗中赞美范仲淹的高贵品格,甚至称范仲淹为"舜之徒"。乾隆帝第一次南巡时赋《范文正祠》诗,赐园名曰"高义",之后每次南巡至高义园,都要以高义园为主题赋诗,如《觅高义园》《题高义园》《游高义园》《高义园》。乾隆帝借岳飞鼓吹臣子的忠贞之心。乾隆帝第一次南巡时先是遣官多尔济致祭,接着亲至岳飞祠墓,赋《岳武穆祠》诗;第三次先是遣官程岩致祭,接着亲赴岳庙,又命大臣进庙行礼,皇太后亲赴祠墓致祭,作《岳武穆祠》诗;第四次遣官孙礼致祭,赋《岳武穆祠》诗;第五次遣官王灿致祭,再作《岳武穆祠》诗;第六次遣官朱珪致祭,并命十一子、十七子行礼岳飞庙。在诗中,乾隆帝首先褒扬了岳飞的忠勇,如第五次南巡时表示"相过必纪诗,忠勇实嘉之"③;其次惋惜了岳飞抗金大业的半途而废,批判了宋高宗和秦桧之流,如第三次南巡时在诗中写道:"黄龙直抵气峥嵘,燕以南金令不行。正可乘机事恢复,谁知虚力费经营。……万里长城空自坏,至今冢树恨难平。"乾隆帝南巡时先后5次作《表忠观》诗,通过乾隆帝的诗可知,他所褒扬的是吴越钱氏因忠于赵宋而得以表千秋、享祭于世,如第一次南巡时在诗中写道:"三世五王爵,同堂秩有伦"④,称赞钱镠所确立的"保境安民"思想被子孙很好

①(清)陈璚修,王棻纂,屈映光续修,陆懋勋续纂,齐耀珊重修,吴庆坻重纂:《民国杭州府志》(一),《中国地方志集成·浙江府县志辑》第1册,江苏古籍出版社、上海书店、巴蜀书社1993年版,第145页。

②(清)陈璚修,王棻纂,屈映光续修,陆懋勋续纂,齐耀珊重修,吴庆坻重纂:《民国杭州府志》(一),《中国地方志集成·浙江府县志辑》第1册,江苏古籍出版社、上海书店、巴蜀书社1993年版,第148页。

③(清)爱新觉罗·弘历:《岳武穆祠》,见(清)陈璚修,王棻纂,屈映光续修,陆懋勋续纂,齐耀珊重修,吴庆坻重纂:《民国杭州府志》(一),《中国地方志集成·浙江府县志辑》第1册,江苏古籍出版社、上海书店、巴蜀书社1993年版,第117页。

④(清)爱新觉罗·弘历:《表忠观》,见(清)陈璚修,王棻纂,屈映光续修,陆懋勋续纂,齐耀珊重修,吴庆坻重纂:《民国杭州府志》(一),《中国地方志集成·浙江府县志辑》第1册,江苏古籍出版社、上海书店、巴蜀书社1993年版,第49页。

地继承下来；第三次南巡时诗称："千秋为民意，博得号钱塘"，指出正是因为钱氏纳土归宋，避免了战争，才有了后来的美丽天堂；最后一次南巡时作《表忠观》诗："明圣湖南岸，钱王观宇留。虽因忠赵宋，固足表千秋"①，说的是钱俶纳土归宋后，被宋太宗封为淮海国王，钱氏得以享祭于世；乾隆帝借此规劝不服清朝统治之人的用意可谓昭然若揭！

由上可知，康乾二帝祭人文类祠庙的对象主要为前朝圣贤和清朝名臣，祭祀方式主要有两种：遣官致祭与题额赋诗，其中，遣官致祭以乾隆帝为主。前朝圣贤中，既有民族英雄也有开国元勋，既有忠臣烈士又有爱民贤良，以及文人鸿儒等。宗泽、岳飞、韩世忠、于谦4人为两宋之际、明朝时期的民族英雄，在外族入侵之时，勇于担当、奋起抵抗，康乾二帝对其表彰，乃是为了树立尽忠报国的典范，其根本目的还是为了维护清朝的长治久安。卞壶、许远、张巡、方孝孺4人是当时的忠臣烈士，在发生叛乱之际，挺身而出，虽然无法扭转乾坤，但为国尽忠的精神与气节，无疑得到身为帝王的康乾二帝的赞赏。其他，钱镠、曹彬、范仲淹3人的仁爱之心，言子、王守仁的学术成就，泰伯、季札的道德品行等，均得到了康乾二帝的关注。尤其是范仲淹、岳飞、钱镠3人的祠庙，得到了康乾二帝较多的关注。清朝名臣中，既有理学名臣又有清官廉吏，既有善政能臣又有治河名臣，致祭清朝名臣祠体现了康乾二帝对臣下的肯定与尊重，是对已故大臣的一种礼待，也是对在任官员及后来者的一种激励。

综上所述，中国具有丰富的礼仪文化，礼仪有利于维系天地人伦、明确上下尊卑，构建了古代中国的等级秩序。康乾二帝在巡游江南期间，重视对祠庙的祭祀，除了遣臣或亲自祭祀之外，并通过作诗、题匾、书联的方式予以表彰。可以说，祭祀祠庙不仅是康乾二帝偃武修文、文武并重的表现，也是笼络文人、维系民心的举措，更是通过古代礼制向江

---

① (清)爱新觉罗·弘历：《表忠观》，见(清)陈璚修，王棻纂，屈映光续修，陆懋勋续纂，齐耀珊重修，吴庆坻重纂：《民国杭州府志》(一)，《中国地方志集成·浙江府县志辑》第1册，江苏古籍出版社、上海书店、巴蜀书社1993年版，第119页。

南百姓进行约束与规范的视觉性展示。尤其是对忠臣烈士、忠勇将士两类祠庙的祭祀，反映了乾隆帝对臣子表彰的标准——那就是敬忠国事、持守一端。

第三节　致祭陵墓，宣扬正统

祭祀是儒教礼仪中最重要的部分，《礼记·祭统》中说："凡治人之道，莫急于礼；礼有五经，莫重于祭。"[1]对历代帝王、贤臣的祭祀是中国古代重要的祭祀内容，"是出于一种崇德报本的文化心理，可以起到崇德扬善、推行教化的目的"[2]。历次南巡，康乾二帝都对沿途所经地区的历代帝王、名臣陵墓或亲自或遣官致祭，以示尊敬和纪念，以及宣扬正统、激励臣工的政治目的。杨念群指出："康乾二帝深浸于汉族礼乐文化，对'礼'的尊崇和熟悉程度几到极致，一直致力于各项汉人'礼仪'的重建，甚至不惜用烦琐至极的程序不厌其烦地隆礼兴乐。"[3]

一、祭帝王陵

秦汉以后，对历代帝王陵的祭祀成为中华祭祀文化中的重要组成部分。清朝认可的"历代帝王陵寝"共有40处，江南地区得到清朝认可的仅有2处，即江宁的明太祖陵（即明孝陵）与会稽的大禹陵。历次南巡，

---

① 李慧玲、吕友仁注译：《礼记》，中州古籍出版社2010年版，第189页。
② 曹建墩：《中国的祭礼》，南京大学出版社2014年版，第128页。
③ 杨念群：《何处是江南：清朝正统观的确立与士林阶层精神世界的变异》，生活·读书·新知三联书店2010年版，第189—191页。

康乾二帝都要对这2处帝王陵或亲自或遣官致祭，除了有稳定江南、巩固统治的目的之外，还有着更深层次的政治、文化意义，即宣告清朝统治的正统性、融入中华历史文化的系统。

（一）祭明太祖陵

明太祖陵是明太祖和马皇后的陵寝，位于南京钟山独龙阜玩珠峰下。对康乾二帝来说，祭明太祖陵是南巡一项重要的政治活动，他们不仅派遣大臣前往拜祭，还先后11次亲至明太祖陵进行祭祀。

1. 对明太祖陵给予尊崇对待

康乾南巡对明太祖陵给予了尊崇对待。清施补华在《泽雅堂诗集》中记载："圣祖南巡，祀有明太祖孝陵，置守官，禁樵采焉。九游动，万乘来，孝陵穹崇气佳哉！敬告明太祖皇帝，金椀（碗）玉鱼畴敢窥，郁郁葱葱千万岁。如斯。"[1] 乾隆帝第六次南巡时也说："前代陵寝于经过时亲诣拈香，自应较本朝陵寝仪节有别。然朕加隆前代，礼数从优。"[2] 康乾二帝对朱元璋的尊崇主要体现在亲往祭奠、注重祭拜礼仪、加强陵寝保护几个方面。

康乾南巡，除了康熙四十二年康熙帝第四次南巡之外，每次都是先派遣大臣前往拜祭，然后再亲至明太祖陵进行祭祀。对于皇帝亲祭，康熙帝身边的大臣，有的认为礼遇太过。如康熙帝第三次南巡时，大学士等奏称："皇上两次南巡，业蒙亲往奠醊，今应遣大臣致奠。"[3] 第五次南巡时，大学士马齐奏称："皇上已经遣官致祭，明太祖陵祈停亲诣行礼。"[4] 第六次南巡时，大学士等又上奏："今皇上又欲往谒，臣等以为太过。况此行已遣大臣致祭，天气骤热，不必亲劳圣躬往谒。"[5] 可是，这三次南巡，康熙帝仍坚持"亲往奠醊"。尤其是最后一次南巡，天气突然

---

① （清）施补华：《泽雅堂诗集》卷三，清同治刻本，第29页。
② 清高宗实录》（六）卷一二〇二，《清实录》第14册，中华书局1986年影印本，第77页。
③ 清圣祖实录》（三）卷一九三，《清实录》第6册，中华书局1986年影印本，第1042页。
④ 清圣祖实录》（三）卷二二〇，《清实录》第6册，中华书局1986年影印本，第220页。
⑤ 《清圣祖实录》（三）卷二二九，《清实录》第6册，中华书局1986年影印本，第292页。

变热，康熙帝说"何足计耶"，不顾自己年事已高，坚持"亲往"。乾隆帝每次南巡时，也都亲至明太祖陵奠酒："每当巡省临华里，必致勤虔谒孝陵。"①

在明代，不论是进入陵区还是躬祭过程，明太祖陵的祭祀都有着明确的礼仪规定。康乾二帝在祭拜明太祖陵时，一般都能遵循这些祭祀礼仪，从而凸显自己对明太祖的敬意。康乾二帝的祭祀礼仪主要表现在步行入园、不走中门、行三跪九叩礼三个方面。康熙帝第一次南巡时，清张玉书在《圣驾诣明太祖陵颂》中记载："冬十一月癸亥，法驾诣陵。及门降辇，既入，升自右阶。入殿，行三跪九叩礼。既兴从殿后入神路门。"②第五次南巡时至明太祖陵，"导引官引向中门，上命自东角门入，曰：'此非尔等导引有失，特朕之敬心耳！'"③第六次南巡时诣明太祖陵，"乘步辇由东石桥至大门下辇，由东门升殿行礼毕回行宫"。④乾隆帝第一次南巡时祭明太祖陵，也是行三跪九叩礼。

清朝从入关时便十分重视对明太祖陵的维护，这一崇重前代帝陵的传统在康乾南巡的时候得到了坚持和加强。康熙帝第一次南巡时在江宁谕江南江西总督、江苏巡抚："向已有上谕，令有司各官，春秋致祭，严禁樵采，并设有守陵人户，朝夕巡视。但为日已久，不无废弛。今朕省方江宁，亲诣拜奠，见墙垣倾圮、林木凋残，皆系无知民人不遵约束，恣肆作践，往来行走，殊干法纪。嗣后，尔等督令地方各官，不时巡察，务俾守陵人役，用心防护，勿致附近旗丁居民仍前践踏。所有春秋二祭，亦必虔洁举行，以副朕崇重古帝王陵寝至意。"⑤乾隆帝第一次南巡时在江宁谕曰："朕于驻跸诣朝，即命驾前往躬申奠谒。念本朝受命以来百有余年，胜国故陵，寝殿依然，松楸无恙，皆我祖宗盛德保全之所致也。

① (清)爱新觉罗·弘历：《谒明太祖陵》，见(清)吕燕昭修、姚鼐纂：《重刊江宁府志》(一)，嘉庆十六年修，光绪六年刊本，《中国方志丛书·华中地方》(第128号)，成文出版社1974年版，第77页。
② (清)张玉书：《圣驾诣明太祖陵颂(有序)》，见何毅群：《明孝陵·艺文卷》，东南大学出版社2008年版，第63页。
③ 《清圣祖实录》(三)卷二二〇，《清实录》第6册，中华书局1986年影印本，第221页。
④ 《清圣祖实录》(三)卷二二九，《清实录》第6册，中华书局1986年影印本，第292页。
⑤ 《清圣祖实录》(二)卷一一七，《清实录》第5册，中华书局1986年影印本，第227页。

可令该督抚，饬地方官加意保护，其附近陵地，毋许樵牧往来，致滋践踏，并晓谕各陵户知之。"①第三次南巡时命地方官加意保护，陵地附近禁止樵牧。

2. 宣告清朝统治的正统性

明太祖陵是明朝开国皇帝朱元璋的陵墓，因此成为明朝的重要象征物。如何对待明太祖陵，关系到清朝如何评价明太祖朱元璋、如何对明朝进行定位，以及如何处理清朝与明朝之间继承的正统性问题。

康乾二帝对明太祖朱元璋给予极高的评价，主要集中于开基与立制两个方面，认为明太祖是历史上杰出的君王之一，其治理下的大明王朝甚至超过唐宋。不过，康乾二帝是从一国之君的角度看待朱元璋的，二帝所赞赏的其实就是君主独裁而已。

明太祖陵所在地——江宁，历来有"六朝古都"的美誉。其中，从洪武元年至永乐十九年（1421），明太祖朱元璋正式定都南京到明成祖朱棣迁都北京，南京作为大明都城的时间共53年。因此，康熙帝南巡至江宁时作诗感叹"秣陵旧是图王地"②。明太祖陵可以说是江宁最能代表明朝的景观，康乾二帝在游历明太祖陵之后，靖难之乱、朱元璋的子孙继业无能等都使二帝"有吴宫花草、晋代衣冠之叹"③。康乾二帝对明朝由盛而衰、由强而弱的经验教训进行总结，对明朝覆亡的原因进行反思，尤其指出南明无力承担重建明朝的重任。不过，康乾二帝抒发兴废之叹的最终目的是对明朝覆亡的原因进行论定，认为其根本原因是由明朝后任统治者的继业无能所造成。

为了笼络江南人心、巩固江南统治，康乾二帝在历次谒陵的谕旨、诗文中反复强调农民军才是明朝覆亡的罪魁祸首，而清朝承继明朝乃是

---

① 《清高宗实录》（六）卷三八五，《清实录》第14册，中华书局1986年影印本，第58页。

② （清）爱新觉罗·玄烨：《金陵旧紫禁城怀古》，见（清）吕燕昭修，姚鼐纂：《重刊江宁府志》（一），嘉庆十六年修，光绪六年刊本，《中国方志丛书·华中地方》（第128号），成文出版社1974年版，第22页。

③ （清）爱新觉罗·玄烨：《过金陵论》，见（清）吕燕昭修，姚鼐纂：《重刊江宁府志》（一），嘉庆十六年修，光绪六年刊本，《中国方志丛书·华中地方》（第128号），成文出版社1974年版，第26页。

替明朝"报君父之仇"之后自然而然的结果。康熙帝在《过金陵论》中说:"闯贼以乌合之众,唾手燕京,宗社不守"①,乾隆帝在《谒明太祖陵》诗中进一步写道:"嬗谢都关天运乘,攘除非自本朝兴。代为翦逆当方革,岂是困危致允升。"②由此,康乾二帝通过清朝为明朝复仇而定鼎中原,证明了清朝承接明朝的正统性。

康乾二帝通过对明太祖陵的祭奠和保护,有效缓解了满汉之间的民族矛盾,争取了汉族士大夫的人心,同时反复表明了清朝承接明朝统治的正统性。

(二) 祭大禹陵

大禹陵,即大禹的墓地,古称禹穴,位于绍兴的会稽山麓。据说,大禹第二次巡守大越时,病故于此,葬于会稽山下。由于康乾二帝南巡至绍兴均仅有1次,所以,康乾二帝亲赴大禹陵祭奠也仅有1次。

1. 对大禹陵给予尊崇对待

康乾二帝对大禹陵的尊崇主要体现在亲至祭奠、注重祭祀礼仪、加强禹陵维护和崇恩后人等方面。

康熙帝第二次南巡时在杭州谕曰,因大禹治水有功,被后人尊为圣人,大禹陵所在地绍兴又距离杭州不远,既然已至杭州,为了表示对大禹的尊崇,理应前往致祭。礼部对康熙帝谕旨的回复是致祭禹陵典礼,应照康熙二十三年致祭明太祖陵例,遣官致祭后,皇上亲诣奠酒。康熙帝对礼部的安排不满意,谕曰:"尧舜禹汤,皆前代圣君。遣官致祭后,方亲诣奠酒,未为允惬。禹陵朕将亲祭。祭文内,可书朕名。"③驻跸会稽山麓后,康熙帝亲至大禹陵致祭,并御制《禹陵颂》。乾隆帝第一次南巡,效法康熙帝,"亲祭禹陵,行三跪九叩礼",并有谕曰:"朕时巡至杭

① (清)爱新觉罗·玄烨:《过金陵论》,《圣祖仁皇帝御制文集初集》卷十八,文渊阁四库全书,第2320页。

② (清)爱新觉罗·弘历:《谒明太祖陵》,见(清)吕燕昭修,姚鼐纂:《重刊江宁府志》(一),嘉庆十六年修,光绪六年刊本,《中国方志丛书·华中地方》(第128号),成文出版社1974年版,第61页。

③ 《清圣祖实录》(二)卷一三九,《清实录》第5册,中华书局1986年影印本,第520页。

州，禹陵在望，缅惟平成之德，万世永赖。皇祖圣祖仁皇帝，曾亲祀焉。爰东渡浙江，陟会稽，式遵皇祖旧典，躬荐馨于宇下。"①

康乾二帝至大禹陵的祭祀礼仪主要体现在3个方面，要求供献粢盛礼仪必丰必虔、步行入园以及行三跪九叩礼。康熙帝在杭州谕曰："其致祭典礼，所司即察例举行。"②在得知礼部的安排之后，康熙帝进一步指示："祭以敬为主。禹陵僻处荒村，恐致亵慢，凡供献粢盛礼仪诸事，令左都御史马齐、侍郎席尔达，同往省视。"③康熙帝到禹陵致祭时，步行入陵园，随行的有扈从、内大臣、侍卫、大小官员等，诸人皆行三跪九叩礼。之后，"敕有司修葺，春秋苾裸，粢盛牷醴，必丰必虔，以志崇报之意。"④乾隆帝南巡时亲祭禹陵，也行三跪九叩礼。

大禹陵的破败，让康熙帝颇为不悦。康熙帝谕令福建浙江总督王骘加意修理："顾瞻殿庑圮倾，礼器缺略，人役寥寥，荒凉增叹……在昔帝王陵寝，理应隆重培护……令地方官即加修理，毕备仪物。守祀人役，亦宜增添。俾规模弘整，岁时严肃。兼赐白金二百，给守祀之人，此后益令敬慎。守土之臣，亦须时为加意，称朕尊崇遐慕之怀。其各祗遵，毋忽！"⑤

乾隆帝第一次南巡时谕曰："厥有姒氏子姓，世居陵侧，应世予八品官奉祀。该督抚择其有品行者一人充之，昭崇德报功至意。"⑥经部议，授姒氏子孙姒恒甸八品官，并准世袭，奉祀大禹陵庙。《清史稿》中也有相似的记载："（乾隆）十六年，选姒氏子姓一人，授世袭八品官，奉祀禹陵。"⑦

　　①《清高宗实录》（六）卷三八四，《清实录》第14册，中华书局1986年影印本，第50页。
　　②《清圣祖实录》（二）卷一三九，《清实录》第5册，中华书局1986年影印本，第519页。
　　③《清圣祖实录》（二）卷一三九，《清实录》第5册，中华书局1986年影印本，第520页。
　　④（清）爱新觉罗·玄烨：《禹陵颂并序》，见《中国地方志集成第·浙江府县志辑》第39册，《乾隆绍兴府志》（一），上海书店出版社2000年版，第12页。
　　⑤《清圣祖实录》（二）卷一三九，《清实录》第5册，中华书局1986年影印本，第521页。
　　⑥沈建中：《大禹陵志》，研究出版社2005年版，第47页。
　　⑦赵尔巽：《清史稿》（3）卷八十四，中华书局1998年版，第1730页。

2. 融入中华历史文化系统

康乾二帝祭大禹陵的原因主要有两点，即大禹是中国古代的治水英雄和夏朝的奠基人，以及对历代帝王祀典的延续。正如康熙帝在《谒大禹陵》诗中所说"九载随刊力，千年统绪崇"①，以及乾隆帝所书联"绩奠九州垂万世，统承二帝首三王"②。

康乾二帝祭大禹陵首先显示了他们对大禹治水、立国的尊崇之情。康熙帝南巡时谕福建浙江总督王骘曰："况大禹道冠百王，身劳疏凿，奠宁率土，至今攸赖"③，并在《禹陵颂并序》中写道："昏垫既平，教稼明伦，由是而起，其有功于后世不浅，岂特当时利赖哉！"④乾隆帝也在《禹庙览古》诗中写道："惟应敷土迹，天地并鸿功。"⑤这些谕旨、诗文评价了大禹带领先民开渠排水、疏通河道，终于将洪水治好，造福民众，其贡献功在当时、利在千秋。同时，由康熙帝书大禹庙联"江淮河汉思明德；精一危微见道心"⑥可知，大禹也因治水成为儒家文化中的圣人代表。"明德"语出《大学》中"大学之道，在明明德"⑦，即认同、践行和彰显美德；"精一危微"出自《尚书·大禹谟》中"人心惟危，道心惟微，惟精惟一，允执厥中"⑧之句，即道德修养的精纯。由此可见，大禹因其丰功伟绩成为儒家眼中完美人格和品德的楷模。

大禹陵对中华文化有着重要的凝聚作用。因此，康乾二帝尊崇大禹陵，既是对大禹治水、立国的尊崇以及对中国历代帝王祭祀典礼的延续，也意味着二帝将清朝纳入中华正统文化谱系。

综上所述，在康乾二帝的南巡途中，祭明太祖陵和大禹陵是重要的

选择和交融：康乾巡游与江南人文景观建构

①（清）爱新觉罗·玄烨：《谒大禹陵》，见《中国地方志集成第·浙江府县志辑》第39册，《乾隆绍兴府志》（一），上海书店出版社2000年版，第12页。

②沈建中：《大禹陵志》，研究出版社2005年版，第239页。

③清圣祖实录》（二）卷一三九，《清实录》第5册，中华书局1986年影印本，第521页。

④（清）爱新觉罗·玄烨：《禹陵颂并序》，见《中国地方志集成第·浙江府县志辑》第39册，《乾隆绍兴府志》（一），上海书店出版社2000年版，第12页。

⑤（清）爱新觉罗·弘历：《禹庙览古》，见沈建中：《大禹陵志》，研究出版社2005年版，第232页。

⑥沈建中：《大禹陵志》，研究出版社2005年版，第239页。

⑦（宋）金履祥：《大学疏义》，文渊阁四库全书本。

⑧《四书五经》，中华书局2009年版，第220页。

政治活动。康乾二帝不仅遣官至祭奠酒，还分别5次、6次亲谒明太祖陵，均1次亲祭大禹陵，并通过亲往祭奠、高度评价、注重礼仪、加强保护等方面来体现出对朱元璋和大禹的尊崇。康乾二帝的上述举措，是针对江南士人的一种姿态展示和精神安慰，目的是获取江南士大夫的人心，事实上取得了良好的政治效果。清余金在《熙朝新语》中赞道："古今未有之盛举也。"①清王士禛在《池北偶谈》中称："父老从者数万人，皆感泣。"②《圣驾诣明太祖陵颂》中记载道："于时垂白之叟，含哺之氓，罔不感仰圣仁，至于流涕。"③

二、祭大臣墓

为了维护政治稳定，历代统治者都十分重视官僚队伍的选拔与培养。对于忠贞尽职的官僚，不仅生前予以加官晋爵，死后还封以各种名号以示褒奖。

康乾南巡对沿途所经地区的历代名臣墓一般都会遣官致祭，尤以乾隆帝为主。如乾隆帝第三次南巡前谕曰："朕清跸时巡，所有经过地方，大臣祠墓在三十里以内者，例俱遣官致祭。"④乾隆帝第五次南巡时谕曰："朕銮辂时巡，凡大学士祠墓，在三十里内者，例俱遣官致祭。"⑤

康乾二帝通过致祭大臣墓，为大臣们树立道德典范与标杆，以达到树立楷模、激励臣工的目的。

---

① (清)余金：《熙朝新语》卷八，"清代历史资料丛刊"本，上海古籍书店1983年影印，第1页。

② (清)王士禛撰，文益人校点：《池北偶谈》，齐鲁书社2007年版，第61页。

③ (清)张玉书：《圣驾诣明太祖陵颂(有序)》，《张玉书、张文贞集》卷一，文渊阁四库全书第1322册，台湾商务印书馆1987年版，第397页。

④《清高宗实录》(九)卷六五五，《清实录》第17册，中华书局1986年影印本，第327页。

⑤《清高宗实录》(十四)卷一一〇一，《清实录》第22册，中华书局1986年影印本，第747页。

表4-3　康乾南巡祭大臣墓一览

帝王	对　象	时　间	次数	朝代
康熙	原任大学士宋德宜墓	康熙四十二年二月十二日	1	清
乾隆	故尚书徐潮墓	乾隆十六年二月二十日	6	
		乾隆二十二年二月二十三日		
		乾隆二十七年二月二十五日		
		乾隆三十年闰二月初一		
		乾隆四十五年三月初四		
		乾隆四十九年三月十六日		
	故大学士徐本墓	乾隆二十二年三月初一	5	
		乾隆二十七年二月二十五日		
		乾隆三十年闰二月初一		
		乾隆四十五年三月初四		
		乾隆四十九年三月十六日		
	故大学士蒋溥墓	乾隆二十七年二月二十五日	4	
		乾隆三十年二月二十六日		
		乾隆四十五年二月二十二日		
		乾隆四十九年三月初六		
	故大学士梁诗正墓	乾隆三十年闰二月初一	3	
		乾隆四十五年三月初四		
		乾隆四十九年三月十六日		
	故大学士陈元龙、陈世倌等墓	乾隆三十年闰二月初二	3	
		乾隆四十五年三月初一		
		乾隆四十九年三月十三日		
	故大学士史贻直墓	乾隆三十年二月二十三日	2	
		乾隆四十五年二月二十日		
	故尚书钱陈群墓	乾隆四十五年三月初一	2	
		乾隆四十九年三月十六日		
	故大学士刘纶墓	乾隆四十五年二月十七日	2	
		乾隆四十九年三月初一		

帝王	对　象	时　间	次数	朝代
乾隆	宋臣岳飞墓	乾隆二十二年二月二十三日	5	宋
		乾隆二十七年二月二十五日		
		乾隆三十年闰二月初一		
		乾隆四十五年三月初四		
		乾隆四十九年三月十六日		
	明臣徐达墓	乾隆二十二年三月十七日	5	明
		乾隆二十七年三月十六日		
		乾隆三十年闰二月二十六日		
		乾隆四十五年三月二十五日		
		乾隆四十九年闰三月初七		
	明臣常遇春墓	乾隆二十二年三月十七日	5	
		乾隆二十七年三月十六日		
		乾隆三十年闰二月二十六日		
		乾隆四十五年三月二十五日		
		乾隆四十九年闰三月初七		
	明臣于谦墓	乾隆二十二年二月二十三日	4	
		乾隆二十七年二月二十五日		
		乾隆三十年闰二月初一		
		乾隆四十五年三月初四		
	明臣李文忠墓	乾隆三十年闰二月二十六日	3	
		乾隆四十五年三月二十五日		
		乾隆四十九年闰三月初七		
	明臣史可法墓	乾隆四十五年二月十七日	2	
		乾隆四十九年三月初一		

179

第四章　康乾巡游江南文教活动分析

康乾南巡派遣官员祭奠的大臣墓共有16位，其中，乾隆帝派遣官员祭奠的大臣有15位，康熙帝派遣官员祭奠的大臣仅有1位；按照祭奠对象的所属朝代进行划分，清朝以10位高居榜首，明朝以5位位居第二，宋朝则仅有1位；按照二帝派遣官员祭奠的次数进行统计，徐潮以6次名列第一，岳飞、徐达、常遇春、徐本以5次位居第二，于谦、蒋溥以4次紧随其后。

（一）祭清臣墓

在16位被祭奠的历代大臣墓中，清朝的10位都是当时的名臣，宋德宜、徐本、蒋溥、梁诗正、史贻直、陈元龙、陈世倌、刘纶8人官至大学士，徐潮、钱陈群官至尚书，徐潮、徐本、梁诗正、史贻直4人入祀贤良祠。

康熙帝第四次南巡时命侍卫善寿、都察院左都御史温达、翰林院掌院学士揆叙至原任大学士宋德宜墓奠酒。蒋溥曾任东阁大学士兼领户部，卒后获赠太子太保，乾隆帝后四次南巡时先后四次遣官祭蒋溥墓。陈元龙于雍正七年授文渊阁大学士、雍正十一年获加太子太傅，陈世倌历官山东巡抚、工部尚书和文渊阁大学士等职，乾隆帝后3次南巡时，3次遣官祭故大学士陈元龙、陈世倌等墓。刘纶累官至文渊阁大学士，乾隆十五年入值军机处后近20年，乾隆帝第五、六次南巡时先后两次遣官祭刘纶墓。

徐潮官至吏部尚书，卒后入祀贤良祠，乾隆帝六次南巡每次都遣官祭徐潮墓。钱陈群历官内阁学士、刑部侍郎加尚书衔，以诗文优得乾隆帝厚遇（五词臣之一），卒后加赠太子太傅、入祀贤良祠，乾隆帝于乾隆四十五年三月初一谕曰："已故尚书钱陈群，向在内廷行走，人品学问俱优，着加恩派达椿前往致祭，以示眷念旧臣之意"[①]，最后一次南巡时遣官祭钱陈群墓。

①《清高宗实录》（十四）卷一一〇一，《清实录》第22册，中华书局1986年影印本，第747页。

徐本于乾隆元年授东阁大学士兼礼部尚书、乾隆三年授军机大臣，卒后赠少傅、入祀贤良祠，乾隆帝第二次南巡时谕曰："朕昨至浙江省城，礼部未奏请遣祭已故大学士徐本。询其故，则以未入贤良祠例不致祭为对。徐本历事两朝，效力多年，勤慎懋著。即如前者过常州时已故之巡抚潘思矩，礼部尚犹奏请。徐本视潘思矩为何如耶？朕巡幸所经郡县，名臣旧辅皆即致祭，乃国家念旧酬功之典，该部自当慎重办理，何得胶柱鼓瑟乃尔！徐本着入本省贤良祠，并着该部奏请遣官致祭"[①]，后5次南巡时先后五次遣官祭徐本墓。梁诗正累官至东阁大学士、执掌翰林院，诗文、书法皆获乾隆帝的喜爱（五词臣之一），卒后赠太保、入祀贤良祠，乾隆帝最后三次南巡时先后三次遣官至梁诗正墓，拈香奠酒。

史贻直为雍正时户、兵部尚书，乾隆九年被授为文渊阁大学士兼吏部尚书，去世后赠太保、入祀贤良祠，乾隆帝第四次南巡时谕曰："原任大学士史贻直之墓，虽远在溧阳，念其宣力年久，亦着加恩一体遣祭，以示优恤。"[②]乾隆帝第四、五次南巡时先后两次遣官祭故大学士史贻直墓。

由上可知，康乾二帝通过派遣官员祭奠这些大臣的陵墓，一方面是缅怀这些大臣为清朝做出的功绩，"乃国家念旧酬功之典"[③]；一方面体现出乾隆帝对臣下的尊重与肯定，"以示眷念旧臣之意"[④]。

（二）祭宋明臣墓

在16位被祭奠的历代大臣墓中，宋明两代的6位都是当时的忠臣或武将，岳飞、于谦、史可法是民族英雄，徐达、常遇春、李文忠是明朝开国元勋。

乾隆帝后5次南巡时，5次遣官至岳飞墓拈香奠酒，第一次南巡时作

第四章　康乾巡游江南文教活动分析

---

①《清高宗实录》（七）卷五三三，《清实录》第15册，中华书局1986年影印本，第727页。
②《清高宗实录》（十）卷七二九，《清实录》第18册，中华书局1986年影印本，第28页。
③《清高宗实录》（七）卷五三三，《清实录》第15册，中华书局1986年影印本，第727页。
④《清高宗实录》（十四）卷一一〇一，《清实录》第22册，中华书局1986年影印本，第747页。

《岳武穆墓》诗，题"伟烈纯忠"①额，在诗中颂扬岳飞，批判宋高宗和秦桧之流；第二次南巡时先是遣官刘纶致祭，二月二十八日亲赴岳飞墓，三月初三皇太后致祭；第六次南巡时遣官朱珪致祭，并命十一子、十七子行礼岳飞墓，在诗中称赞岳飞："武更文双济，忠兼孝两真。"②乾隆帝后五次南巡时先后五次遣官至徐达、常遇春墓拈香奠酒，并于最后4次南巡同一时间遣官至李文忠墓拈香奠酒。徐达被朱元璋列为明朝开国第一功臣，逝后被追封为中山王，"配享太庙，塑像祭于功臣庙，位皆第一"③；常遇春在明朝开国诸将中名列第一，逝后被追封为"开平王"，配享太庙。乾隆帝第二、三、四、五次南巡时，4次遣官至于谦墓拈香奠酒。乾隆帝第五、六次南巡时，2次遣官祭明臣史可法墓，史可法为明末兵部尚书、抗清民族英雄，南明赠谥"忠靖"，清乾隆帝赠谥"忠正"。

由上可知，乾隆帝通过派遣官员祭奠这些大臣的陵墓，"崇奖忠贞，所以风励臣节"④"用加赠典，以励纲常"⑤，为后任官员树立忠君爱国的楷模，达到激励后世臣工的目的。值得注意的是，作为民族英雄，岳飞是抗金、史可法是抗清，原本都是清朝的对立面，但因为"忠义"是古代王朝维持正统的重要基石之一，忠臣为教化提供了实例。乾隆帝对岳飞、史可法的祭祀与高度评价不仅是倡导"忠义"的需要，也反映了清朝建立正统的自信。如学者所说："乾隆帝特别注意臣子守节的一贯性……基本上是从一种'一统观'的角度来发言……突破了明代以来的

---

① (清)陈璚修，王棻纂，屈映光续修，陆懋勋续纂，齐耀珊重修，吴庆坻重纂：《民国杭州府志》(一)，《中国地方志集成·浙江府县志辑》第1册，江苏古籍出版社、上海书店、巴蜀书社1993年版，第145页。

② (清)爱新觉罗·弘历：《题岳武穆墓》，见(清)陈璚修，王棻纂，屈映光续修，陆懋勋续纂，齐耀珊重修，吴庆坻重纂：《民国杭州府志》(一)，《中国地方志集成·浙江府县志辑》第1册，江苏古籍出版社、上海书店、巴蜀书社1993年版，第133页。

③ 胡建林：《太原历史文献辑要》第4册，《明代卷》，山西人民出版社2013年版，第304页。

④ (清)舒赫德、于敏中等：《钦定胜朝殉节诸臣录·上谕》，(清)纪昀等撰：《四库全书·史部·传记类·总录之属》，台湾商务印书馆1986年版，第394页。

⑤ (清)舒赫德、于敏中等：《钦定胜朝殉节诸臣录·上谕》，(清)纪昀等撰：《四库全书·史部·传记类·总录之属·456册》，台湾商务印书馆1986年版，第405页。

‘夷夏观’限制。"①

　　综上所述，康乾二帝在巡游江南途中祭奠帝王陵和大臣墓，既是一种政治策略，也是一种文化选择。如果说，康乾二帝通过祭明孝陵、大禹陵，来表明清朝统治者对明太祖、大禹的尊崇，间接宣扬清朝统治的正统性，进而获取汉族士大夫的人心，那么，康乾二帝通过派遣官员祭奠大臣墓，则体现出乾隆帝对这些大臣的尊重与肯定，树立忠君爱国的楷模，达到激励后世臣工的目的。

第四节　巡视书院，统一思想

　　"帝王敷治，文教是先。"②康乾南巡的主要目的之一便是兴文教，以文治天下。江南书院得到康乾二帝的关注，与书院的教化功能密不可分。书院是儒家文化的载体，属于官方教化的组织形式，具有整顿学术、统一思想的重要功能。康乾二帝将崇学设教、教思无穷视为兴文教的主要内容，也是其崇儒重道理念的具体反映。崇儒重道被康乾二帝视为基本国策，程朱理学成为清朝官方哲学和统治思想，二帝在南巡过程中巡视书院、赐书三阁，用程朱理学教化江南士人。康乾二帝通过宣扬儒家思想来拉近与江南士人之间的距离，通过打造"学术权威"形象来掌握思想文化统治权，进而实现道统、治统的合而为一。

---

　　① 杨念群：《何处是江南：清朝正统观的确立与士林阶层精神世界的变异》，生活·读书·新知三联书店2010年版，第273页。

　　② （清）爱新觉罗·福林：《清世祖实录》卷九十，《清实录》第3册，中华书局1985年版，第712页。

一、巡视江南书院

书院是中国古代进行儒学教育的重要场所。王卫平曾对清朝书院作过深入的分析："康熙中叶以后,程朱理学的官方地位得以确定,作为各级地方学校的必要补充,书院教育日渐兴起。不少讲求理学的书院相继得到修复……康熙帝对此类书院褒奖有加,屡屡颁赐经籍匾额,足见清廷尊尚程朱理学之苦心……雍正后期,清朝统治已经稳固,大多数士子放弃了与统治者对抗的立场,转而沉醉于读书应举,各地官僚也纷纷设立书院,聘师讲学其中。"[①]康乾南巡重视书院教育,促进了书院发展,同时也加强了对书院的控制和改造。康乾二帝将书院作为推行教化的重要途径,也通过书院掌握了学术思想的最高领导权。

康乾南巡所至书院共有8处,即苏州的紫阳书院、苏州府学、文正书院,杭州的敷文书院、崇文书院,扬州的安定书院,松江的孔宅书院,以及江宁的明道书院。其中,苏州以3处书院的数量位居首位。在这8处书院之中,引起康熙帝关注的有敷文书院、文正书院、安定书院、崇文书院、孔宅书院、明道书院,引起乾隆帝关注的有敷文书院、紫阳书院、苏州府学、文正书院。

综合而言,杭州的敷文书院得到康乾二帝的关注最多,分别得到题额2幅、赋诗9首。苏州的紫阳书院紧随其后,得到题额1幅、赋诗6首。苏州府学得到赋诗1首,文正书院得到题额2幅,安定书院、孔宅书院、明道书院各得到题额1幅。

---

① 王卫平:《清代苏州书院研究》,《张伯行书院教育实践及其理学思想的传播:以苏州紫阳书院为中心》,见王卫平:《中日地方志与江南区域史研究》,苏州大学出版社2014年版,第211、228页。

表4-4　康乾南巡题江南书院诗联统计

序列	书　院	匾联及诗题	时　间	对应府
1	敷文书院	浙水敷文	康熙五十五年	杭州
		《万松岭诗》	康熙五十五年	
		湖山萃秀	乾隆十六年	
		正谊明道，养士求贤	乾隆二十七年	
		潆回水抱中和气，平远山如蕴藉人	乾隆二十七年	
		正其谊不谋其利，明其道不计其功	乾隆三十年	
		《题敷文书院》	乾隆十六年	
		《敷文书院六韵》	乾隆二十二年	
		《敷文书院叠旧作六韵》	乾隆二十七年	
		《策马由南屏复至天竺》	乾隆三十年	
		《敷文书院再叠旧作六韵》	乾隆三十年	
		《敷文书院三叠旧作六韵》	乾隆四十五年	
		《敷文书院四叠旧作六韵》	乾隆四十九年	
2	紫阳书院	白鹿遗规	乾隆十六年	苏州
		《紫阳书院题句》	乾隆十六年	
		《过紫阳书院叠旧韵》	乾隆十六年	
		《过紫阳书院示诸生》	乾隆二十七年	
		《过紫阳书院》	乾隆三十年	
		《过紫阳书院》	乾隆四十五年	
		《过紫阳书院口号》	乾隆四十九年	
3	苏州府学	学道不淳	康熙五十二年	苏州
		白鹿遗规	乾隆十六年	
		《诣文庙行礼》	乾隆二十二年	
		《文庙行礼》	乾隆二十七年	
4	文正书院	济时良相	康熙四十四年	苏州
		学醇业广	乾隆十六年	
5	崇文书院	正学阐教	康熙四十四年	杭州
		崇文	康熙四十四年	
6	安定书院	经述造士	康熙四十四年	扬州
7	孔宅书院	圣迹遗徽	康熙四十四年	松江
8	明道书院	接统濂溪	康熙四十四年	江宁

敷文书院，原名万松书院，位于万松岭上。万松书院是明清时期杭州规模最大、历时最久、影响最广的书院，因康熙五十五年康熙帝题"浙水敷文"①额，改名为"敷文书院"。乾隆帝第一次南巡时巡视敷文书院，题"湖山萃秀"②匾，作《题敷文书院》诗；第二次南巡时再次至敷文书院，作《敷文书院六韵》诗；第三次南巡时至敷文书院，书讲堂屏联"正谊明道；养士求贤""潆回水抱中和气；平远山如蕴藉人"③，作《敷文书院叠旧作六韵》诗，对书院肄业生进行了3次考试，先后取谢墉等3人、童凤山等4人、孙士毅等4人，特授内阁中书，其余学子均有赏赐；第四次至敷文书院，书联"正其谊不谋其利；明其道不计其功"④，作《敷文书院再叠旧作六韵》诗；第五次至敷文书院，作《敷文书院三叠旧作六韵》诗；第六次至敷文书院，作《敷文书院四叠旧作六韵》诗。

康乾二帝对敷文书院的关注主要表现在以下几个方面：第一，书院的作用是培养人才，如乾隆帝第三次南巡时在诗中所写："牖民先迪士，筹治在崇文。"⑤第二，书院的讲授内容为孔孟之道、程朱理学，如乾隆帝第一次南巡时在诗中所写："气助吴山钟远秀，道传孔孟有真源。"⑥第三，强调修己、修勤，如乾隆帝第六次南巡时在诗中所写："必先修其

---

① （清）陈璚修，王棻纂，屈映光续修，陆懋勋续纂，齐耀珊重修，吴庆坻重纂：《民国杭州府志》（一），《中国地方志集成·浙江府县志辑》第1册，江苏古籍出版社、上海书店、巴蜀书社1993年版，第28页。

② 王国平：《西湖文献集成》第8册，《清代史志西湖文献专辑》，杭州出版社2004年版，第97页。

③ （清）陈璚修，王棻纂，屈映光续修，陆懋勋续纂，齐耀珊重修，吴庆坻重纂：《民国杭州府志》（一），《中国地方志集成·浙江府县志辑》第1册，江苏古籍出版社、上海书店、巴蜀书社1993年版，第148页。

④ （清）陈璚修，王棻纂，屈映光续修，陆懋勋续纂，齐耀珊重修，吴庆坻重纂：《民国杭州府志》（一），《中国地方志集成·浙江府县志辑》第1册，江苏古籍出版社、上海书店、巴蜀书社1993年版，第150页。

⑤ （清）爱新觉罗·弘历：《敷文书院叠旧作六韵》，见王国平：《西湖文献集成》第1册，《正史及全国地理志等中的西湖史料专辑》，杭州出版社2004年版，第1140页。

⑥ （清）爱新觉罗·弘历：《题敷文书院》，见（清）陈璚修，王棻纂，屈映光续修，陆懋勋续纂，齐耀珊重修，吴庆坻重纂：《民国杭州府志》（一），《中国地方志集成·浙江府县志辑》第1册，江苏古籍出版社、上海书店、巴蜀书社1993年版，第45页。

已，乃可致乎君。"①第五次南巡时在诗中所写："值此兴学际，应思课读勤。"②

紫阳书院，由江苏巡抚张伯行始建于康熙五十二年十一月。紫阳书院建好后，成为苏州地区的最高学府。乾隆帝第一次南巡时题"白鹿遗规"③额，作《紫阳书院题句》诗；第二次南巡时作《过紫阳书院叠旧韵》，第三次南巡时作《过紫阳书院示诸生》诗，第四次南巡时作《过紫阳书院》诗。根据乾隆帝南巡诗可知：首先，"紫阳书院"一名代表着"学宗程朱，道化紫阳"，朱熹号紫阳，张伯行宗尚朱子理学，以朱子理学作为书院教学的基础内容，如乾隆帝第一次南巡时在诗中写道："书院号紫阳，义盖由慕蔺。德潜纵悬车，乡教犹能振。乞我四字额，更无他语训。白鹿有芳规，气贵消鄙吝。"④其次，乾隆帝反复阐明书院的定位和人才培养目标，如乾隆帝第二次南巡时在诗中写道："去华以就实，素位惟守分。克己苟弗力，外染将乘衅"⑤，去华就实成为乾隆帝对士子的反复要求。

由上可知，康乾二帝在巡游江南期间，对书院题额、书联、赋诗，一方面显示了二帝"崇儒重道"的文教方针，认同儒家传统文化，弘扬程朱理学；另一方面也表明二帝对书院的政策，由限制与笼络并行到发展与控制相结合。

---

① (清)爱新觉罗·弘历：《敷文书院四叠旧作六韵》，见(清)陈璚修，王棻纂，屈映光续修，陆懋勋续纂，齐耀珊重修，吴庆坻重纂：《民国杭州府志》(一)，《中国地方志集成·浙江府县志辑》第1册，江苏古籍出版社、上海书店、巴蜀书社1993年版，第129页。

② (清)爱新觉罗·弘历：《敷文书院三叠旧作六韵》，见(清)陈璚修，王棻纂，屈映光续修，陆懋勋续纂，齐耀珊重修，吴庆坻重纂：《民国杭州府志》(一)，《中国地方志集成·浙江府县志辑》第1册，江苏古籍出版社、上海书店、巴蜀书社1993年版，第117页。

③ 朱诚如：《清朝通史·乾隆朝分卷》(上)，紫禁城出版社2003年版，第371页。

④ (清)爱新觉罗·弘历：《紫阳书院题句》，见杨镜如：《紫阳书院志(1713—1904)》，苏州大学出版社2006年版，第501页。

⑤ (清)爱新觉罗·弘历：《过紫阳书院叠旧韵》，见杨镜如：《紫阳书院志(1713—1904)》，苏州大学出版社2006年版，第502页。

二、赐书江南三阁

乾隆三十七年，乾隆帝下诏编纂《四库全书》。《四库全书》编纂完成后，分别庋藏于紫禁城、圆明园、奉天（今辽宁省沈阳市）和热河（今河北省承德市）的文渊阁、文源阁、文溯阁和文津阁，称为廷内四阁。乾隆四十七年秋，乾隆帝颁赐《四库全书》3份给扬州之文汇阁、镇江之文宗阁、杭州之文澜阁，称为江浙三阁。赐书江南三阁，既是乾隆帝光文教、兴文治的具体体现，其发扬传统文化、嘉惠学林之意明显；又是乾隆帝标榜正统、文化自信的表现，背后规范士子行为、加强思想统治的目的不言自明。

文宗阁位于金山寺南。乾隆帝第五次南巡时至文宗阁，在诗中写道："皇祖图书集大成，区分五百廿函盛。空前绝后菁华焕，内圣外王模楷呈。"①乾隆帝第六次南巡时至文宗阁，叠庚子诗韵："庚子南巡阁已成，香楠为架列函盛。"②这些诗句点明了文宗阁乃因收藏《古今图书集成》而建。《古今图书集成》原是康熙朝陈梦雷等主持编纂的一部大型类书，乾隆四十二年，乾隆帝赐金山行宫《古今图书集成》。乾隆四十四年，乾隆帝应龃臣之请，赐名"文宗阁"，题"江山永秀"匾。③乾隆帝第五次南巡时至文宗阁，在《题文宗阁》诗中写道："秀粹江山称此地，文宗今古贮层甍。"④接着，乾隆帝又赋《再题文宗阁》诗道："百川于此朝宗海，是地诚应庋此文。"⑤这些诗句说明了"文宗"一名的由来。文宗阁

选择和交融：康乾巡游与江南人文景观建构

---

① (清)爱新觉罗·弘历：《题文宗阁》，见镇江市档案处：《京江赋（历代名人赞镇江）》，镇江市档案馆1982年版，第251页。

② (清)爱新觉罗·弘历：《题文宗阁叠庚子诗韵》，见镇江市档案处：《京江赋（历代名人赞镇江）》，镇江市档案馆1982年版，第252页。

③ 镇江市历史文化名城研究会编：《镇江历史文化大辞典》（上），江苏大学出版社2013年版，第340页。

④ (清)爱新觉罗·弘历：《题文宗阁》，见镇江市档案处：《京江赋（历代名人赞镇江）》，镇江市档案馆1982年版，第251页。

⑤ (清)爱新觉罗·弘历：《再题文宗阁》，见镇江市档案处：《京江赋（历代名人赞镇江）》，镇江市档案馆1982年版，第251—252页。

是七阁中唯一题名不见三点水旁的，从表面现象来看，金山位于江中，四面皆水，不忧火患。但从乾隆帝的政治思想与理念来看，清朝自康熙时期开始注重文治，文宗阁一开始又是用来贮藏《古今图书集成》的，因此便有了"文宗今古""尊崇祖上"之意。这进一步反映了乾隆帝对清朝控驭江南地区的文化自信，以"宗"字来强调江南地区文化必须归宗于大清的正朔统治。

文汇阁的前身也是乾隆行宫的御书楼，由两淮盐政于乾隆四十四年承建在天宁寺行宫旁，最初用以藏赐书《古今图书集成》。乾隆帝第五次南巡时至文汇阁，在《文汇阁》诗中写道："皇祖崇经训，图书集大成。分颁广流布，高阁此经营。"[1]又作《再题文汇阁》诗："万卷图书集成部，颁来高阁贮凌云。"[2]乾隆帝第六次至扬州文汇阁，叠庚子韵："天宁别馆书楼耸，向已图书集大成。遂以推行庋四库，况因旧有匪重营。"[3]这些诗句说明，在颁赐《四库全书》之前，先是获乾隆帝所赐《古今图书集成》一部。"文汇阁"之"汇"，与"文宗阁"之"宗"一样，对应的是"汇聚"之意。

文澜阁位于西湖孤山的南坡，由原孤山行宫内藏书楼于乾隆四十七年九月改建。乾隆帝第六次南巡时至杭州，题额"文澜阁"，作《文澜阁》诗。这次南巡，乾隆帝还题文澜阁额"敷文观海""趣亭""月台"，作《趣亭》《月台》等诗。乾隆帝在《趣亭》诗中写道："文源取式逮文津，亦有趣亭栖碧岇。寄语将来钞读者，文澜不外史经循"[4]，文澜阁所

---

① (清)爱新觉罗·弘历：《文汇阁》，见(清)阿克当阿修，姚文田、江藩等纂：《嘉庆重修扬州府志》(一)，《中国地方志集成·江苏府县志辑》第41册，江苏古籍出版社、上海书店、巴蜀书社1991年版，第61页。

② (清)爱新觉罗·弘历：《再题文汇阁》，见(清)阿克当阿修，姚文田、江藩等纂：《嘉庆重修扬州府志》(一)，《中国地方志集成·江苏府县志辑》第41册，江苏古籍出版社、上海书店、巴蜀书社1991年版，第63页。

③ (清)爱新觉罗·弘历：《文汇阁叠庚子韵》，见(清)阿克当阿修，姚文田、江藩等纂：《嘉庆重修扬州府志》(一)，《中国地方志集成·江苏府县志辑》第41册，江苏古籍出版社、上海书店、巴蜀书社1991年版，第66页。

④ (清)爱新觉罗·弘历：《趣亭》，(清)陈璚修，王棻纂，屈映光续修，陆懋勋续纂，齐耀珊重修，吴庆坻重纂：《民国杭州府志》(一)，《中国地方志集成·浙江府县志辑》第1册，江苏古籍出版社、上海书店、巴蜀书社1993年版，第125页。

藏典籍以经史为主。

　　根据乾隆帝的南巡诗可知，首先，乾隆帝强调《四库全书》是用内帑雇佣的专门人员誊写，"是以后次续缮全书三份，饬发内帑银百余万两，觅书手子值缮写，在钞胥等受值佣书即同和雇"①。其次，赐江浙三阁《四库全书》的目的是方便东南士子就近观摩、抄录，以广文教。乾隆帝在《文汇阁叠庚子韵》诗的诗序中写道："因思江浙人文最盛，士子愿读中秘书者不乏，允宜广布流传，以光文治……俾士子得就近观摩。以昭我国家藏书美备，教思无穷之至意。"②"教思无穷"出自《易经·临卦》："君子以教思无穷，容保民无疆。"③意为君子应费尽心思地教导人民，并以其无边无际的盛德保护人民。乾隆帝第五次南巡时上谕有谓："全书缮竣，分庋三阁后，恐地方大小吏过于珍护，致徒供插架，无裨观摩。因复降旨晓谕，有愿读中秘书者，许其陆续领出，广为传写。但令督抚等派委妥员，董司其事。设立收发档案，登注明晰，不致遗失舛错，俾多士得殚见洽闻，以副朕乐育人材、稽古右文之至意。"④乾隆五十五年，乾隆帝又下旨说："俟贮阁全书排架齐集后，谕令该省士子，有愿读中秘书者，许其呈明到阁抄阅，但不得任其私自携归，以致稍有遗失。"⑤乾隆帝的这些谕旨、诗文已将建江浙三阁并赐《四库全书》的目的表达得非常清楚，即"光文治"，推动江南地区文化的发展。

　　乾隆帝从编《四库全书》，到赐《四库全书》于南三阁，标榜自己的文治武功，宣扬儒家正统思想，最终统一思想、消灭异己，在江南地区

选择和交融：康乾巡游与江南人文景观建构

---

　　①（清）爱新觉罗·弘历：《文澜阁》，（清）陈璚修，王棻纂，屈映光续修，陆懋勋续纂，齐耀珊重修，吴庆坻重纂：《民国杭州府志》（一），《中国地方志集成·浙江府县志辑》第1册，江苏古籍出版社、上海书店、巴蜀书社1993年版，第125页。

　　②（清）爱新觉罗·弘历：《文汇阁叠庚子韵》，见（清）阿克当阿修，姚文田、江藩等纂：《嘉庆重修扬州府志》（一），《中国地方志集成·江苏府县志辑》第41册，江苏古籍出版社、上海书店、巴蜀书社1991年版，第66页。

　　③韩立平：《周易译注》，生活·读书·新知三联书店2014年版，第83页。

　　④（清）爱新觉罗·弘历：《命颁布四库全书时许愿读中秘者抄录毋靳诗以志事》，见（清）阿克当阿修、姚文田、江藩等纂：《嘉庆重修扬州府志》（一），《中国地方志集成·江苏府县志辑》第41册，江苏古籍出版社、上海书店、巴蜀书社1991年版，第66页。

　　⑤郭伯恭：《四库全书纂修考》，岳麓书院2010年版，第175页。

确立了清朝的文化正统性。

综上所述，康乾二帝在巡游江南期间重视书院教育、颁赐江南三阁经典，展现出对待汉文化的积极态度，反映了二帝重视文教、笼络江南士人的良苦用心。进一步而言，为了维持清朝统治，康乾二帝以儒家思想教化江南士子，确立文化标准，统一思想。

本章小结

在巡游江南期间，富有历史底蕴、文化内涵的人文景观一直都是康乾二帝的首选，其中，祠庙、陵墓、书院等人文景观对二帝的文教又有着极为特殊的意义与价值。康乾二帝通过祭祀祠庙从思想、文化上笼络文人、维系民心，进而加强意识形态上的统治。康乾二帝对巡游江南沿途所经地区的历代帝王、名臣墓都能亲自或遣官致祭，表达对历代帝王、名臣的尊敬和纪念，以达到笼络江南、巩固统治的政治目的。康乾二帝巡视江南书院、颁赐江南三阁经典，是其重视江南文教的体现，推动了江南地区文化的发展，也起到了教化人心、统一思想的作用。身为帝王，康乾二帝巡游江南期间的政治、文化行为大多以巩固统治、维护利益为出发点和落脚点，以进一步加强思想控制为最终目的。康乾二帝在巡游江南期间都表现出崇儒重教的姿态，以儒学道统的继承者自任，将程朱理学塑造成一种文化符号，并将道统、治统联系在一起，牢牢抓住思想文化的统治权。事实证明，上述举措不仅表明了清朝对中国传统文化的尊重与传承，对江南士人的思想产生了笼络作用，同时也宣示了清朝主动融入中华文明的正统谱系。

余论　从康乾巡游江南看文化交融

历史学界对于清史研究有两种研究范式："一种是以汉族为中心的研究范式，强调汉化的重要性；另一种则是以满族为中心的研究范式，强调满族并未被完全同化。"①康乾南巡具有极强的历史文化价值与意义，对江南景观产生了深远的影响。限于主题，笔者只是以江南人文景观为中心，对康乾二帝巡游江南期间的文化活动稍加考察，以期对文化交融问题的讨论有所助益。

一、从南巡看二帝对自己民族特性的坚持

满族历来重视骑射，以"国语骑射"为根本。为了"承平世恐军容驰，文物邦应武备明"②，康乾二帝在巡游江南期间，凡有八旗驻防之地，必举行盛大的阅兵仪式，强调"既练仍应阅"③。

康乾二帝巡游江南期间的阅武地主要集中于杭州、江宁、松江、镇

---

① 张梅、欧立德：《欧立德教授与'新清史'研究：访哈佛大学副教务长欧立德教授》，《清华大学学报（哲学社会科学版）》2016年第4期，第150页。

② （清）弘历：《阅杭州旗兵》，见（清）陈璚修，王棻纂，屈映光续修，陆懋勋续纂，齐耀珊重修，吴庆坻重纂：《民国杭州府志（一）》，《中国地方志集成·浙江府县志辑》第1册，江苏古籍出版社、上海书店、巴蜀书社1993年版，第50页。

③ （清）弘历：《阅水操志事》，见（清）陈璚修，王棻纂，屈映光续修，陆懋勋续纂，齐耀珊重修，吴庆坻重纂：《民国杭州府志（一）》，《中国地方志集成·浙江府县志辑》第1册，江苏古籍出版社、上海书店、巴蜀书社1993年版，第108页。

江、苏州、嘉兴6座城市，共计41次。其中，杭州、江宁2地阅武的次数最多，二帝分别在杭州阅兵5次、14次，均在江宁阅兵6次。除此以外，康熙帝在松江阅兵2次；乾隆帝在镇江阅兵3次，在苏州阅兵1次，在嘉兴阅兵4次。

根据《圣祖实录》《高宗实录》记载，康乾二帝（尤以康熙帝为主）阅武的内容主要包括校阅官兵骑射、命诸皇子射、赐宴和亲射等。康熙帝5次至杭州阅武，5次校阅官兵骑射，4次命诸皇子射，4次命善射侍卫射，赐宴1次；6次至江宁阅武，5次校阅官兵骑射，4次命诸皇子射，5次命善射侍卫射，赐宴1次；康熙帝还在松江命侍卫射。康熙帝每次阅武，基本上都会亲射，以展示自己高超的骑射技术。康熙帝5次至杭州阅武，3次亲射；康熙帝6次至江宁阅武，5次亲射；康熙帝还在松江亲射。乾隆帝因为手臂患病，未留下亲射的记载。康乾南巡每次逗留江南的时间并不很长，但所到之处均要举行阅武骑射活动，并且频率很高，应该说比较充分地反映了康乾二帝对满洲民族特性的坚持。

康乾二帝提倡八旗重骑射、尚勇武。但事与愿违，康乾时期，八旗劲旅习于宴安，奢风日盛。从康熙帝第三次南巡开始，军务日渐废弛的记载渐渐增多。到乾隆时期，满人受到汉人的影响越来越严重。因此，康乾二帝均对军务松弛采取了严厉的措施。

康熙帝第三次南巡时于杭州阅兵后说："朕今观杭州满洲汉军官兵，皆善骑射，娴熟满语，此皆将军查木杨训练所为。"但是，康熙帝在苏州和江宁阅兵时，两地绿旗官兵的骑射技能多不合格。阅兵结束后，康熙帝命河道总督于成龙会同该督抚议奏，寻江南江西总督张鹏翮等，"奏拨江南督标兵，江苏、安徽抚标兵，共一千五十四名赴河标效力"[1]。

乾隆帝第一次南巡回京至江宁阅兵之前，两江总督、江宁将军上疏，说兵力不足，最好由1500名满兵、1500名汉兵会合操练。第二次南巡时在杭州发现接驾的绿营兵丁演奏箫管细乐，乾隆帝甚为不满，于二月二

---

①《圣祖实录（三）》卷一九三，《清实录》第6册，中华书局1985年影印本，第1040页。

十七日传谕斥责："今日朕至杭州省城，其接驾之绿营兵丁，有奏箫管细乐者。夫身隶行伍当以骑射勇力为重，戍楼鼓角，不过用肃军容。即古者铙歌鼓吹之词，亦以鸣其得胜之气耳。若吹竹弹丝，技近优伶，岂挽强引重之夫所宜相效！此等绿营陋习，各省均所不免。可传谕各该督抚提镇等，转饬所属标营，嗣后营伍中，但许用钲鼓铜角，其箫管细乐，概行禁止。"①乾隆帝还发现外省驻防将军、绿营提镇存在外出乘轿子的现象，于二月二十八日传谕："外省驻防将军及绿营之提镇，出行则皆乘舆。夫将军提镇，有总统官兵之责，若养尊处优，自图安逸，亦何以表率营伍而作其勇敢之气。况旗人幼习骑射，即绿营中亦必以其弓马优娴，始历加升用。乃一至大僚，转至狃于便安，忘其故步，此岂国家简擢之意耶！京师都统、副都统既皆乘马，而满洲侍郎则无论年逾六旬，亦俱不得乘舆。即朕巡省所至，尚每日乘马而行。乃外省武职，独相沿陋习，此甚非宜。嗣后将军提镇，概不许乘舆。其编设轿夫，并着裁革。如有仍行乘坐者，照违制例治罪。可通行传谕知之。"②

乾隆帝第五次南巡时在钱塘江边的观潮楼上检阅水师之后，于诗中表达了自己的不满："己丑征缅因选精，意谓目无全敌矣。及至临阵乃不然，闻敌炮响先惊死。尽欲泅水远遁逃，反累我师救而止。师回重处示创惩，今兹水兵仍昔彼。不过演习为美观，譬之戏场一剧耳。水师本意岂其然，节镇侍前应悉此。"③诗中所说的"征缅"，指的是乾隆三十四年的第四次清缅战争。缅甸贡榜王朝于18世纪中期建立后，中缅之间先后发生了4次战争，第四次战争规模最大，清朝出兵3万人左右、耗银911万两。乾隆三十四年，清朝派兵出征缅甸，由于福建水师擅长驾驶攻击，乾隆帝令提督叶相德选派2000水师赴滇。孰料福建水师徒有其名，与缅兵相争时，一听到枪响便打算泅水远逃，幸得健锐营满洲兵殊死掩护杀

①《高宗实录（七）》卷五三三，《清实录》第15册，中华书局1985年影印本，第726页。
②《高宗实录（七）》卷五三三，《清实录》第15册，中华书局1985年影印本，第728页。
③（清）弘历：《阅水操志事》，见（清）陈璚修，王棻纂，屈映光续修，陆懋勋续纂，齐耀珊重修，吴庆坻重纂：《民国杭州府志（一）》，《中国地方志集成·浙江府县志辑》第1册，江苏古籍出版社、上海书店、巴蜀书社1993年版，第107页。

选择和交融：康乾巡游与江南人文景观建构

敌，清兵和水师方来得及后撤。11月16日，中缅双方签订停战合约，中缅议和。不仅杭州情况如此，江宁、镇江情况更为不堪，乾隆帝在阅水操之后感叹："笑谓江宁将军云，汝水师更逊剧拟。（近于金山见镇江水师，较福建水师更远不及矣！）"①乾隆帝第六次至杭州阅兵时，皇十五子颙琰诗中竟有"射箭箭虚发，驰马人堕地，当时以为笑谈"②的记载。六天后，乾隆帝阅福建水师，由于上次操演的地方水太浅，无法操演，这次阅水师向西移换一个地方。检阅之后，乾隆帝表示很不满意，于是令浙江军政大员将《阅水操》诗刻石立碑，以作惩戒。

由上可知，康乾二帝在南巡阅武时不仅考察官兵骑射，还让诸皇子、侍卫等人射，康熙帝更是直接示范。康乾二帝的阅武活动，首先体现了二帝"鸿猷惟慎""安不忘危"的居安思危思想，对军旅起到督促和整饬的作用；其次，二帝尤其是康熙帝着力将自己塑造成马上皇帝的形象，其高超的骑射技能，使参阅军民备受鼓舞；同时，二帝督促官兵骑射不致废弛的行为，某种意义上也是其竭力维持满洲特性的举措体现。但是，军旅陋习积习难改，颓风难挽，从乾隆帝中后期开始，清朝武备松弛日趋严重。

二、康乾二帝致力于文化交融的努力

康乾二帝对文化交融的努力在南巡中得到明显的表现，二帝的最终目的是想获得江南士民的认同，来实现清朝的大一统格局。因此，除了上文的南巡阅武，康乾二帝还从政治、经济以及文化等多方面加强了统治措施。

余论　从康乾巡游江南看文化交融

---

① (清)弘历：《阅水操志事》，见(清)陈璇修，王棻纂，屈映光续修，陆懋勋续纂，齐耀珊重修，吴庆坻重纂：《民国杭州府志(一)》，《中国地方志集成·浙江府县志辑》第1册，江苏古籍出版社、上海书店、巴蜀书社1993年版，第107页。

② 喻松青、张小林：《清代全史(第6卷)》，辽宁人民出版社2007年版，第56页。

（一）政治上对帝王情怀的传承与抒发

康乾二帝都是励精图治、颇有作为的一代君主，康乾南巡注重对中华帝王情怀的传承，帝王情怀实际上就是帝王的政治抱负与职分担当。康乾二帝的南巡诗中有多处体现帝王职分担当的内容，如康熙帝《初八日行宫题》中有"年丰物阜民安乐，何必燕京是帝京"①句，乾隆帝在《渡江驻跸天宁寺》中说："舞榭歌台都不系，系吾怀者是民情。"②江南地区赋税比较重，"赋役殷繁，倍于他省"③。康乾南巡尤其注重推行和采取蠲免赋税、赈济灾民等政策和措施，给予沿途百姓以恩惠。

康熙帝南巡有针对性地多次蠲免江南地区的钱粮积欠，根据《圣祖实录》记载：康熙帝第二次南巡时，因念江南财赋甲于他省，蠲除江南全省积年民欠；康熙帝第三次南巡时，因江浙二省为东南要地，不仅蠲除康熙三十四、三十五、三十六年奏销未完民欠，还将积欠钱粮尽行蠲免。乾隆帝南巡多次减免江南赋税，根据《高宗实录》记载：第一、二次南巡时蠲免一次，第三、四次南巡时蠲免3次，第五、六次南巡时蠲免2次。具体方式包括蠲免和豁免，蠲免时间一般为入江、浙二省境内时。由于浙江额赋比江南少，积欠也不多，省会驻跸之地如江宁、苏州、杭州，以及所有水陆经过地方，都是乾隆帝蠲免照顾的特殊对象。蠲免内容包罗万象，有本年应征地丁银两、本年应征额赋等，有漕项银、借欠籽本银、屯饷银、沙地公租银、水乡灶课未完银等，还有屯饷沙地公租、未完南米、借给各场灶户仓米、未完民借谷、未完米麦豆等。

康熙帝在巡游江南期间，途经灾区时往往特别加恩蠲免。根据《圣祖实录》记载：康熙帝第三次南巡时，因淮扬地方数被水患，深加轸恤；所过州县有受灾甚重者，俱经赈济。乾隆帝六次南巡，也都能减免受灾

①（清）嵇曾筠、李卫等修，沈翼机、傅王露等纂：《浙江通志（二）》，台湾京华书局1967年版，第66页。

②（清）弘历：《渡江驻跸天宁寺》，见（清）阿克当阿修，姚文田、江藩等纂：《嘉庆重修扬州府志（一）》，《中国地方志集成·江苏府县志辑》第41册，江苏古籍出版社、上海书店、巴蜀书社，第48页。

③（清）玄晔撰，吴相湘、刘兆祐主编：《康熙帝御文集（3）》，学生书局1966年版，第1546页。

地区的赋税。根据《高宗实录》记载：乾隆帝第二次南巡时，蠲免江南、浙江经过各州县地方或有去秋被水歉收者十分之五；第三次南巡时，蠲免所有江南浙江水陆经过地方或有去秋被水歉收者十分之五。

表5-1　康乾南巡蠲租赈灾统计

帝王	南巡序次	蠲租赈灾时间	蠲租赈灾次数	
康熙	第二次南巡	正月二十五日	1	7
	第三次南巡	三月十三日	5	
		三月二十二日		
		三月二十六		
		四月初二		
		四月十六日		
	第五次南巡	二月三十日	1	
乾隆	第一次南巡	二月二十四日	1	12
	第二次南巡	三月十八日	1	
	第三次南巡	二月初四	3	
		三月初七		
		三月二七日		
	第四次南巡	二月十六日	3	
		闰二月初二		
		闰二月初三		
	第五次南巡	二月十五日	2	
		二月二十九日		
	第六次南巡	二月二十六日	2	
		三月十二日		

　　康乾二帝在巡游江南过程中，通过实行蠲免赋税减轻了农民的赋税负担，通过赈灾政策避免了农民离家出走、土地荒芜局面的出现。这些举措不仅起到了休养民力的客观作用，也为康乾二帝赢得民心，更是对历代帝王将巡狩时蠲免赈济视作仁政的传承。

（二）经济上对重农亲民思想的一以贯之

中华历代王朝均以农立国，康乾二帝在巡游江南途中关注耕织、关心天气阴晴、关注庄稼收成，正是重农亲民思想一以贯之的体现。

表5-2　康乾二帝重农亲民诗统计表

主　题	具体内容	赋诗数（首）		主　题	赋诗数（首）
关注耕织	关注农桑	28	49	忧民情思	49
	关注田耕	15		关心天气阴晴	31
	关注蚕织	6		关爱庄稼收成	9

中国历代帝王均重视耕织、奖励农桑，康乾二帝也将耕织视为江山永固、国祚绵长的根本，反映了二帝以农桑为本的传统思想。在康乾二帝的南巡诗中，关注"耕织"的内容大量存在。如康熙帝，康熙二十三年在《示江南大小诸吏》中说："民者国之本，生计在畎亩"①，康熙三十八年在《菜畦》中谓："东南农事已春深，菜垄花开满地金"②；如乾隆帝，乾隆十六年在《西湖嬉春词（五）》中云："谁道吴中歌舞地，于今都识重农桑"③，乾隆二十二年所作《石门道中作》中有"却喜陌桑才吐叶，人家未至碍蚕忙"④之句，乾隆二十七年在《塔湾行宫再依皇祖诗韵》中写道："二月东风桃始华，南巡本意厪桑麻。"⑤

农业生产与气候的变化关系密切，康乾二帝对江南各地的晴雨旱涝极为关注，江南三织造所承担的职能中即有报告江南气候变化一项。这样的重视，在康乾二帝的南巡诗中也有明显反映。一方面，为了农业丰

---

① （清）玄烨：《示江南大小诸吏》，见（清）何绍基《（光绪）重修安徽通志》卷二，光绪四年刻本，第14—15页。

② 马宗申校注，姜义安参校：《授时通考校注》第3册，农业出版社1993年版，第224页。

③ （清）弘历：《西湖嬉春词（五）》，见（清）梁诗正：《西湖志纂》卷三，清文渊阁四库全书本，第3页。

④ 王国平：《正史及全国地理志等中的西湖史料专辑》，《西湖文献集成》第1册，杭州出版社2004年版，第1105页。

⑤ （清）弘历：《塔湾行宫再依皇祖诗韵》，见（清）王定安：《两淮盐法志》卷八王制门，光绪三十一年刻本，第143页。

收，二帝在诗中表达了喜雨的心情，如乾隆帝，乾隆二十七年在《再游灵岩作》中说："昨日细雨今朝晴，南国为喜宜春耕"①，乾隆四十九年的《再游平山堂》诗云："笑指绿畴麦芃处，是前度为尔愁曾。"②另一方面，春雨连绵又会引起二帝的担忧，康熙帝《岸侧桑叶初碧》有谓："省方遍问蚕家苦，春雨连绵尽日忧"③；乾隆二十七年，乾隆帝《出阊门游寒山即景二首（一）》诗中有："递来将雨意，虑致碍春温"④句；乾隆三十年，乾隆帝经过舣舟亭，见白日风雨，凉夜微雪，恐雨雪伤及麦苗，经地方官吏奏称无害，乾隆帝方才放心。尤其是蚕性喜温畏寒，喜干燥而恶潮湿。乾隆二十七年，乾隆帝第三次南巡杭州，恰逢春雨连绵，便派官员至上天竺寺"祈晴"，并于三月十二日游览上天竺寺"谢晴"。乾隆帝在诗中指出："传闻天竺观音大士灵验，至彼祈晴，及至云栖小憩，则云散日出，千峰朗翠。"⑤乾隆三十年，由于"浙民敬奉天竺大士，朔望尤甚，羽旸必祷"⑥，乾隆帝策马由南屏复至天竺谢晴。

巡游江南期间，许多百姓为了瞻仰康乾二帝的圣颜，纷纷相随，践踏田间麦苗的现象时有发生。康乾二帝为此感到怜惜，不断谕令臣下做好百姓的沟通工作，勿使践踏田亩，体现了二帝重视农事、爱惜民力的思想。如乾隆二十七年，《再游灵岩作》诗中写道："骈阗老幼步随马，禁躏菜麦怜农氓"⑦，《自惠山跋马过无锡县城登轻舟至水营即景杂咏》

余论 从康乾巡游江南看文化交融

①（清）弘历：《再游灵岩作》，见（清）李铭皖、谭钧培修，冯桂芬纂：《（同治）苏州府志》，江苏古籍出版社1991年版，第87页。

②（清）弘历：《再游平山堂》，见（清）阿克当阿修，姚文田、江藩等纂：《嘉庆重修扬州府志（一）》，《中国地方志集成·江苏府县志辑》第41册，江苏古籍出版社、上海书店、巴蜀书社，第45页。

③（清）鄂尔泰：《授时通考》卷五十劝课，清武英殿聚珍版丛书本，第457页。

④（清）弘历：《出阊门游寒山即景二首（一）》，见张晓旭：《苏州碑刻》，苏州大学出版社2000年版，第134页。

⑤（清）弘历：《诣天竺寺谢晴（有序）》，见（清）陈璚修，王棻纂，屈映光续修，陆懋勋续纂，齐耀珊重修，吴庆坻重纂：《民国杭州府志（一）》，《中国地方志集成·浙江府县志辑》第1册，江苏古籍出版社、上海书店、巴蜀书社1993年版，第66—67页。

⑥（清）弘历：《策马由南屏复至天竺》，见（清）陈璚修，王棻纂，屈映光续修，陆懋勋续纂，齐耀珊重修，吴庆坻重纂：《民国杭州府志（一）》，《中国地方志集成·浙江府县志辑》第1册，江苏古籍出版社、上海书店、巴蜀书社1993年版，第95页。

⑦（清）弘历：《再游灵岩作》，见沈云龙：《近代中国史料丛刊（641）南巡盛典》，文海出版社1989年版，第450页。

中有"黔黎趋拥喜逾常，所惜无端蹢麦秋"①之句等。

在康乾二帝的南巡诗中，还有不少关心民生疾苦的内容。二帝在赏景怡情时，也不忘关怀百姓，如康熙帝于康熙三十八年在《登吴山》中说："城市万家烟火近，念慈莫遣有饥寒"②，乾隆帝于乾隆十六年在《润州道中作》中云："寒衣饥食人人愿，足衣足食筹若何。"③其中，为了表示对茶农艰辛劳作和劳苦生活的体恤，乾隆帝特地申明自己对贡茶不求奇巧，乾隆十六年《观采茶作歌》中有"慢炒细焙有次第，辛苦功夫殊不少。……我虽贡茗未求佳，防微尤恐开奇巧。防微尤恐开奇巧，采茶竭览民艰晓"④等句。对于两淮灶户，乾隆帝认为其生计劳苦，甚于农民，乾隆二十七年在《塘上四首（三）》中说："苇庐灶户日煎盐，辛苦蝇头觅润沾。嘘焰胼胝耐燥湿，厚资原是富商兼"⑤；乾隆三十年又作《塘上三首（三）》谓："灶户资生釜海存，刮沙煎卤事牢盆。茅棚苇窦何妨览，欲悉吾民衣食源。"⑥

（三）文化上树立重视汉文化的明君形象

康乾二帝都能认识到思想征服的重要性，赢得江南士绅的由衷爱戴是康乾南巡的真实追求。因此，康乾二帝在巡游江南途中，通过优容文人、培植士类、笼络士绅等做法，既安抚了民心、消除了对立情绪，也树立了重视汉文化的明君形象。

---

① （清）弘历：《自惠山跋马过无锡县城登轻舟至水营即景杂咏》，（清）裴大中、倪咸生修，秦缃业等纂：《光绪无锡金匮县志》，《中国地方志集成·江苏府县志辑》第24册，江苏古籍出版社、上海书店、巴蜀书社1991年版，第31页。

② （清）玄烨：《登吴山》，见（清）梁诗正：《西湖志纂》卷一，清文渊阁四库全书本，第9页。

③ （清）弘历：《润州道中作》，见（清）何绍章、冯寿镜修，吕耀斗等纂：《光绪丹徒县志》，江苏古籍出版社1991年版，第35页。

④ （清）弘历：《观采茶作歌》，见（清）陈璚修，王棻纂，屈映光续修，陆懋勋续纂，齐耀珊重修，吴庆坻重纂：《民国杭州府志（一）》，《中国地方志集成·浙江府县志辑》第1册，江苏古籍出版社、上海书店、巴蜀书社1993年版，第51页。

⑤ （清）弘历：《塘上四首（三）》，见（清）翟均廉：《海塘录》卷首二，清文渊阁四库全书本，第25页。

⑥ （清）弘历：《塘上四首（三）》，见（清）翟均廉：《海塘录》卷首二，清文渊阁四库全书本，第28页。

选择和交融：康乾巡游与江南人文景观建构

康乾南巡通过增加科举名额、简拔地方文人以及编修典籍、颁赐经史等方式，摆明崇儒重道的态度，进而优待江南文人、培植江南士子。

江南人文极盛，入学名额却不占优势。康乾南巡时增加江南的入学名额，从而争取汉族士人归顺清朝。根据《圣祖实录》记载：康熙帝第二次南巡之后，江南、浙江两省学道改为学院，提高规格并增加科举录取名额，府学、大学、中学、小学分别增加5名、5名、4名、4至5名，江苏8府3州的各类学校（50所左右）的进学额数一次性增加数百人；第三次南巡又在原增额基础上于府县大、中、小学各增加5名，并专门举行了一次入学考试。乾隆帝在南巡过程中，对于江苏、安徽、浙江三省的入学名额，也以"三吴两浙为人文所萃""文风素盛"为理由先后6次增加。"本年岁试文章，府学及州县大学，着增加5名，中学增取4名，小学增取3名，举行1次。"①虽然康乾二帝每次南巡谕旨增加的入学额数不多，但让普通士子增加了科举进入仕途的几率，对江南士子无疑能起到些许安抚作用。

简拔，是指常科之外的其他各种选才形式。康熙、乾隆二帝借南巡之际，举行各种考试，拓宽选拔地方人才的途径。康熙帝南巡的时候，在江南地区广招英才，特恩加试，"若为贤良之才，自应简拔任用，不次拔擢，甚至入翰林院为官，而毋须虑及其出身品第。"②康熙帝第五次南巡的时候，命翰林院掌院学士揆叙先后在杭州、苏州和江宁举行了3场考试，内容为诗与字，大学士张玉书、陈廷敬阅卷。3场考试以苏州考场的成绩为最优，得汪泰来等53人。③乾隆帝南巡时，每次都有士子进献诗赋。乾隆帝在江宁和杭州两地举行考试，从中选拔人才，授以功名。根据《高宗实录》记载：考取一等的特赐举人，授为内阁中书，学习行走，遇缺即补；考取二等的赏赐缎。清吴振棫在《养吉斋丛录》中也记载：

---

① 《高宗实录（十六）》卷一一九九，《清实录》第24册，中华书局1986年影印本，第35页。
② 史景迁：《康熙：重构一位中国皇帝的内心皇帝》（温洽溢译），广西师范大学出版社2011年版，第58页。
③ 《圣祖实录（三）》卷二二〇，《清实录》第6册，中华书局1986年影印本，第219页。

"高宗（巡游）十二次，试以一赋一诗一论或一策，入高等者，进士、举人，即授中书，生员，赏举人，准会试。"①康乾二帝通过接受诗赋进献、考试记名等方式，使一批有才华的读书人以文获进，对江南士人来说，也是一种照顾，的确起到奖励文学、笼络人心的作用。

康乾二帝倾心汉族文化，在南巡过程中编修典籍、颁经赐书。康熙帝注重古籍的整理和编纂，《全唐诗》既是在康熙帝第五次至扬州时，传谕江宁织造兼巡盐御史曹寅组织人力刊刻的。乾隆帝注重颁经赐书，乾隆帝第一次南巡时颁赐江浙各书院殿版经史，谕："经史，学之根柢也。会城书院，聚黉庠之秀而砥砺之，尤宜示之正学。朕时巡所至，有若江宁之钟山书院、苏州之紫阳书院、杭州之敷文书院，各赐武英殿新刊十三经、二十二史一部，资髦士稽古之学。"②乾隆四十二年，乾隆帝赐《古今图书集成》给金山行宫。乾隆四十七年秋，乾隆帝颁赐江浙三阁三份《四库全书》。编纂、颁行图书是康乾二帝南巡途中文治的一大表现，其发扬传统文化、嘉惠学林之意固为明显，但背后的目的也是不言自明的，即规范士子行为、加强思想统治。

康乾二帝在南巡途中，还通过召见慰问、赐物授职，眷顾曾在京供职的旧臣，这些举措显示出皇恩浩荡，明显地带有笼络士绅的目的。康熙帝眷恤的对象有吴中缙绅汪琬、湖广粮道叶映榴、故温处道陈丹赤、在籍大学士张英、原任彝陵总兵官严弘、大学士高士奇、原任翰林院侍读徐倬等；乾隆帝眷恤的对象有在籍翰林院侍讲刘起振、国子监司业顾栋高、训导王世芳和侍郎沈德潜、钱陈群等。康熙帝眷恤的方式有赐御笔手卷、匾联、书、人参等，授官、赐谥、指定人选照管幼子；乾隆帝眷恤的方式有赐御制诗章、书匾、物以及赐官加衔等。这些既保持了康乾二帝与旧老的情谊，也成为二帝笼络士绅的重要手段之一。康乾南巡期间眷旧恤高的行为，也被当时的文人记录下来。清秦瀛在《己未词科

选择和交融：康乾巡游与江南人文景观建构

---

① （清）吴振棫：《养吉斋丛录》，《养吉斋余录》卷十，光绪刻本，第70页。
② 《高宗实录（六）》卷三八六，《清实录》第14册，中华书局1986年影印本，第45页。

录》中有康熙帝赐汪琬御书、赐黄与坚"如松堂"额的记载。[1]清穆彰阿在《嘉庆重修一统志》中有赐顾栋高御书"传经耆硕"、恩赏华希闵知县的记载。[2]

由此可见，康乾二帝在巡游江南期间，无论政治上重视帝王职分担当，经济上关注耕织、关心天气阴晴和关爱庄稼收成，还是文化上优容文人、培植士类、笼络士绅，不仅让江南士子不自觉地将原来与朝廷的离心力演变成一种向心力，也体现出二帝对儒家文化的倾心与继承，表达了中华一家的帝王情怀。

三、康乾南巡对文化交融的解释

通过康乾南巡可知，对于清朝来说，江南地位非比寻常，却潜藏着满汉历史积怨；江南为财富聚集之地，却水患频繁、海塘告急；江南为人文渊薮之地，江南的文化精英却难以政治控制。对于汉人尤其是江南士人，康乾二帝的内心是既羡慕又恐惧。二帝对此心知肚明。而要想有效地统治江南地区，单纯依靠武力肯定是不行的。如何获得江南汉人尤其是士大夫发自内心的认可，实现政治、文化格局的大一统，是康乾二帝南巡的最终目的。因此，康乾二帝利用自己身为清朝最高统治者的地位，从政治、经济、文化、军事等多方面稳定江南、巩固统治。如果说军事举措是重视武功、宣扬清朝价值观，政治举措是对帝王情怀的传承与抒发，经济举措是对重农亲民思想的一以贯之，文化举措则是树立重视汉文化的明君形象。由此可见，重视武功、宣扬清朝价值观只是康乾南巡的诸多政务之一，而不是唯一。

康乾南巡对康乾时期的政治、经济、文化产生了深远的影响。江南得到稳固，文化得到传播。政治上象征意义明显，南巡是康乾二帝治国

①（清）秦瀛：《己未词科录》卷二，嘉庆刻本，第28—33页。
②（清）穆彰阿：《嘉庆重修一统志》卷八十七，四部丛刊续编影旧钞本，第1487—1488页。

安邦的重要措施，是清朝彻底征服江南的象征，也将二帝塑造成文武兼备的圣君形象。文化上促进了南北交融，为了迎接康乾二帝，许多江南景观重新装点；康乾南巡极大地推动了江南景观的基础建设，改变了江南景观的文化内涵，增强了南北之间的文化交流。

可以说，康乾南巡是文化交融的有效催化剂，南巡过程即宫廷与民间、北方与江南之间文化交融的过程。如果说康熙南巡之初尚有满汉文化冲突，到乾隆南巡结束之时，清朝已正式纳入中国传统文化的承续脉络之中，康乾二帝证明了清朝入继中华正统的合法性。

选择和交融：康乾巡游与江南人文景观建构

参考文献

一、古籍资料

[1]（宋）周应合：《景定建康志》，南京出版社2009年版。

[2]（宋）朱长文撰，金菊林点校：《吴郡图经续记》，江苏古籍出版社1983年版。

[3]（明）刘应钶：《万历嘉兴府志》，成文出版社1983年版。

[4]（清）阿克当阿修，姚文田、江藩等纂：《嘉庆重修扬州府志》（一），《中国地方志集成·江苏府县志辑》第41册，江苏古籍出版社、上海书店、巴蜀书社1991年版。

[5]（清）陈璚修，王棻纂，屈映光续修，陆懋勋续纂，齐耀珊重修，吴庆坻重纂：《民国杭州府志》（一），《中国地方志集成·浙江府县志辑》第1册，江苏古籍出版社、上海书店、巴蜀书社1993年版。

[6]（清）丁丙：《武林坊巷志》，浙江人民出版社1986年版。

[7]（清）冯桂芬：《同治苏州府志》，光绪九年刊本。

[8]（清）嵇曾筠：《雍正浙江通志》，清文渊阁四库全书本。

[9]（清）高得贵修，张九征等纂，朱霖等增纂：《乾隆镇江府志（一）》，《中国地方志集成·江苏府县志辑》第27册，江苏古籍出版社、

上海书店、巴蜀书社1991年版。

[10] （清）龚嘉俊修，吴庆丘等纂：《杭州府志》，民国十一年本。

[11] （清）李铭皖、谭钧培修，冯桂芬纂：《（同治）苏州府志》，江苏古籍出版社1991年版。

[12] （清）吕燕昭修，姚鼐纂：《重刊江宁府志》（一），嘉庆十六年修，光绪六年刊本，《中国方志丛书·华中地方》（第128号），成文出版社1974年版。

[13] （清）穆彰阿：《嘉庆重修一统志》，四部丛刊续编影旧钞本。

[14] （清）裴大中、倪咸生修，秦缃业等纂：《光绪无锡金匮县志》，《中国地方志集成·江苏府县志辑》第24册，江苏古籍出版社、上海书店、巴蜀书社1991年版。

[15] （清）沈鏴彪等撰，魏得良标点：《续修云林寺志》，杭州出版社2006年版。

[16] （清）孙治初辑，徐增重修：《武林灵隐寺志》，杭州出版社2006年版。

[17] （清）汪应庚著，曾学文点校；（清）赵之璧著，高小健点校：《平山揽胜志·平山堂图志》，广陵书社2004年版。

[18] （清）文庆、李宗昉等纂修：《钦定国子监志》，北京古籍出版社2000年版。

[19] （清）吴鼎科等纂辑，吴恩培标点：《至德志（外2种）》，上海古籍出版社2013年版。

[20] 《海宁市志》编纂委员会：《海宁市志》，汉语大辞典出版社1995年版。

[21] 《平江区志》编纂委员会：《平江区志》，上海社会科学院出版社2006年版。

[22] （春秋）老子：《道德经》，中国华侨出版社2014年版。

[23] （战国）左丘明撰，（西晋）杜预集解：《左传》，上海古籍出版

社 2015 年版。

[24]（汉）班固撰，王继如主编：《汉书今注》，凤凰出版社 2013 年版。

[25]（汉）高诱注，（清）毕沅、徐小蛮校：《吕氏春秋》，上海古籍出版社 2014 年版。

[26]（东汉）许慎撰，（清）段玉裁注：《说文解字》，中国戏剧出版社 2008 年版。

[27]（魏）王弼等疏，余培德校注：《周易正义》，九州出版社 2004 年版。

[28]（晋）陈寿撰，周殿富主编，尹小林点校：《三国志人物全传》，北京时代华文书局 2015 年版。

[29]（南朝·宋）刘义庆：《世说新语》，岳麓书社出版社 2015 年版。

[30]（南朝·梁）萧统：《昭明文选》，吉林人民出版社 1998 年版。

[31]（唐）白居易：《白居易集》，中华书局 1979 年版。

[32]（唐）白居易著，丁如明、聂世美校点：《白居易全集》，上海古籍出版社 1999 年版。

[33]（唐）白居易：《白居易集》，中国戏剧出版社 2002 年版。

[34]（唐）房玄龄：《晋书》，中华书局 2000 年版。

[35]（唐）陆羽撰，宋一明译注：《茶经译注》，上海古籍出版社 2014 年版。

[36]（唐）陆羽撰，（清）陆廷灿、曹海英著：《茶经·续茶经》，北方文艺出版社 2014 年版。

[37]（唐）文远记录，张子开点校：《赵州录》，中州古籍出版社 2001 年版。

[38]（唐）魏徵：《隋书》，中华书局 2000 年版。

[39]（宋）黄庭坚著，郑永晓整理：《黄庭坚全集辑校编年》，江西人民出版社 2008 年版。

参考文献

[40]（宋）欧阳修著，李之亮笺注：《欧阳修集编年笺注》，巴蜀书社2007年版。

[41]（宋）欧阳修：《欧阳修集》，中国戏剧出版社2002年版。

[42]（宋）四水潜夫辑：《武林旧事》，浙江人民出版社1984年版。

[43]（宋）苏轼：《苏轼文集》，中华书局1986年版。

[44]（宋）苏轼：《苏轼集》，中国戏剧出版社2002年版。

[45]（宋）苏轼：《苏轼词集》，上海古籍出版社2014年版。

[46]（宋）王应麟著，（清）阎若璩、何焯、全祖望注，栾保群、田松青校点：《困学纪闻》，上海古籍出版社2015年版。

[47]（宋）吴自牧等撰，刘坤、赵宗乙主编：《梦粱录（外四种）》，黑龙江人民出版社2003年版。

[48]（宋）杨万里著，王琦珍整理：《杨万里诗文集》，江西人民出版社2006年版。

[49]（南宋）吴自牧撰，傅林祥注；（南宋）周密撰，傅林祥注：《梦粱录·武林旧事》，山东友谊出版社2001年版。

[50]（宋）朱熹原编，（清）刘传莹复辑，周殿富编译：《曾刻孟子要略译注》，安徽人民出版社2013年版。

[51]（宋）祝穆撰，祝洙增订，施和金点校：《方舆胜览》，中华书局2003年版。

[52]（明）田汝成：《西湖游览志》，东方出版社2012年版。

[53]（明）袁宏道：《袁中郎全集》，齐鲁书社1997年版。

[54]（明）张岱等著，张厚余注析：《明清小品文选》，山西古籍出版社2008年版。

[55]（清）爱新觉罗·玄晔撰，吴相湘、刘兆祐主编：《康熙帝御文集》，学生书局1966年版。

[56]（清）爱新觉罗·胤禛著，魏鉴勋注释：《雍正诗文注解》，辽宁古籍出版社1996年版。

[57]（清）爱新觉罗·胤禛：《康熙皇帝告万民书·康熙皇帝教子格言》，湖南人民出版社1999年版。

[58]（清）爱新觉罗·弘历：《唐宋诗醇》，中国文学出版社2000年版。

[59]（清）爱新觉罗·玄烨纂，陈生玺、贾乃谦注释：《庭训格言·几暇格物编》，浙江古籍出版社2013年版。

[60]（清）陈其元：《庸闲斋笔记》，清同治十三年刻本。

[61]（清）杜文澜：《古谣谚》，中华书局1958年版。

[62]（清）鄂尔泰：《授时通考》，清武英殿聚珍版丛书本。

[63]（清）冯金伯：《国朝画识》，清道光刻本。

[64]（清）高晋：《南巡盛典》，上海点石斋缩印本。

[65]（清）高晋初编，阿桂、傅恒合编，萨载等续编：《钦定南巡盛典》，台湾商务印书馆1986年版。

[66]（清）顾炎武著，黄汝成集释，栾保群、吕宗力校点：《日知录集释》，上海古籍出版社2014年版。

[67]（清）黄宗羲：《明夷待访录》，清指海本。

[68]（清）蒋士铨：《忠雅堂文集》，清嘉庆刻本。

[69]（清）蒋良骐撰，鲍思陶、西原点校：《东华录》，齐鲁书社2005年版。

[70]（清）金梁：《盛京故宫书画录》，浙江人民美术出版社2014年版。

[71]（清）蓝鼎元：《鹿洲全集》，厦门大学出版社1995年版。

[72]（清）李斗：《扬州画舫录》，凤凰出版社2013年版。

[73]（清）李斗著，王军评注：《扬州画舫录》，中华书局2013年版。

[74]（清）李元度自纂，易孟醇校点：《国朝先正事略》，岳麓书社2008年版。

[75]（清）梁章钜：《归田琐记》，中华书局1981年版。

[76]（清）马骕纂，刘晓东等点校：《绎史》，齐鲁书社2000年版。

[77]（清）彭定求主编，陈书良、周柳燕选编：《御定全唐诗简编》，海南出版社2014年版。

[78]（清）钱泳撰，孟裴校点：《履园丛话》，上海古籍出版社2012年版。

[79]（清）钱泳：《履园丛话》，山东画报出版社2004年版。

[80]（清）秦瀛：《己未词科录》，清嘉庆刻本。

[81]《清高宗实录》，中华书局1986年影印本。

[82]《清圣祖实录》，中华书局1985年影印本。

[83]《清世祖实录》，中华书局1985年版。

[84]（清）仇巨川：《羊城古钞》，广东人民出版社2011年版。

[85]（清）佚名：《圣驾五幸江南恭录》，清振绮堂丛书本。

[86]（清）沈德潜：《清诗别裁集》，上海古籍出版社2013版。

[87]（清）陶澍撰，陈蒲清等校点：《陶澍全集》，岳麓书社2010年版。

[88]（清）吴振棫：《养吉斋丛录》，浙江古籍出版社1985年版。

[89]（清）吴乘权等编撰，管成学等注译：《纲鉴易知录》，红旗出版社1998年版。

[90]（清）尹继善：《尹文端公诗集》，清乾隆刻本。

[91]（清）于敏中等编纂：《日下旧闻考》，北京古籍出版社1983版。

[92]（清）袁枚：《随园诗话》，浙江古籍出版社2011年版。

[93]（清）袁枚撰，周本淳标校：《小仓山房诗文集》，上海古籍出版社1988年版。

[94]（清）昭梿：《啸亭杂录》，中华书局1980年版。

[95]（清）张澍辑：《子夏易传》，中华书局1991年版。

[96]（清）张廷玉：《明史》，岳麓出版社1996年版。

[97]（清）张照、梁诗正等：《佩文斋书画谱秘殿珠林》，上海古籍出

选择和交融：康乾巡游与江南人文景观建构

版社 1991 年版。

[98] （清）章侵纂，褚佳伟等校注：《康熙政要》，中共中央党校出版社 1994 年版。

[99] （清）翟灏等著，施奠东主编：《湖山便览（附西湖新志）》，上海古籍出版社 1998 年版。

[100] 黄惺吾：《乾隆南巡秘记》，1939 年版。

[101] 王云五：《清朝通志》，商务印书馆 1935 年版。

[102] 赵尔巽：《清史稿》，中华书局 1995 年版。

[103] 故宫博物院：《故宫珍本丛刊》，海南出版社 2000 年版。

[104] 故宫博物院：《宫中档乾隆朝奏折》，故宫博物院 1982 年版。

[105] 闫彦、李续德、王秀芝：《浙江海塘宸翰》，中国水利水电出版社 2015 年版。

[106] 清代宫史研究会编：《清代宫史论丛》，紫禁城出版社 2001 年版。

[107]《清代诗文集汇编》编纂委员会：《清代诗文集汇编》，上海古籍出版社 2010 年版。

[108] 中国第一历史档案馆整理：《康熙起居注》，中华书局 1984 年版。

[109] 中国国家博物馆：《乾隆南巡图研究》，文物出版社 2010 年版。

二、汉语现代专著

[1] 白晋：《康熙帝传》，中华书局 1980 年版。

[2] 白寿彝：《清史国际学术讨论会论文集》，辽宁人民出版社 1990 年版。

[3] 白新良等：《康熙皇帝传》，百花文艺出版社 2007 年版。

[4] 崔致远：《桂苑笔耕集》，商务印书馆 1935 年版。

[5] 蔡冠洛：《清代七百名人传》，文海出版社1936年版。

[6] 曾星翔、李秀国：《中国方志百家言论集萃》，四川省社会科学院出版社1988年版。

[7] 陈振汉：《清实录经济史资料》，北京大学出版社1989年版。

[8] 褚斌杰：《中国古代文体概论》，北京大学出版社1990年版。

[9] 陈从周：《中国园林》，广东旅游出版社1996年版。

[10] 曹林娣：《苏州园林匾额楹联鉴赏》，华夏出版社1999年版。

[11] 陈从周：《梓室余墨：陈从周随笔》，生活·读书·新知三联书店1999年版。

[12] 陈戍国点校：《周礼·仪礼·礼记》，岳麓书社2006年版。

[13] 陈捷先：《康熙写真》，商务印书馆2011年版。

[14] 曹建墩：《中国的祭礼》，南京大学出版社2014年版。

[15] 陈才俊主编，宋思佳、许祯注译：《唐宋八大家精粹》，海潮出版社2015年版。

[16] 董天策：《仁者的乐趣：山水泉石》，四川人民出版社1996年版。

[17] 戴逸、李文海：《清通鉴》，山西人民出版社2000年版。

[18] 丁以寿：《中国茶文化》，安徽教育出版社2011年版。

[19] 戴逸：《清代人物研究》，故宫出版社2013年版。

[20] 傅崇兰：《中国运河城市发展史》，四川人民出版社1985年版。

[21] 范然：《名人与镇江》，南京大学出版社1992年版。

[22] 冯玉荣：《大明十五疑案》，中华书局出版社2006年版。

[23] 冯其庸：《解梦集》，青岛出版社2014年版。

[24] 广东省社会科学院研究室编：《孙中山全集》，中华书局1981年版。

[25] 葛兆光：《中国思想史》，复旦大学出版杜2000年版。

[26] 郭预衡：《文白对照唐宋八大家文钞》，广东教育出版社2002年版。

[27] 郭黛姮：《乾隆御品圆明园》，浙江古籍出版社2007年版。

[28] 郭松义：《清代全史》，方志出版社2007年版。

[29] 广来：《龚自珍·严复》，内蒙古人民出版社2009年版。

[30] 葛剑雄：《疆域与人口》，复旦大学出版社2010年版。

[31] 葛兆光：《想象异域：读李朝朝鲜汉文燕行文献札记》，中华书局2014年版。

[32] 胡建林：《太原历史文献辑要》，山西人民出版社2013年版。

[33] 韩立平：《周易译注》，生活·读书·新知三联书店2014年版。

[34] 汉宝德：《物象与心境：中国的园林》，生活·读书·新知三联书店2014年版。

[35] 姜寿田：《中国书法批评史》，中国美术学院出版社1997年版。

[36] 蹇长青：《白居易评传》，南京大学出版社2002年版。

[37] 孔飞力：《叫魂：1768年中国妖术大恐慌》（陈兼、刘昶译），生活·读书·新知三联书店1999年版。

[38] 陆鉴三选注：《西湖笔丛》，浙江人民出版社1981年版。

[39] 梁启超：《梁启超论清史学二种》，复旦大学出版社1985版。

[40] 李治亭：《清康乾盛世的余晖》，河南人民出版社1998年版。

[41] 刘建国、潘美云：《瘗鹤铭石刻考证》，江苏人民出版社2006年版。

[42] 李明军：《文统与政统之间：康雍乾时期的文化政策和文学精神》，齐鲁书社2008年版。

[43] 李兴盛、曹威、全保燕：《东游日记（外十六种）》，黑龙江人民出版社2009年版。

[44] 李慧玲、吕友仁注译：《礼记》，中州古籍出版社2010年版。

[45] 梁培先：《中国书法大师精品系列：米芾》，江西美术出版社2012年版。

[46] 刘正成：《中国书法全集》卷十，荣宝斋出版社2007年版。

[47] 孟森：《清代五大疑案考实》，正中书局1988年版。

[48] 孟昭信：《康熙大帝全传》，吉林文史出版社1988年版。

[49] 孟昭信：《康熙评传》，南京大学出版社1998年版。

[50] 孟昭信：《康熙与大清帝国》，中国言实出版社2001年版。

[51] 梅尔清：《清初扬州文化》（朱修春译），复旦大学出版社2004年版。

[52] 南炳文、白新良：《清史纪事本末》，上海大学出版社2006年版。

[53] 潘群、周志斌：《江苏通史·明清卷》，凤凰出版社2012年版。

[54] [英]尼尔·麦格雷戈：《大英博物馆世界简史》（余燕译），南京大学出版社2016年版。

[55] 欧立德：《乾隆帝》（青石译），社会科学文献出版社2014年版。

[56] 阮仪三：《江南古典私家园林》，译林出版社2012年版。

[57] 沈云龙：《近代中国史料丛刊》，文海出版社1989年版。

[58] 孙景峰、李金玉等：《正说明朝三百年》，中国国际广播出版社2005年版。

[59] 孙文良、张杰、郑川水：《乾隆帝》，江苏教育出版社2005年版。

[60] 史景迁：《曹寅与康熙：一个皇室宠臣的生涯揭秘》（陈引驰等译），上海远东出版社2005年版。

[61] 《四书五经》，中华书局2009年版。

[62] 单霁翔：《走进文化景观遗产的世界》，天津大学出版社2010年版。

[63] 史景迁：《康熙：重构一位中国皇帝的内心皇帝》（温洽溢译），广西师范大学出版社2011年版。

[64] 孙文良、李治亭：《清太宗全传》，中国人民大学出版社2012年版。

[65] 宋久成：《千年古县概览》，社会科学文献出版社2013年版。

[66] 屠树勋：《钱镠传》，浙江工商大学出版社2013年版。

选择和交融：康乾巡游与江南人文景观建构

[67] 王卫平：《吴地经济开发》，南京大学出版社1994年版。

[68] 王天海：《穆天子传全译》，贵州人民出版社1997年版。

[69] 王卫平、王建华：《苏州史纪：古代》，苏州大学出版社1999年版。

[70] 万依、王树卿、刘潞：《清代宫廷史》，百花文艺出版社2004年版。

[71] 王国平：《西湖文献集成》，杭州出版社2004年版。

[72] 吴必虎、刘筱娟：《中国景观史》，上海人民出版社2004年版。

[73] 王家范：《明清江南史研究三十年（1978—2008）》，上海古籍出版社2010年版。

[74] 魏向东：《晚明旅游地理研究（1567—1644）：以江南地区为中心》，天津古籍出版社2011年版。

[75] 文若愚：《论语全解》，中国华侨出版社2013年版。

[76] 王卫平：《中日地方志与江南区域史研究》，苏州大学出版社2014年版。

[77] 吴欣：《山水之境中国文化中的风景园林》，生活·读书·新知三联书店2015年版。

[78] 萧一山：《清代通史》，华东师范大学出版社2006年版。

[79] 许廷长、濮小南：《栖霞寺史话》，南京出版社2008年版。

[80] 项文惠：《明清实录：杭州史料辑录》，杭州出版社2012年版。

[81] 许辉，邱敏：《江苏通史·魏晋南北朝卷》，凤凰出版社2012年版。

[82] 徐凯：《满学清史专家文库：燕园明清史论稿》，辽宁民族出版社2014年版。

[83] 于本源：《清王朝的宗教政策》，中国社会科学出版社1999年版。

[84] 杨镜如：《紫阳书院志（1713—1904）》，苏州大学出版社2006年版。

[85] 叶建华：《浙江通史》第8卷《清代卷》，浙江人民出版社2006年版。

[86] 喻松青、张小林：《清代全史》，辽宁人民出版社2007年版。

[87] 阎崇年：《康熙大帝》，中华书局2008年版。

[88] 杨念群：《何处是江南：清朝正统观的确立与士林阶层精神世界的变异》，生活·读书·新知三联书店2010年版。

[89] 闫军：《米芾·蜀素帖·苕溪诗》，山西教育出版社2013年版。

[90] 于洪：《〈周易〉智慧与颐和园文化景观》，海天出版社2012年版。

[91] 于春海：《易经》，吉林文史出版社2014年版。

[92] 姚念慈：《康熙盛世与帝王心术：评"自古得天下之正莫如我朝"》，生活·读书·新知三联书店2015年版。

[93] 镇江市档案处：《京江赋（历代名人赞镇江）》，镇江市档案馆1982年版。

[94] 左步青：《康雍乾三帝评议》，紫禁城出版社1986年版。

[95] 祝嘉：《艺舟双楫·广艺舟双楫疏证》，巴蜀书社1989年版。

[96] 周维权：《中国古典园林史》，清华大学出版社1990年版。

[97] 镇江市京口区地方志编纂委员会：《京口区志》，上海社会科学院出版社1992年版。

[98] 《中华文史论丛》第49辑，上海古籍出版社1992年版。

[99] 赵杏根：《中国百神全书》，南海出版公司1993年版。

[100] 镇江市地方志编纂委员会：《镇江市志》，上海社会科学院出版社1993年版。

[101] 赵明奇：《全本徐州府志》，中华书局2001年版。

[102] 周义敢、程自信、周雷：《秦观集编年校注》，人民文学出版社2001年版。

[103] 朱诚如：《清朝通史：乾隆朝分卷》，紫禁城出版社2003年版。

[104] 翟文明：《康熙图传》，中国戏剧出版社2004年版。

[105] 赵洛：《京城六记》，文津出版社2007年版。

[106] 张杰：《清朝三百年史》，社会科学文献出版社2011版。

[107] 中国地方志指导小组：《清代方志序跋汇编·通志卷》，上海古籍出版社2014年版。

[108] 中共上海市委组织部、中共上海市委宣传部、上海市地方志办公室：《上海通志干部读本》，上海人民出版社2014年版。

[109] 周远斌：《论语校释辨正》，人民出版社2014年版。

三、汉语现代论文

[1] 常建华：《新纪元：康熙帝首次南巡起因泰山巡狩说》，《文史哲》2010年第2期。

[2] 陈刚：《论蓬莱仙话对魏晋南北朝文学的影响》，华中师范大学2011年博士学位论文。

[3] 崔山：《期万类之义和，思大化之周浃：康熙造园思想研究》，天津大学2004年硕士学位论文。

[4] 丁勤：《清高宗图像研究》，首都师范大学2009年博士学位论文。

[5] 杜恒伟、徐璐璐：《〈康熙南巡图〉第十一卷正、副本对照研究：兼谈南京城水西门、旱西门与正本、副本地名之比较》，《中国地名》2011年第2期。

[6] 方宝璋：《略论宋代青苗法的弊端》，《江西财经大学学报》2008年第5期。

[7] 封面故事：《南巡御驾所及的江南风景》，《紫禁城》2014年第4期。

[8] 高大伟、秦雷：《"三山五园"的价值及其现实意义》，《北京古都历史文化讲座》2009年。

[9] 顾颉刚：《〈庄子〉和〈楚辞〉中昆仑和蓬莱两个神话系统的融合》，《中华文史论丛》1979年第2期。

[10] 何平立：《中国古代帝王巡狩与封建政治文化》，《社会科学》2006年第3期。

[11] 和卫国：《康熙前期靳辅治河争议的政治史分析》，《石家庄学院学报》2008年第5期。

[12] 黄爱平：《清代的帝王庙祭与国家政治文化认同》，《清史研究》2011年第1期。

[13] 何峰：《道路江南：南巡御道往事》，《地图》2011年第2期。

[14] 何峰：《南巡、盐商与清代扬州城市景观的变迁》，《南京师大学报（社会科学版）》2014年第4期。

[15] 贾珺：《清代皇家园林写仿现象探析》，《装饰》2010年第2期。

[16] 李伯重：《兼论"江南地区"的界定》，《中国社会经济史研究》1991年第1期。

[17] 刘德：《青苗法之得失及其原因探略》，《广西民族学院学报（哲学社会科学版）》1993年第2期。

[18] 林吉玲：《康乾南巡及其对运河区域的影响》，《山东师大学报（社会科学版）》2000年第5期。

[19] 刘庆宇：《清乾隆朝佛教政策研究》，东北师范大学2008年博士学位论文。

[20] 龙菁：《人进海退，浙江的海塘》，《中国国家地理》2012年第2期。

[21] 刘明：《浅谈文昌帝君与文昌文化》，《天府新论》2012年第5期。

[22] 刘欢萍：《论乾隆南巡对江南形象传播之影响：以南巡相关绘画与仿建为中心》，《浙江工商大学学报》2014年第5期。

[23] 刘文鹏：《官民冲突视野下的乾隆南巡》，《探索与争鸣》2014年第7期。

[24] 梁骥：《康熙对古代书家的学习及其宗王喜董的书法观》，《中国国家博物馆馆刊》2015年第2期。

[25] 马连明：《〈康熙南巡图〉简介》，《辽宁档案》1988年第5期。

[26] 马东玉：《乾隆南巡兴冤狱》，《紫禁城》2001年第3期。

[27] 廖宝秀：《乾隆皇帝与竹茶炉》，《三联生活周刊》2015年第19期。

[28] 聂崇正、杨新：《〈康熙南巡图〉的绘制》，《紫禁城》1980年第4期。

[29] 聂崇正：《清代历史画巨作：〈康熙南巡图〉》，《故宫博物院院刊》1981年第2期。

[30] 聂崇正：《谈〈康熙南巡图〉》，《美术研究》1989年第4期。

[31] 聂崇正：《〈康熙南巡图〉作者新考》，《紫荆城》2003年第2期。

[32] 聂崇正：《王翚·〈秣陵秋色图〉和〈康熙南巡图〉》，《紫禁城》2011年第4期。

[33] 聂崇正：《新见〈康熙南巡图〉第六卷残本考》，《文物》2013年第8期。

[34] 申丽萍：《乾隆六下江南与大运河沿线行宫建设》，东南大学2008年博士学位论文。

[35] 吴建华：《南巡纪程》，《清史研究通讯》1990年第1期。

[36] 王振忠：《康熙南巡与两淮盐务》，《盐业史研究》1995年第4期。

[37] 王金香：《乾隆年间灾荒述略》，《清史研究》1996年第4期。

[38] 王英华：《清口东西坝与康乾时期的河务问题》，《中州学刊》2003年第3期。

[39] 王其亨、崔山：《中国皇家造园思想家：康熙》，《中国园林》2006年第22期。

[40] 王兆鹏、孙凯云：《寻找经典：唐诗百首名篇的定量分析》，《文学遗产》2008年第2期。

参考文献

[41] 王学泰：《戏剧化的清帝南巡》，《国学》2008 年第 10 期。

[42] 席会东：《高斌〈南河图说〉与乾隆首次南巡研究》，《中国历史地理论丛》2012 年第 2 辑。

[43] 肖伊绯：《从残山剩水到九洲清晏：康乾南巡与江南园林》，《紫禁城》2014 年第 4 期。

[44] 徐泓：《"新清史"论争：从何炳棣、罗友枝论战说起》，首都师范大学学报（社会科学版）》2016 年第 1 期。

[45] 杨新：《羽骑凤驰出北京：谈〈康熙南巡图〉第一卷》，《紫禁城》1980 年第 4 期。

[46] 杨臣彬：《渡钱塘谒禹陵：略谈〈康熙南巡图〉第九卷》，《紫禁城》1981 年第 1 期。

[47] 杨新：《鸾旗列队辽玺陵：〈康熙南巡图〉第十卷上半部介绍》，《紫禁城》1981 年第 2 期。

[48] 杨新：《六代绮罗帝王州：介绍〈康熙南巡图〉第十一卷前半部》，《紫禁城》1981 年第 4 期。

[49] 杨新：《壮哉！长江：〈康熙南巡图〉第十一卷后半段介绍》，《紫禁城》1981 年第 5 期。

[50] 杨新：《銮驾回京师：〈康熙南巡图〉第十二卷介绍》，《紫禁城》1981 年第 6 期。

[51] 严丽娟：《试论〈康熙南巡图〉的主持者与绘制者》，《东南文化》1991 年第 6 期。

[52] 杨多：《乾隆南巡图研究》，中央美术学院 2004 年硕士学位论文。

[53] 杨津涛：《从平反到神话：岳飞是如何走上神坛的》，《国家人文历史》2013 年 15 期。

[54] 中国第一历史档案馆：《康雍乾户部银库历年存银数》，《历史档案》1984 年第 4 期。

[55] 朱宗宙：《乾隆南巡与扬州》，《扬州师院学报（社会科学版）》

1989年第4期。

[56] 张宏、周安庆：《〈康熙南巡图〉中的南京生活》，《紫禁城》2008年第5期。

[57] 张泽洪：《论道教的文昌帝君》，《中国文化研究》2005年秋之卷。

[58] 赵丽云：《乾隆巡游研究：以旅游史为视角》，曲阜师范大学2009年硕士学位论文。

[59] 张勉治、刘文鹏、王珏：《康熙皇帝首次南巡与文武价值观念之间的对立》，《清史研究》2011年第1期。

四、外文著作

[1] Michael G. Chang. A Court on Horseback：Imperial Touring & the Construction of Qing Rule，1680—1785.Harvard University Press，2007.

五、报纸及网络资料

[1] 《世界文化遗产：苏州古典园林》，国家文物局网站，2006年3月28日。

[2] 《世界文化遗产：承德避暑山庄与周围寺庙》，国家文物局网站，2006年3月28日。

[3] 《世界文化遗产：颐和园》，国家文物局官方网站，2006年3月29日。

[4] 《杭州西湖文化景观正式被列入〈世界遗产名录〉》，新华社2011年6月25日。

[5] 《大运河申遗成功包括27段河道和58处遗产点》，《扬州日报》2014年6月23日。

后　记

　　本书是在我博士学位论文的基础上修改完善而成。回首博士求学之路，既有付出的辛苦，也有收获的喜悦。值此书稿付梓之际，我的心中除了激动，更多的是感恩，感谢恩师、益友和家人伴我一路成长。

　　首先，我要感谢我的导师王卫平教授。2012年，承蒙导师不弃，资质平平的我，如愿负笈姑苏，忝列导师门墙。能够再次走进高等学府之门，重新遨游于知识之殿堂，实乃我人生一大幸事。怎奈本人资质愚钝、学力有限，又是跨专业读博，治学过程中，史学素养欠缺、科研能力不强等不足时刻困扰着我。万幸的是，从选题到开题，再到预答辩、答辩，导师一直悉心指导、耐心点拨，促成了论文的顺利完成。导师人格之高尚、视野之开阔、学识之渊博以及治学之严谨等，无不令我终身受益，学生寥寥数词，语短意长，无以言表，唯有感念于心。

　　感谢苏州大学社会学院池子华、朱小田、余同元、朱从兵、臧知非、胡火金、铁爱花和王玉贵等老师，在博士开题报告和预答辩中，他们不仅指出论文存在的不足与欠缺，还提出诸多有价值的建议和改进方案。感谢庄志民、叶扬兵、魏向东、赵杏根、曹建林、秦榛蓁、吴呤颢等师长，在我求学的过程中，他们不时给予关爱和帮助。

　　感谢周永博、梁峰、钟伟等好友，在我从准备考博到论文出版的过程中，不时予以鼓励。感谢黄鸿山、黄河、徐华炳等师兄弟，他们帮助搜集文献资料、修订完善论文。感谢裘晓强、张杰、郭少丹、杨习超等同学，我们有幸结识于百年东吴，相互砥砺切磋，使我获益良多。感谢常刚、胡晓文等同事，在我求学的过程中，他们给我关心与支持。感谢石磊、顾磊，求学路上相互鼓励。

感谢家人生活上的帮助和精神上的支持。父母养育、教导的恩情，永远铭记于心。岳父母、妻子包揽了所有的家务，使我能心无旁骛地专心于论文写作。小妹对父母悉心照顾，使我少了后顾之忧。而小女的到来，更是为我的生活增添了缤纷的色彩。

最后感谢苏州大学图书馆、苏州方志馆等，为我查询资料提供了便利；感谢学术界前人已有的成果，为我能够进一步研究奠定了基础；感谢无锡职业技术学院博士科研课题基金的资助。本书的部分内容曾多次提交相关学术会议，申报了相关课题研究，并陆续在《明清论丛》《学习与探索》《江海学刊》等学术期刊发表，之后两篇论文被人大复印报刊资料全文转载，一篇论文被《新华文摘》转载摘要。在此，一并衷心地表示感谢！

囿于本人学识与能力所限，本书还有一些问题尚未深入展开，纰漏及舛误之处也不可避免，心中不免忐忑不安。还请读者方家多多批评指正，我将不断进行充实与改进。

223

后记

吴建　谨识

壬寅年八月于无锡五里湖畔